田爱丽◎主编

基础教育线上线下融合的实践智慧

华东师范大学出版社
·上海·

图书在版编目(CIP)数据

基础教育线上线下融合的实践智慧/田爱丽主编. —上海:华东师范大学出版社,2023
ISBN 978-7-5760-3566-7

Ⅰ. ①基… Ⅱ. ①田… Ⅲ. ①基础教育—教学研究
Ⅳ. ①G632.0

中国国家版本馆 CIP 数据核字(2023)第 026964 号

基础教育线上线下融合的实践智慧

主　　编　田爱丽
责任编辑　彭呈军
特约审读　桂肖珍
责任校对　杨苏红
装帧设计　郝　钰

出版发行　华东师范大学出版社
社　　址　上海市中山北路 3663 号　邮编 200062
网　　址　www.ecnupress.com.cn
电　　话　021-60821666　行政传真 021-62572105
客服电话　021-62865537　门市(邮购)电话 021-62869887
地　　址　上海市中山北路 3663 号华东师范大学校内先锋路口
网　　店　http://hdsdcbs.tmall.com

印 刷 者　常熟高专印刷有限公司
开　　本　787 毫米×1092 毫米　1/16
印　　张　17
字　　数　214 千字
版　　次　2023 年 4 月第 1 版
印　　次　2023 年 4 月第 1 次
书　　号　ISBN 978-7-5760-3566-7
定　　价　58.00 元

出 版 人　王　焰

本书系国家社科基金“十四五”规划 2021 年度教育学重点课题“线上线下教育融合难点与突破路径研究”[ACA210016]的阶段性研究成果。

目　录

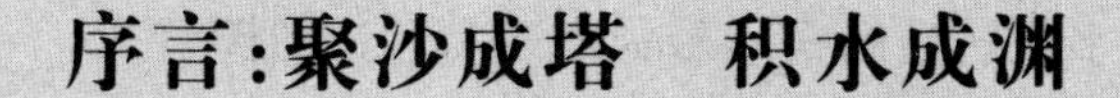

序言:聚沙成塔　积水成渊

一

当前,以互联网、大数据、人工智能、5G为代表的现代信息技术正在全球掀起新一轮科技革命,推动人类社会迈向智能时代,正在给人类社会的生产、生活和思维方式带来根本性的影响,推动人类生产生活各个领域的结构重组和流程再造,也正在改变教育的组织模式和服务模式,科技与教育呈现出深度融合的发展态势。技术主动服务教育行业,教育行业积极汲取科技优势进行数字化、智能化的升级和转型。

从全国范围内来看,自"十三五"以来,在政策推动、技术支持、资金加持等多种因素的综合作用下,科技与教育深度融合正在各个场景中向纵深方向发展,大量优质数字资源的开发、学生数字画像技术的发展、知识图谱和自适应系统的建设、虚拟现实/增强现实技术的应用等正在让学生学习变得更加个性化、自主化,教学的结构与流程正在重组和变革,学生的学习体验正得以优化和改善,教师的教学负担逐步得以减轻,学校管理更加高效和便捷,线上线下融合的教学生态开始形成,学校各要素、各环节的数字化转型和智能化升级已经启航。

然而,由于我国区域之间的经济、社会、文化、科技等发展水平并不均衡，各地政府和社会对教育数字化转型的实际重视和支持程度差距巨大。与此类似，由于历史、政策、经费、管理者个人等因素的综合作用，学校对教学、管理等各要素的数字化转型的实际重视和实施程度亦差距巨大。上述“两个差距巨大”体现在具体的教育教学中，一线教师应用信息技术改善课堂教学质量的努力和成效亦是“差距巨大”。调研表明：少部分学校的教师已经熟练应用各种技术开展线上线下融合的教学，重塑了教学结构，重构了教学的流程，凸显学生学习主体地位，增强了学生学习的自主性、体验性，学生核心素养发展已初显成效。然而，依然还有大部分教师对教育数字化转型尤其是线上线下融合教学的认知有待进一步清晰和深化，对技术的使用尚不够熟悉，对于线上线下教学融合的设计与驾驭能力不足，课堂教学的质量和效益亟需提升，这也导致了不少教师对线上线下教学融合的探索持不积极、不主动的态势。

二

鉴于上述各地、各校教育教学与信息技术融合“差距巨大”“冷热不均”的现状，为了促进典型经验更好地发挥辐射、引领和示范的价值，进一步推动我国基础教育线上线下教育融合的常态化发展，国家社科基金“十四五”规划 2021 年度教育学重点课题“线上线下教育融合难点与突破路径研究”课题组，联合华东师范大学国际慕课研究中心，于 2021 年 9 月 1 日至 11 月 30 日，举办了面向全国中小学校的“线上线下教学融合优秀实践案例”征集评选活动。

活动围绕“助力实践”和“服务科研”两大目标，向各中小学校征集了包括“提升学生线上学习体验和效果的创新做法”“融合线上教学的线下教学改革实施策略”“促进线上线下教学融合的学校管理创新实践”“学生多模态数据的采集、分析与应用实例”“线上线下教学融合过程中多元主体协同机制建设”等主题的实践案例。具有相关实践经验的一线教师和管理者提供了宝贵的案例材料，从实践背景、实践举措、成效与经验、困惑与期望等多个方面，介绍了学校推进线上线下教学融合的实践现状。

课题组邀请有关专家对参赛案例进行了多轮评审，从教学设计及实施情况、线上线下教学融合程度、线上线下教学融合成效、案例文本质量、案例推广价值等五个维度对案例进行综合考量，最终评选出 23 个一等奖，33 个二等奖，14 个三等奖以及 7 个优秀组织奖。获奖案例经课题组与案例提供者共同打磨完善，每周定期展示于华东师范大学慕课中心 C20 慕课联盟网站（http://www.c20mooc.com/mooc/）和课题组微信公众平台（OMO Education），为诸多有志于推进线上线下教学融合、促进技术与教育深度融合的实践者提供了经验借鉴，在中小学教师群体中引发热烈反响，并帮助案例学校提升了教学改革成果的影响力。此外，课题组成立了由中小学校、企业、高校等多元主体共同参与的“线上线下教育融合在线社群”，为多方交流互鉴、碰撞思想、深化理解搭建了平台，也为实践者与研究者的协同创新构建起长效互惠的合作交流机制。

本次活动得到了诸多单位和个人的鼎力支持。华东师范大学国际慕课研究中心和上海市“第一教育”微信公众号平台在活动宣传方面提供了有力帮助。上海市海南中学、成都西川中学、东北师范大学附属中学、东北师大附属明珠学校、西安高新第二学校、西安高新区第五学校和延边朝鲜族自治州电化教育馆在案例提供方面进行了广泛动员。上海开放大学助理研究员于天贞博士等专家在案例评选标准制定和案例评审中贡献了宝贵智慧。华东师范大学教育学部和复旦大学高等教育研究所的博士生硕士生们共同完成了本次活动的组织工作：博士生肖敏对本项目进行了全流程管理；博士生侯春笑、王钰彪、万芮、高文心携手案例提供者对推广的案例文本进行了完善与修改；硕士生毛舒和钟丽莎承担了公众号 OMO Education 的运营与编辑工作；硕士生段雯晖、魏子杰担任了 C20 慕课联盟网站的“OMO 教学案例”专栏编辑，在此一并表示感谢。

三

对于线上线下教育融合的改革，实践中教师们的理解与认识不尽相同，实施条件和基础不一，因而做法也各式各样，既有先线上学生自学、再线下教师指导点拨的，也有先线下教学、再线上辅导的；既有在学校统一组织和管理下的行动，也有教师自发的探索；既有学科类教学的，也有跨学科项目式教学的。为进一步深化对当前线上线下教育融合实践的认识、巩固实践做法的成果，课题组对这些案例进行了深入的分析，首先对这些做法进行了归类，有区域和学校层面着力于组织和指导融合教学实践的，在学校层面，有应对疫情背景下全线上教学的做法，也有针对各不同学科的融合教学的实践探索，亦有跨学科融合教学的宝贵经验。在归类的基础上，课题组进一步分析了这些共性做法背后的机理、思路与指向，如区域和学校层面在推动融合教学实践时需重在顶层设计与规划、文化氛围的营造、做好评价和指导以及相关的机制和制度建设。学科类融合的教学改革需紧紧结合学科的本质特点、学生的年龄和心理特点，尽可能将学科知识贴近学生生活经历和经验。而跨学科的项目式融合教学，重在发展学生的综合素养，需要做好项目的设计与分工，并能基于线上线下各自的优势灵活切换线上线下的教学活动。这些共性做法背后的机理和思路体现在本书每章的引言部分。在此基础上，对于每个实践案例，课题组也分析了其实践的目的和可借鉴的价值所在，这为实践的更好借鉴提供了应有的启发。

本书的编辑出版，首先要感谢提供案例的各位老师，感谢他们在教学改革中的积极参与、主动探索与和智慧分享。在任何一次改革中，总需要一批身先士卒的先行者和担当者，相较于案例中展示的具体做法，他们对改革实践探索的大无畏精神和对同伴的奉献精神同样值得学习。先行一步即是创造经验，本书编者坚信"聚沙成塔""积水成渊"的道理，故而将会持续关注、收集和汇总实践中的优秀案例，在此向这些优秀的实践者致以崇高的敬意和由衷的感谢！"线上线下教育融合的难点与突破路径"课题的开展，从一开始就得到了张彩云主任、张民生主任、吴康宁教授、李永智主任、程建刚教授、杨小微教授、张治局长、刘名卓教授等的指导和点拨，对各位专家的倾心付出表示感谢！

本书的编辑出版，离不开课题组成员的齐心协力。从案例征集的策划研讨、征集文案的几经修改、案例的汇总编码、案例的评选组织，案例的精选、文本的编辑修改等，课题组成员付出了大量努力，课题负责人田爱丽为每章撰写了引言，并对全书进行了统稿和校对。以下五位博士生，侯春笑重点编辑了第一章，王钰彪编辑了第二章，于天贞重点编辑了第三章，万芮对第四章进行了编辑，高文心对第五章进行了编辑，在此一并致谢！最后，本书的顺利出版离不开华东师范大学出版社彭呈军老师的大力支持和帮助，他专业的精神、认真的态度、友善的品格都令编者深深感动，在此致以崇高的敬意！

编　者

2022.07

第一章　学校/区域层面推进线上线下教育融合的规划与保障

引言：线上线下教育融合需要有与之匹配的管理机制

（田爱丽）

教育数字化发展有着美好的理想，然而实践中并非一帆风顺，这其中既有认知的因素，也有技术的因素，同时更有传统行为惯性、旧制度不适合新措施的规约等因素。诚如大数据专家维克托·迈尔-舍恩伯格（Victor Mayer-Schönberger）等在《大数据时代》一书中所言："大数据时代，对原有规范的修修补补已经满足不了需要……我们需要全新的制度规范，而不是修改原有规范的适用范围。"北京师范大学的黄荣怀教授也认为，能够发挥教育机构整体功能的教育制度是培育卓越人才的基础，不过这种制度的建立是个漫长的过程。

一定程度上可以说，当前的学校管理体制机制、运行管理方式等是工业社会体系的产物，它无法适应信息社会学校教育实践的需要。值得欣喜的是，随着教育数字化改革实践的推进，顺应教育数字化改革实践的学校管理重塑已经启航，各级政府新出台的相关政策文件对此屡屡提及，基层学校的管理实践也开始发生变化。教育部在 2018 年颁布的《教育信息化 2.0 行动计划》中就指出：要充分利用云计算、大数据、人工智能等新技术，构建全方位、全过程、全天候的支撑体系，助力教育教学、管理和服务的改革发展。上海市教委在2021年10月出台的《上海市教育数字化转型实施方案(2021—2023)》明确了八项实施方案，其中一项就是“推进教育管理业务流程再造，提升教育治理服务能力”。在学校层面，顺应教育数字化的管理实践正在发生如下的变化。

（一）文化重建，营造氛围

任何技术变革都离不开文化变革，甚至文化变革要先于技术变革，因为文化决定了一个单位的人群真正重视什么、不重视什么，认为什么是好的、什么是不好的，并直接影响着人的言行。尤其在教育数字化推进之始，在学校内营造积极的变革氛围，让全体教职员工认识到、体会到从事教育数字化变革的必要性、紧迫性，并在变革过程中营造鼓励创新、分享成功、宽容失误的舆论氛围，对教育数字化转型有着极为重要的影响。华东师范大学附属青岛学校，为了营造氛围促进教育数字化转型，坚持以赛促用，以评促用，成果展示与分享等方式，让教师积极实行变革，认真投入变革实践。重庆树人景瑞小学为了激励教师的改革实践，学校与中央电教馆、《中国教师报》、《创新时代》等教育机构、教学对口报刊合作，及时推优、宣传优秀教师和实践案例，让教师获得参与改革的成就感，这些都是重建文化、营造积极改革氛围的有效做法。

（二）机制重塑，激活动力

体制机制是线上线下教育融合变革有序实施的重要动力，是使整个教育新生态有效运转的基本前提。研究发现，案例学校从整体规划、组织领导、教师培训、考核评价、奖励激励、教学管理制度革新中的一个或多个方面出台措施，保障和促进线上线下教育融合的平稳进行和实际成效。重庆树人景瑞小学为了推进教育数字化转型，从机制创新上下功夫，成立专项工作领导组，领导组由区教育行政部门、校长、企业、家长代表组成，定期召开研讨会，落实各项任务；领导组下设由科研室、信息化办公室、教导处、德育处四个部门中层干部牵头的工作组，分工协调，着力构建项目推行的长效机制。其中，科研室发挥引领作用，把握研究方向，提出实施策略；信息化办公室负责学习环境的运作维护，确保常态推行信息化教学；教导处与德育处合力研究课程体系，整合教学资源，监控教学质量。在此基础上，学校建立并实施项目推进与考核机制，将项目工作完成情况纳入中层干部和教师的年度考核、评优评先内容。如此，整个行动就形成一张紧密的网，将各方主体联结起来，将各个部门互通起来，形成一股强有力的原动力。

（三）机构重置，领导有力

教育教学数字化实践的推进需要具有胜任力的领导者和领导团队。教育部《教育信息化2.0行动计划》要求："各级各类学校应普遍实行由校领导担任首席信息官（CIO）的制度"，统筹制定本校信息化工作的总体思路和发展规划，并对日常工作进行组织、指挥、协调和管理。为此，不少地市教育局也出台文件要求学校成立相应的机构与部门，负责学校教学数字化的布局、组织、协调与落实等各项领导与管理工作。学校的首席信息官一般由学校校长担任，不少学校在此基础上设置了首席技术官（CTO），作为学校教育数字化转型的组织与执行机构，往往由学校教育技术中心主任或负责学校信息化建设的教师担任。无论是首席信息官或是首席技术官，不仅仅需要了解相关的信息技术发展的前沿及其在教学实践中的应用，更需要深谙教育教学规律，切实发挥让教育科技促进教育效益提升、改善学生学习体验的作用，强化教育教学与信息技术的深度融合。

（四）制度变革，保障运行

制度规定了组织内员工行动的范围和边界，有什么样的制度，就决定了人们有什么样的行为表现。在推进“微课+翻转课堂”教学的初期，上海市古美中学就出台了《校内骨干教师申报及评选考核管理方案》，方案中明确将“录制作业辅导视频，总时长不少于300分钟”作为校内申报和评审骨干教师的条件之一，极大地提升了教师录制作业辅导视频的积极性和主动性。

为了保障学生有更多自主在线学习的时间，青岛二中进行了学校教学管理制度革新，保证每天至少要有一节学生的自主学习课，坚持让学生自主学习，教师不能讲题，也不能找个别的同学谈话，把时间留给学生，让学生进行思考。同时，学校探索了弹性的“长短课”。“短课”就是原来45分钟的一节课缩短为20分钟，用来进行一些比较独立的、比如原先仅需要一课时就可以完成的教学内容。“长课”设置成60分钟，用来学习连贯性比较强的知识，比如原先需要多个课时才能完成的教学内容。

（五）评价变革，引导教学

评价是教育教学的指挥棒，在教育数字化转型实践中同样如此。师生从事教育数字化转型的实践与成就得到认可，师生的行为才可持续。如重庆树人景瑞小学通过建立人人参与的课堂展评机制，激励每位教师快速成长。一是校内展评人人参与，学校每学期开展校内评课活动，制定考核标准，组建考评小组，对每位教师的教学行为、学生学习效果、技术使用的合理性、小组合作的有效性进行考核，通过一次次的磨炼，淬炼教师功底；二是校外比赛人人争取。学校联合相关企业、学会以及中央电教馆等为教师搭建各种展示平台，每位教师都参与各级各类比赛，以此锤炼教师的内功。上述这些做法有力保障了学校教育信息化实践的深入推进与可持续发展。目前，该校教师获得国家级信息化教学大赛获奖的高达168人次，先后赴全国100余个城市分享项目建设实践经验。

（六）家校社协同，系统支持

由学校牵头，建设让家庭、信息技术企业以及教育行政部门有效协同的格局，是保障学校教育数字化转型的大系统。上海市建平中学与教育行政部门、第三方公司签署合同划分责任范围，共同保障数据安全。首先是数据的切割和划分，明确区级行政部门、学校抓取和保存的数据范围。其次与第三方公司签订协议，确保其无权抓取数据进行商业运作，并在技术层面保证数据的安全性。同时，学校也组织召开家长会，争取家长同意后才提取学生信息。比如人脸识别系统就是先征得家长同意，然后才将学生的人脸信息上传至面部识别系统，并签署同意使用的协议书。

除了上述推进教育数字化转型的文化重塑、机制重构、机构重设、评价转型之外，实践中，更多的学校是利用教育数字化的技术提升学校管理的效率、提高管理的便捷度，即“技术赋能的管理效率提升”，以此促进决策科学化、管理精准化、服务个性化，手机端的学校在线办公系统几乎成了智慧校园建设的必选项，打破了之前管理的垂直性、层级限制，突破了地域限制；还有不少高中学校基于新高考改革选课走班的要求，建设了线上选课走班管理系统，例如天津第二十五中学通过“云桥”APP 平台，可以实现在线选课、在线预约艺体活动以及心理团辅等；实现线上预约图书和借阅等。上海市建平中学较早地开发选课走班系统，建设电子班牌等等。

综上，学校的教育教学是教育发展的生产力，而管理与领导是促进或制约生产力发展的上层生产关系；在教育数字化转型实践中，生产力的要素及其组合已经发生了变化，与之相应的生产关系即学校领导与管理必须发生应有的变革，以更好地促进学校教育数字化转型实践这一生产力的发展，而不是相反。实践中，这一变革才刚刚开始，未来教育数字化转型的管理重塑依然任重道远。

接下来具体分享案例区域和学校为我们带来的保障线上线下教育融合的实践智慧。

一、如何从区域层面协同推进线上线下教育融合（李明姬）

编者：《中国教育现代化2035》《教育信息化2.0行动计划》等均明确提出要建立协同规划机制、健全跨部门统筹协调机制，完善区域教育发展协作机制，全方位协同推进教育信息化。这为区域层面推进基础教育的线上线下教育融合指明了发展方向。区域层面的政策设计与实施作为推进区域线上线下教育融合创新发展的重要支撑，有着理想图景，但具体行动应该如何展开呢？

延边州电教馆馆长李明姬提供的经验做法值得我们借鉴和学习。延边朝鲜族自治州是位于吉林省东部的地级市，也是我国唯一的朝鲜族自治州和最大的朝鲜族聚居地区，其协同推进线上线下教育融合发展的思路和具体做法如下：

（一）发现问题与确定目标

经过调研发现：经验丰富、教学能力强的学科骨干教师、名师基本集中在城区学校，资源配备不均衡制约教育均衡发展。如何应用信息化理念和技术，改变教与学模式，提高教研、教学水平，促进教育均衡发展，是目前亟须研究的问题。鉴于此，本区推进线上线下教育融合预期达成如下目标：1.实现城乡优质资源共享。2.改变教师教研模式，实现线上教研常态化。3.改变教与学方式，培养学生自主学习能力。4.探索线上线下融合教学模式，促进教育均衡发展。

（二）具体举措

近年来，延边州积极开展教育信息化工作，通过“政府投资搭建平台，资源建设广泛参与，空间教学推陈出新，教学成果全员共享”的建设机制，为延边州“互联网+教育”发展打下坚实基础。依托国家教育资源公共服务体系，以网络学习空间为主阵地，以“教学助手”应用为实践场景，大力推进区域网络学习空间深化普及应用，形成州、县、校“1+8+N”的三级建设和应用模式，实现了“网络体系化、校园数字化、资源普惠化、应用多元化、治理精准化”的区域线上线下教学融合发展新样态。具体举措如下：

1. 确保三保障，把制度建起来

(1) 政策保障。2017年，州政府召开了全州教育信息化工作推进会，并联合财政、人社、工信等部门出台了《延边州教育信息化三年行动计划(2017—2019)》，规划了延边州教育资源公共服务平台建设。2020年，教育工作要点指出要推进平台的二期建设工程，实现网络学习空间个性化建设和资源自主化接入，形成“全州教育一张网”的建设格局。

(2) 资金保障。全州统筹各类项目中的中央、省级补助资金和本级财政资金，加大对平台和空间自主化建设等项目的投入，并制定针对学校和教师的激励政策，为网络学习空间应用普及活动深化推进提供经费支持。截至目前，全州近三年教育信息化累计投入约2.36亿元。

(3) 人员保障。建立了由主管局长任组长，各县市教育行政部门、电教馆和学校负责人组成的活动领导小组，统筹推进活动实施。电教部门、学校电教教师和信息化骨干教师、运营公司等专职人员组成空间管理服务团队，负责网络学习空间的建设、管理与服务工作，实现分层、精准管理。

2. 五位一体，把基础建起来

州层面着力抓实建高速、建平台、建终端、建空间、建队伍系列工程，实现了云端化的学、教、研、训一体化，努力将管理过程智慧化、学习活动个性化，为推进“互联网+教育”打好基础。

(1) 建高速。全州现有 286 所学校(园)全部接入互联网,基本建成覆盖全州中小学“千兆到学校、百兆到桌面”的高速专网,实现光纤网络“校校通”。带宽均达 100 M,网络覆盖率 100%。

(2) 建平台。延边州教育资源公共服务平台现有资源总容量 12 T,基本满足各级各类学校师生教学需求。

(3) 建终端。全州 286 所中小学校(园),教学班级教室共 4 572 间,配有不同类型终端教学设备的班级教室 4 348 间,班班通建设比率达 95.2%,其中具有交互式功能的多媒体终端配备率占 84.9%,仅具有展示功能的终端配备率占 10.3%。

(4) 建空间。延边州依托吉林省教育资源公共服务体系和延边州教育资源公共服务平台,大力推进网络学习空间应用,积极探索智慧化管理和个性化学习,截至目前,实名注册“网络学习空间人人通”空间达 43.8 万个,教师空间 18 478 个,学生空间 123 332 个,家长空间 241 197 个,专任教师实名注册率达 97%。

(5) 建队伍。采取“送出去、请进来”和“本土化”的培训方式,加强行政领导、核心人才、骨干教师、普通教师四支队伍建设。为了帮助教师们克服畏难心理,切实感受信息技术带来的便利,从而调动广大教师应用新技术开展教育教学的主动性和积极性,组建了延边智慧教育培训讲师团,让已经掌握信息化教学方式的优秀教师深入一线,面向学科教师开展交流培训,提高课堂教学效率。

3. 多措并举,把应用抓起来

(1) 建数字资源,改变教与学方式。延边州依托州本级教育资源公共服务平台扎实开展区域教育资源系统建设。通过建立州—市—校三级协同框架,形成了区域内优质资源贡献遴选机制,建立了形式多样的资源萃取策略和管理机制，真正实现了本土资源的区域内共建共享。为补齐民族教育资源短板，延边州依托服务体系先后研发民族文化教育专题音像教材、小学不同学段的同课异构教学设计和多媒体课件、优质课例、标准朗读、音乐电子教材、教育部初中数理化和历史学科音像教材、心理健康数字教材等系列民族教育资源，不仅为教师开展信息化教学提供了保障，还推进了教育信息技术与国家通用语言文字教学深度融合。

(2) 建名师网络工作室，改变传统教研模式。州层面建立名师网络工作室25个，参与教师1557名，生成资源2.1万个，撰写案例、反思、叙事、教研记录等教育教学文档10785篇，开展在线活动174次，积累名师优秀视频课例1096节。在网络工作室的应用过程中，教师已经形成借助网络学习空间进行课题研究、集体备课、案例分析、研讨交流的习惯，基于网络的混合式研修文化正逐步形成。

(3) 建网络活动，扩大参与范围。作为师生教与学的主阵地，延边州利用州教育资源公共服务平台开展各类竞赛已成常态。其中，网络学习空间大赛、网上微课大赛、信息技术与课程整合大赛等活动已成为年度常规活动。公共服务平台既给师生提供了不受空间环境限制的参赛条件，又积累了大量优质的教与学的资源。

(4) 建研培机制，强化师资能力。延边州与对口帮扶的宁波市智慧教育讲师团联合启动“走百校、送千课”培训研讨活动，实现“观念互通、思路互动、技术互通、办法互学”，跨区域联谊，惠及两地在线教研。先后组织开展了全州教师线上教学能力提升培训。依托延边州教育资源公共服务平台网络名师工作室以直播和在线互动答疑相组合的方式，规范在线教育教学技能，引导教师合理进行在线教学，推进我州教与学模式的变革，全面推行线上与线下教学融合的教学模式。

(5) 建空间拓展活动，构建线上家校共育。在延边州公共服务平台的虚拟场景支持下，师生已经将网络学习空间在教学端的应用拓展至课外拓展阅读、体能锻炼、素养提升、德育建设、学校管理、家校沟通等更广领域，通过开展相关活动有效提升了学校、教师、学生和家长的网络学习空间综合应用水平。网络学习空间作为先进文化建设和家校共育的有效载体，使得构建“人人皆学、处处能学、时时可学”的泛在化学习型社会成为了可能。

4. 创新点和特色：基于网络学习空间探索线上线下融合教学模式

延边州在“互联网+合作学习”的信息化课改成果基础上，探索基于网络学习空间的教与学模式，提出“网络学习五环节”，即导学、助学、检测、辅导、生成五个教学步骤，如下图 1-1 所示。

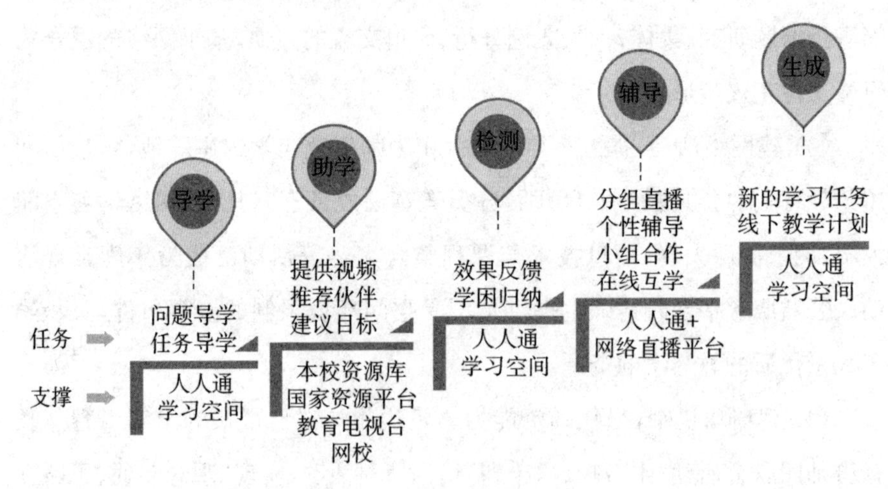

图 1-1　网络学习五环节

在应用五环节模式中，各县市学校总结提炼了适合本地学情的教学流程，改变了教与学方式，培养了学生自主学习的习惯和能力。例如：珲春市第一小学校梳理形成线上翻转教学“四环五步教学法”，“四环”是置于课前的学生自主学习环节，基本流程如下：看书自学—微课导学—资源学—合作研学,“五步”是课上教师的教学步骤,基本流程如下:问题发布—课前检测—疑难汇总—课上释疑—检测拓展。该模式已经作为教师信息技术能力提升工程优秀案例在全国范围内多次交流。珲春市第一实验小学在实践“网络学习五环节”基本模型的过程中突出聚焦检测环节,他们在智能检测的基础上关注“后 1/3”学生,严格执行“分层”教学,即分层辅导和分层训练。目前在一定范围内成常态化应用。

(三) 困惑与下一步努力方向

1. 县区间信息化软硬件建设不平衡问题仍然存在。每个县区信息化软硬件建设进度存在差异,部分新建内容无法与区域平台对接,更无法与网络学习空间融合,导致了数字鸿沟等一系列问题,如何有效平衡县区间信息化软硬件建设水平差异是未来需解决的关键问题。

2. 资源不断增加,优质资源选取困难问题仍然存在。延边州各级各类教育部门及相应学校,都积极参与资源的共建共享。这在丰富资源库的同时,也导致资源重复建设、优质资源“石沉大海”,老师选择资源需要花费大量时间、精力。未来,利用大数据、人工智能等技术为老师按需推送适切的优质资源,营造更好的线上教学环境是我们努力的方向。

3. 教育数据的互联互通及有效应用问题仍然存在。平台和各种应用空间的数据尚未打通,无法为教育教学研究提供佐证数据。未来,我们会努力实现平台和各种应用数据的联通,为师生教学教研活动提供数据支持,让学生学业质量、教师教学能力的变化有据可依,有迹可循。

二、如何从学校层面保障线上线下教育融合的顺利推进(史晓峰)

编者:线上线下教育融合不是一个简单的、线性的流程,而是多结构、多因素、多层次的系统工程,不仅需要宏观层面的政策驱动,微观层面教学目标、内容、方法等的变革，还需要中观层面的学校的系统性推进。学校不仅要统筹内部各要素，也要与更大的外界系统进行交互，这是线上线下教育融合由外部向内部、由宏观向微观、由应然理想向具体实践转换的关键举措。那么，学校具体应该如何保障线上线下教育融合的高效实施和高质量发展呢？

西安高新第二学校的史晓锋老师及其团队从本校以学生为中心的线上线下融合、课内课外一体的智慧教育实践中，总结出了以下经验：

（一）成立推进机构，改革实践统一指导

良好的外部环境是顺利开展教学实践的根基。学校所在的省区市教育主管领导非常重视教育信息化的建设，大力推动着“互联网＋教育”的相关建设。在此背景下，为了更好地推进智慧教育实践，学校建立了以高杨杰校长为核心，以信息中心为主导的数据信息中心。该中心立足学校实际，充分依托智慧教育环境，以减少教师重复性劳动、解决学生实际问题为研究方向，以数字化资源建设与应用为主要研究内容，将“以学为中心”的教学理念转变为研究目标，探索智慧环境下课内外一体化流程，践行适合未来教师专业化成长的教研新模式。学科教师在信息技术环境下实现共享合作、共同分担，逐渐形成以学科组为单位，更加适合教师专业化发展的利益共同体。

（二）浓厚教研氛围，聚焦分析具体问题

本着“教研先行，重点推进”的思想，我们组织了教研组智慧应用培训，在全校范围内形成智慧教育应用的浓厚氛围；再针对试点年级进行重点推进，形成有效经验，进行全校推广。在学科教研组智慧教育应用培训中，结合本学科的特点，先进行智慧教育应用操作培训，再引导教师积极分析学生的学习规律及现存问题，如学生容易知难而退、深度思考能力不足、学习积极性不强等。通过校内研讨、经验分享，积极鼓励教师在智慧环境下进行研究合作、教学合作，诠释智慧教育与传统教育的利弊，让智慧教育与传统教育相互借鉴、相互融合。

（三）完善智慧教育环境，硬件建设统一规划

为给教学变革提供良好的硬件保障和支持，我校在信息化建设方面已完成了以下工作：投入建设大数据阅卷系统、教师教学智能助手（教学微课）系统、英语听说读写教学系统、智慧体育教学系统；建成了以3D打印机、激光雕刻机为主的创客实验室；完成了校园网络基础环境建设、监控系统、广播系统、电话系统，尤其是无线网络校园全覆盖的一期建设；引进试用“五育并举”教学管理系统，对教育教学、考勤、班务管理、行政管理等进行全方面实时记录和考核评价，利用数据对学生的德育、智育、体育、美育、劳育进行精准记录和评价，并对全体教师进行了多次普及型理念培训和针对性实践操作培训。

2020年9月，在西安高新区的大力支持下，在原有校园数据网络、校园IP视频监控系统、校园IP广播系统、校园IP电话系统“四网合一”的基础上，我校实现了校园无线全覆盖，建立了以智学网、智课网为核心的智慧教育平台，覆盖了教学过程中“讲、学、练、馈”的全部环节，在大数据分析、移动互联环境下，为线上线下融合、课内课外一体的智慧教育实践提供了基础性保障。

（四）争取家长支持，家校协同形成合力

家长支持与否、支持力度如何，对于线上线下融合、课内课外一体的智慧教学项目的开展而言，是非常重要的影响因素。为此，本项目在开展的初期及推进中的每一个重要阶段，都和家长进行了深入的探讨和交流，顺利地争取到了家长的支持，保障了实践顺利推行，有助于提升实践效果。

（五）共享优质资源：名师引领成果共享

学校持续开展师资力量优化提升工程，集中力量为三位“名师+”研修

共同体的主持人搭建了开放的网络教学研究平台。三位学科骨干有效支撑了引领本校辐射区域的教学教研工作，常态化开展高层次的教研交流，有效提升了学科教师的理论认知和实践能力，优质资源库建设也让更多的师生在共享成果中受益。

除此之外，我校每学期定期开展课改成果展示观摩活动，借助陕西教育扶智平台，与省内学校开展远程直播课活动，尤其是与被帮扶学校学生进行“共上一节课”活动，共享优质课程资源，实现了精准帮扶。在此过程中，我校国家级教学成果“知行课程”和省级教学成果“大美陕西”课程实现了推广应用，服务于更多学生成长，助力更多学校内涵式发展。

以学生为中心的线上线下融合、课内课外一体的智慧教育实践，实现了从“以教为主”向“以学为主”的教学观念与行为转变。参与的教师得以从繁重的重复性劳动中解脱，创造性劳动的时间进一步得到保障，学科组教师之间的合作研究越来越紧密，课堂效果也得到明显提升。学生按照个人进度开展自主学习，拥有自己的学习节奏，更好地实现个性化发展。学生的作业量也大幅降低，学生学习越发自信，逐渐产生了互相追赶、自我超越的趋势。

未来，学校将持续推进线上线下融合、课内课外一体的智慧教育，切实提升教育质量，并在以下几个方面实现突破：

一是建设学校数字化信息中心，全面负责学校信息化建设与管理工作。根据学校发展规划和数字信息化校园建设需求，科学部署、总体规划、统筹协调学校信息化建设工作，不断提高学校信息化及现代教学资源的建设和应用水平。

二是升级校本智慧课堂。依托校本“知行课程”建设校本“全 AI 教育资源”，并覆盖全学科、全学段。利用大数据精准教学系统，打造智能、高效的互动课堂。在原有教学智能助手系统基础上加强教学微课、云课堂、精准教研系统等建设，顺应“双减”新形势下减负不减质的要求，为打造对标 2035 现代化教育体系智能生态提供支持。

三是丰富智慧教育的主体和形式。在全面落实“双减”和“课后服务”政策的过程中，组织骨干教师、引入卓越家长、联系高新技术企业和公益组织为学生提供丰富多彩的“知行大讲堂”内容，综合学生需求和教师专长，开发 24 个“走班制”社团满足学生个性化成长需求。

四是加强智慧教育的投入。后期加强人工智能创新实验室、AR/VR 沉浸式教学、未来教室、智慧体育、智慧美育等方面的投入，搭建硬件环境；并以社团组织为抓手，促进多形态化社团活动开展。

三、 如何通过在线平台实现学校全方位的数字化转型（李忠益）

编者：社会各行各业的数字化转型已经上升为国家战略，教育数字化是社会各行各业数字化的一个重要组成部分。如何借助现代互联网、大数据、云计算等智能技术实现学校教学管理等全方位的数字化转型，是每个学校管理者需要思考和实践的时代课题。

天津二十五中借助学校自主研发的“云桥”系统，实现了学校的管理、教学、家校沟通等全方位的数字化转型，成效显著，具有较强的示范和借鉴价值。

学校建设的“云桥”系统，是一个自主设计研发的，以手机 APP 为核心，以 PC 端同步系统、门户网站及动态安全监测系统为支撑的四位一体的管理应用与资源建设相结合的应用平台（如图 1－2 所示），集学生泛在学习空间、教师泛在成长空间、学校泛在管理应用为一体的“云桥”学习社区（如图 1－3 所示）。通过大数据管理教育教学，提升教师的教学智慧，改变学生的学习方式，为学生综合素养的提升、自主选学、个性成长提供助力。

图 1－2　云桥手机应用程序

图 1－3　“云桥”学习社区架构

自2014年运行以来,学校全体师生使用,每天点击访问量达30000余次,时时在线人数达2000人以上,替代了传统通信公司的家校通。

(一) 云桥助力师生转变教学方式

学校的云桥社区常态化应用于学生管理、师生教学、家校沟通、学校常规管理等领域(如图1-4所示),具体阐述如下:

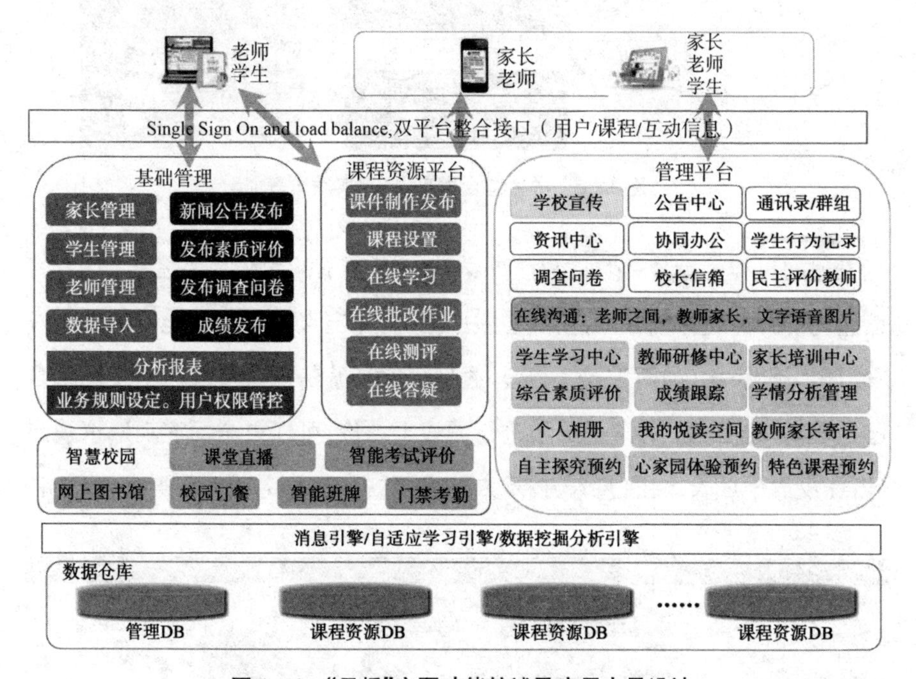

图1-4 "云桥"主要功能综述及应用人员设计

1. 基于"云桥"的学生成长生态。"云桥"构建了全面发展的育人体系,学生在此教育生态中逐渐形成了和谐成长观。除了学科的学习任务外,学生更加重视行为习惯的养成,重视品德、艺术、体育、美术等综合素养的提升,也重视创新实践素养的提升(如图1-5所示)。

基于"云桥"的教育生态,引导学生在成长过程中重视学习过程,重视自

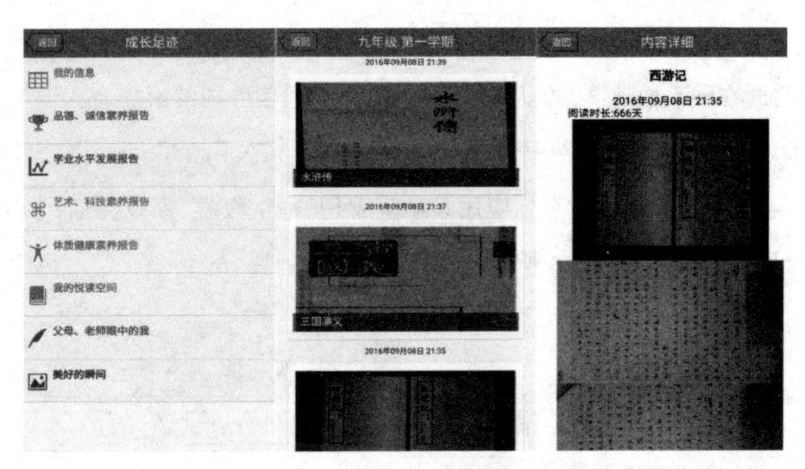

图 1－5　学生综合素养、创新实践素养

我发展的过程。彰显“学科德育”办学特色引领下的育人体系建设，在教育信息化的强力支撑下，形成新的实践思路、实施支点及实际效能的提升。在“成长足迹”模块（如图 1－6 所示），通过《品德、诚信素养报告》，学生记录自己在校内外的行为，再通过分组进行的线上评价，可以更全面客观地审视自己，在反思中成长。在《艺术、技术素养报告》中，学生定期上传美术作品、音

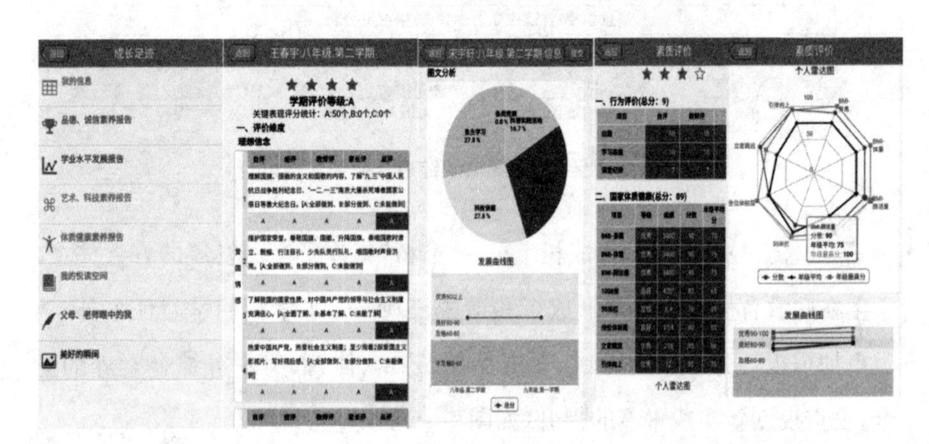

图 1－6　学生“成长足迹”

乐会现场及科技实践活动的照片。通过《我的悦读空间》，学生自主上传所读书籍的封面照片及手写读后感言的照片，不仅培养了学生的阅读习惯，而且逐渐使之收获并分享阅读的快乐。通过自己主动记录学习过程、学习结果和学习收获，结合写实性评价与客观数据统计，学生自主建设自己的成长空间，并在毕业时由学校制作成精美的毕业册赠予他们，为其留下一生难忘的珍藏。

2. 基于云桥重塑教学流程，改变教学生态。“云桥”改变了学生的学习方式，创设了学生随时随地随需学习的泛在学习空间，并与常态课堂教学融为一体。结合大数据分析，让课堂超越时空，让教与学多维度对话（如图 1－7 所示）。例如：针对新授课，在课前预习环节与“在线反馈”模块相连，课中关键知识重难点与“云桥”中微课相连，课后复习训练与“课后反馈”相连。

图 1－7　学生“在线修习”

3. 基于云桥的学生选课助力学生个性成长。通过“云桥”最具特色的自主探究预约功能（如图 1－8 所示），实现学生自主预约特色实验、艺体活动、心理团辅等活动。线上预约图书，并借助学校免费发放的智能手环完成图书的借阅手续(如图 1－9、1－10 所示)。“云桥”充分利用移动终端最大限度地整合学校的教育教学实践资源,最大限度地满足学生个性专长培养的需要,让学生随时随地随需进行自主实践与修习,成为传统课堂教学模式的灵活组成部分,充分体现对学生自主发展意识的尊重。

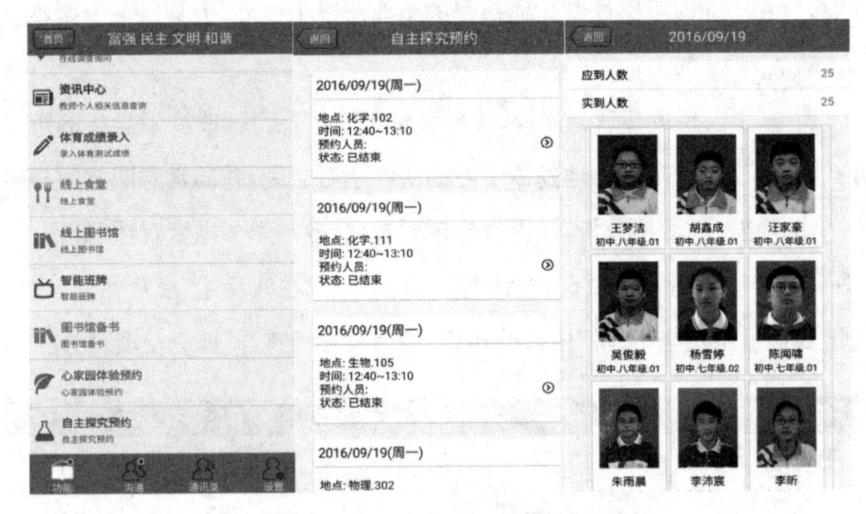

图 1－8 学生线上“自主探究预约”

图 1－9 “线上图书馆”自主预约图书

图 1-10 智能手环完成图书的借阅手续

新一轮的教育综合改革实践为“云桥”学习社区的应用提出了新要求、新任务、新目标。面对 2017 年天津市全面实施的新高考改革，高中学生要进行选课走班，“云桥”学习社区又实现了自身功能的升级发展，通过兼容电子班牌和学生智能手环，实现了学生选课走班签到、个人学情信息查询、教室信息查询及学校公告浏览的功能，为学生自主选学做好了准备（如图 1-11 所示）。

平台新增“线上职业生涯测评”和“线上心理健康筛查”两项功能。通过“霍兰德职业倾向测评”等量表，分析学生性格特征、创新能力、兴趣爱好等维度，提出职业生涯规划建议，并结合线下专职教师的辅导，帮助学生构建具有个性特点的职业生涯规划方案，进而在选课、选专业等方面给予学生指导和建议；“线上心理健康筛查”在尊重学生隐私和绝对严格保密的基础上，依据教育行政部门的有关要求进行学生“心理健康定期筛查”，以线上自主的方式减少学生的抵触和紧张情绪，从而获取真实、客观数据，用于辅助学

图 1－11　电子班牌应用

校及家庭的教育教学活动。

4. 基于“云桥”的学生学习评价系统。利用“云桥”强大的统计、反馈功能，定期呈现学生的学习数据图（如图 1－12 所示），助力课堂教学效果的提升、让教学指导更有针对性。

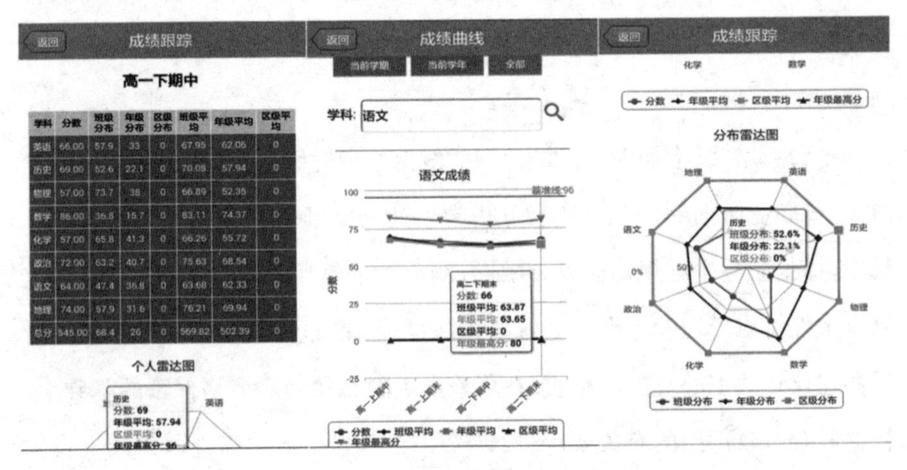

成绩跟踪

高一下期中

学科	分数	班级分布	年级分布	区级分布	班级平均	年级平均	区级平均
英语	66.00	57.9	33	0	67.95	62.06	0
历史	69.00	52.6	22.1	0	70.08	57.94	0
物理	57.00	73.7	38	0	66.89	52.35	0
数学	86.00	36.8	15.7	0	83.11	74.37	0
化学	57.00	65.8	41.3	0	66.26	55.72	0
政治	72.00	63.2	40.7	0	75.63	68.54	0
语文	64.00	47.4	36.8	0	63.68	62.33	0
地理	74.00	57.9	31.6	0	76.21	69.94	0
总分	545.00	68.4	26	0	569.82	502.39	0

图 1－12　学生学习数据记录、统计和分析

5. 基于云桥的教师教研方式变革与教学资源整合。学校通过对MOODLE开源学习平台的二次开发，重新优化界面、规划功能、简化流程、细化内容，使MOODLE平台与“云桥”依据相关标准无缝对接，构建学生泛在学习空间（如图1－13所示）。教师依据学科结构构建的知识编目，进行微课程资源开发，满足学生在“云桥”学习平台实现随时随地随需学习，温故知新，突破难点。同时教师也可及时了解学情、参与测评、分析反馈、自主研学，做自主修习的知情人。并且也使教师之间的专业交流与相互学习变得更加自如、便捷，满足了教师个体研修需求，提升了教师的专业素养（如图1－14所示）。

图1－13　MOODLE资源平台

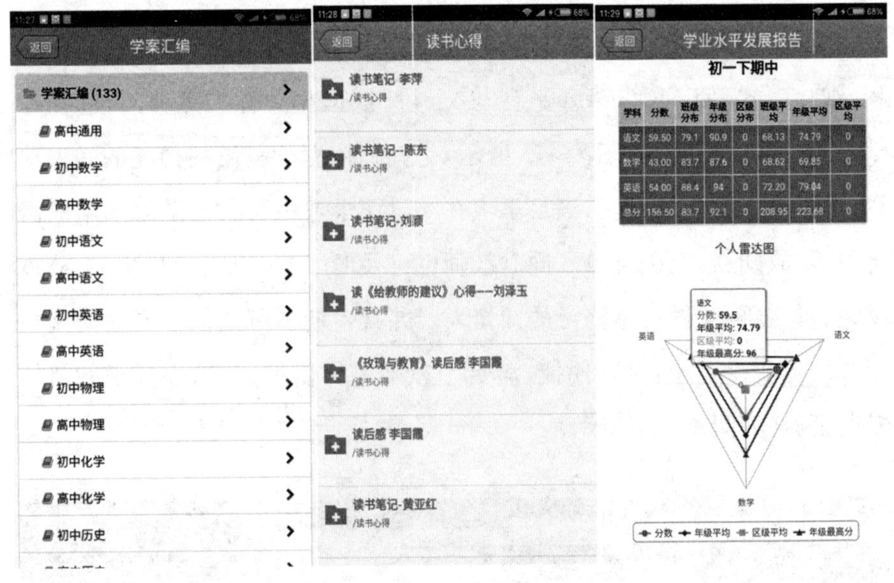

图 1－14　教师研修中心

（二）基于“云桥”的家校互动

凭借手机移动终端便捷的沟通方式，“云桥”搭建起家校时时互动、全面互通的交互平台。学校与家长时刻保持信息双向交互，畅通了家长向学校领导发出诉求的渠道。家长通过“线上食堂”清晰了解食堂配餐情况，并在线预订学生第二天的午餐，借助支付宝等完成在线支付，便于家长参与对学生营养午餐的管理与监督。借助“云桥”提供的“成长足迹”“学情管理”“家长培训中心”等模块，使家长冲破学校固有的围墙，做学生学情的明白人，做学校民主管理的参与者和监督员，构建信息化助力家校沟通的新方式（如图 1－15、1－16 所示）。

首页 富强 民主 文明 和谐
资讯中心
体育成绩录入
线上食堂
线上图书馆
智能班牌
图书馆备书
心家园体验预约
自主探究预约
天津市第二十五中学
宫爆鸡丁（清真）
¥ 12.00
木须肉
台湾卤肉
重庆辣子鸡（清真）
黄焖鸡块（清真）
恭喜您，订单提交成功！
订单编号 6092381631
应付金额 ¥48.00
支付方式 支付宝支付
订单编号 6092381631
下单时间 2016-09-23 09:37:51
就餐食堂 初中部学生餐厅

图 1－15　学生点餐、取餐

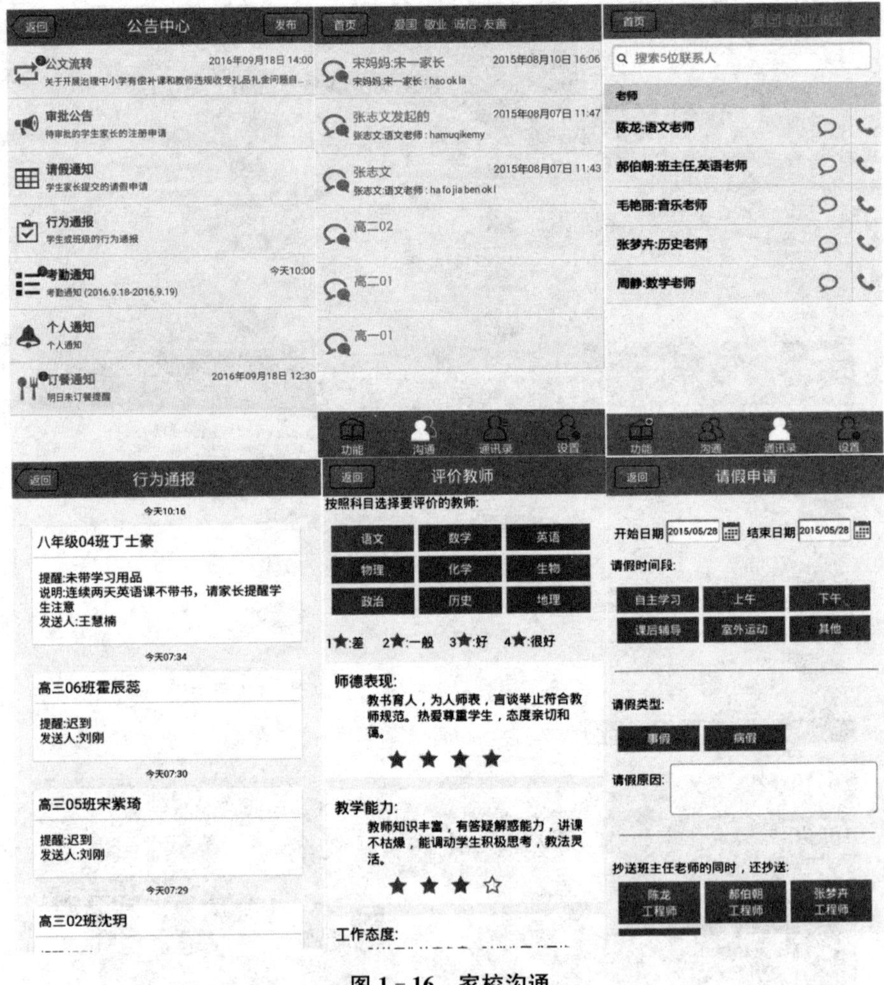

图 1－16　家校沟通

（三）基于“云桥”的学校智能管理

1. 基于大数据的教学质量管理。基于数理统计原理的教育教学评价体系，“云桥”就教师个体的教育教学量化数据进行统计分析，以图表、折线、雷达图等多种方式清晰呈现学情，实现定量统计分析及显著性差异等教师教学质量分析图（如图 1－17 所示）。大数据的直观呈现，使得校本评价更科学、更客观，也让教师更信服。

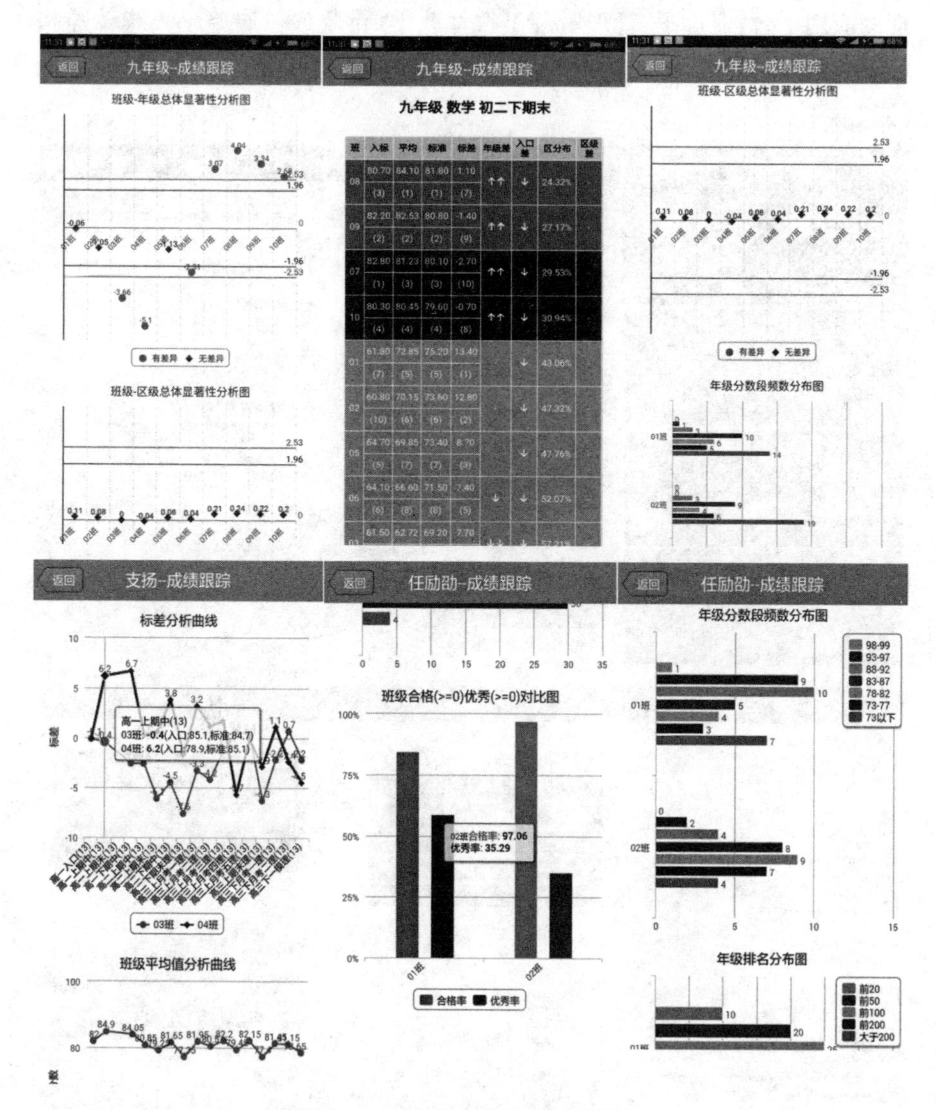

图 1-17　教师教学质量跟踪分析

2. 全员参与式智能管理。立足于移动互联的便捷性、普遍性，结合学校行政管理的客观需要，“云桥”搭建起了学校内部及时、有效、有序、智能管理的应用平台，促进了“管理服务于教育教学，行政人员服务于一线教师和学生”的学校管理理念深入落实（如图 1－18 所示）。

图 1－18　智能管理的应用

综上，“云桥”这一教育信息化引领的教育新生态，改变着教师的教，改变着学生的学，也改变着家长的教育观念，改变着学校的管理，高效助力天津市第二十五中学的教育改革实践，并在不断完善、不断发展的内驱式发展循环中，将信息化与教育、管理实践的融合进一步深化。

四、如何以机制创新保障网络学习空间应用的有效性（李继元）

编者：网络学习空间作为一个教师教学、学生学习的虚拟空间，为线上线下教育融合实施、实现学生个性化学习奠定了环境基础。空间功能、应用氛围、师生应用能力、软硬件支持等均是影响其应用有效性的关键因素。2018年4月，《网络学习空间建设与应用指南》（下称“空间应用”）发布之后，网络学习空间的建设与应用日益普及和深入，但实践中也显现出师生空间应用意识薄弱、应用氛围不浓、资源体系待完善、应用效果不理想等问题。因此，如何深化网络空间的应用，推动教与学变革成为亟待探索的课题。

吉林省珲春市第七中学校李继元校长带领团队，以全局的视角，用战略的思维创新体制机制，促进网络学习空间应用的真正落地，形成了基于空间应用的“三评九步”融合教学模式。

（一）高度重视，夯实基础，全力保障空间应用顺利推进

学校成立由校长担任组长的信息化工作推进小组，实行“一把手”责任制，制定实施方案和规划，每学期召开相关工作推进会20余次。校长亲自带头学习应用，逐步形成了校长沙龙统思想、主任论坛建模式、教师交流强技能、学科内化促融合的工作推进模式。与此同时，学校成立信息化工作小组，专人专项专管。2016年至今，在省州市电教馆、教育局等上级部门的大力支持下，学校积极争取资金，投入160多万元新建和改善信息化基础设施，保证教师人手一台电脑，校园无线网络全覆盖。现已开通校、班、师、生

四级空间，师生空间开通率和实名认证率达到百分之百。学校重点打造剪纸、书法等八大特色社团空间。

（二）多措并举，创新应用，全面提升空间应用实效性

学校以“让教学更轻松，让学习更快乐”为目标，通过典型带动、分层推动、应用驱动、竞赛拉动和积分促动的“五动”机制，推动空间应用常态化。

1. 创新教学模式，实施分层教学。学校将空间应用与教学常规各环节相融合，形成基于空间应用的“三评九步”融合式教学模式。三评分别涉及课前自主学、课中研讨学和课后巩固学。课前自主学，教师整合空间优质资源，助力学生线上自主学习，依据数据反馈，精准分析学情，形成诊断性评价，制订分层教学目标，确定教学重难点。课中研讨学，基于学生自主学习的结果，教师对学生呈现的问题进行分类，通过学生合作学习解决一般问题，教师以导学方式解决特殊困难问题，使学生分层达标。课后巩固学，利用智能检测对学生学习效果进行数据分析，针对学生薄弱环节，设计个性化学习路径，保护学生学习兴趣，提升学生学习信心。目前，三评九步教学模式在我校多学科实现常态化应用。

2. 深化空间应用，转变学习方式。学生利用国家云课堂、一起悦读等网络课程资源按需进行自主学习，积极参与学校在网络空间内开展的学科拓展活动、主题教育活动、综合实践活动。并在空间的交流互动中记录了学习与成长经历，开阔了视野，丰富了知识，找到了学习伙伴。截至目前，师生上传文章七千多篇，活动照片近万张。学生的协作探究、应用创新能力及信息化素养，均得到了提高。

3. 应用空间数据，创新管理评价。通过空间深度应用指数，评价教师的教学过程和应用水平。利用空间开展学生学习的过程评价和综合性素质评价，评选出我校的“善美”少年。家长通过空间动态，深入了解学生在校发

展情况，参与学校管理，协助建设校园文化等。同时，空间内实现数据流动，给学校办公带来便捷，疫情及复学后，师生的每日体温上报、线上教学情况调研、学校安全隐患排查、师生活动上报等，均通过空间完成。目前，我校的空间深度应用指数名列全省第二，全区第一。

4. 活动培训相结合，促进教师专业发展。坚持以实践应用为重点，开展一系列校本培训，全面提升教师的专业素养和空间应用能力。一是组建空间培训团队，开启“学习、教研、培训、帮带”一体化研培模式。进行“教学观念、技术应用、资源开发”三位一体的空间建设培训。遴选教师组成研修共同体，先行先试、示范引领、协助帮扶。我们和生源校、已获教育部空间应用优秀校的珲春八小互帮互学，空间应用成为两所学校中小学衔接的纽带，这也使学生信息化素养得到连续性培养和一贯制提升。二是以活动促研修。学校组织开展了一系列基于空间应用的教研活动，如组内听评课、青年教师信息技术与课堂整合赛讲课、骨干教师示范课、党员示范课等。三是建立问题推动机制，有效解决技术应用问题。技术小组搜集整理应用中问题，并将答疑解惑微视频发布到学校空间中，为教师扫清应用中的“拦路虎”。

5. 应用空间度疫情，互动教学促提升。在疫情期间，教师依靠空间海量的教学资源，有效组织在线教学，利用空间进行阶段测试，通过空间数据分析反馈，找准学生薄弱环节进行教学调整。借助空间实现了与学生线上面批面改。通过空间对学生开展防疫生活小常识、了解新冠病毒、心理健康教育、开展学习雷锋、居家锻炼等安全、心理、德育、体育等主题教育活动。

6. 创建校本资源，保障长效发展。各学科以教研组为单位，将制作的教案、课件、微课、视频等资源上传，并做到资源共享，初步建立校本资源库。同时，结合空间优质资源和我校学情，教师精心挑选试题，改编试题，按难易度区分，录入校本题库中。截至目前，我校共录入试题 13 000 余道，试卷 320 余套，并且数量仍在持续增长。

（三）健全制度，维护安全，全力保障空间应用有效推进

为加强师生空间建设，提高空间使用率，学校在制度、人员、信息安全等方面进行了完善。一是制度保障。将应用情况纳入教师学期工作考核范畴，每年评选空间应用优秀教师，使教师由“要我用”转变为“我要用”。开展学生空间建设大赛，以赛促建。二是技术保障。组建攻坚团队，在做中学，学中思，给予教师空间应用技术支持。三是安全保障。学校空间的各板块内容由对应部门负责上传，学科资料由相应教研组长负责审查，合格后方可上传至空间。聘请专业人员定期对校内网进行监管和维护，保障网络的安全和健康。

在实践中，我们既感受到网络空间的魅力和力量，也收获了丰硕的成果。学校课堂结构、课堂生态都在逐步发生变化。教师理念更加开放与包容，“以学为主”“因材施教”的理念逐步内化。学生信息获取能力、合作探究能力、自信心等综合素养明显提升。2020 年，我校被确立为延边州空间应用试点校，“三评九步”教学模式在全市推广应用。2021 年，我校荣获吉林省空间应用优秀校。许秀丹老师在延边州信息技术与课程整合大赛中荣获一等奖，田净老师被评为优秀指导奖；在延边州空间建设与应用大赛中，韩丽老师、李佳蔚同学等荣获一等奖。未来，学校将进一步坚定信心，更新观念，提高应用，克服不足，深入探索适应新时代发展的教育教学模式，最大限度地提高信息技术效益，加快网络学习空间应用发展进程。

五、如何完善管理机制促进学校资源平台应用常态化（罗晖）

编者：资源平台是线上线下教育融合实践的基础和载体，其建设、应用

是一项复杂的系统工程，长效运转和育人成效的实现必然需要科学合理的管理机制作为支撑。然而，从理论研究到实践探索，大多数只关注宏观层面该如何建设资源，微观层面如何利用资源助力课堂教学，对于中观的学校组织机构层面上的做法关注较少，很多学校资源平台的应用仅停留在教师的个人兴趣层面，并没有上升到学校发展战略和管理机制创新层面，故难以取得良好的应用效果。

吉林省珲春市第一小学校以“人人通”学习空间建设应用为抓手，通过健全管理制度和完善机制，全面推进教育教学改革，最终实现线上资源平台应用常态化。具体内容如下：

（一）加强基础建设，构建资源平台应用环境

《教育信息化 2.0 行动计划》提出“构建网络化、数字化、智能化、个性化、终身化的教育体系，建设人人皆学、处处能学、时时可学的学习型社会”。教育信息化基础设施是互联网学习环境的重要基础。自 2015 年起学校陆续投入 500 余万元用于信息化基础设施建设，全校信息化环境状况得到显著提升。一是完成学校校园网改造。在教学区布设无线 AP，为学生提供了健康高速的无线网络学习环境。二是提升信息化终端配备水平。学校在教师人手一机的基础上为每个班级都配备了多媒体交互式一体机，借助一体机和国家教育资源公共服务平台，真正实现了“优质资源班班通”。三是信息化功能室不断丰富。学校先后建设了现代化专业录播室、校园电视台、创客工作室等。目前学校已建成智慧教室 28 个，为 5 个实验班提供 305 台平板电脑，二年级学生家长自行购买 535 台平板电脑，用于翻转课堂学习的实验研究，如图 1－19 所示。

图 1 - 19　学生应用平台和终端学习

（二）优化信息培训，浓厚资源平台应用氛围

尽管本校教师已经具备一定的信息素养，但针对资源平台的应用，仍需进行“信息化教学观念、信息技术应用、信息资源开发”三位一体的专业化培训。

1. 加大“走出请进”的培训力度。学校聘请珲春市电教馆信息技术专家，针对“延边州教育资源平台”的应用进行了多次培训，其中全员培训 5 次，信息化教学骨干培训 10 余次，先后针对备课助手的使用、家校帮使用、个人空间设计等内容，对全体教师进行了深入指导。学校还先后派出教师到长春市曙光小学、树勋小学、延吉市中央小学参观资源平台的建设以及教学应用。近两年来学校累计花费近 50 万元，有针对性地开展各类教师信息技术培训 40 余次。通过这样高密度的培训和应用推进，全校教师对信息技术的态度从最初的抵触和恐慌，发展到现在的渴望和热爱。教师早已经不满足于仅仅停留在掌握技术的层面，更多的教师努力尝试利用技术做课堂的魔术师，其教育信息化素养在实践过程中进一步提升。

2. 采取"草根式"校本体验培训。"火车跑得快，全靠车头带。"对于每一项新技术的使用，学校从不搞全员推。对于国家教育资源公共服务平台也一样，在保证师生注册、理解的基础上，重点遴选种子教师，率先参与培训，学习新经验，分主题实践论证，及时总结展示研修成果，当成果经过大家检验认可后，这些"土专家"就承担起校本深度培训的任务，如图 1－20 所示。这两年，学校先后推进了空间平台中教学助手的使用，互动课堂的应用，移动讲台的操控，智慧教学的体验，空间建设的规划等一系列内容，开启了"学习、教研、培训、帮带"一体化研培模式。

图 1－20　教师研修

（三）加强深度融合，推进资源平台深化应用

延边州公共资源服务平台是国家教育资源公共服务体系的重要组成部分，资源丰富、特色鲜明，凭借强大的辅学功能和良好的交互性，成为教师与学生沟通与交流的有效途径。为了促进资源平台的深化应用，学校要求教师大胆将资源平台应用融合于学科教学中，努力尝试探索基于学习空间的互联网学习新样态，具体做法如下：

1. 普及信息化教学，让资源平台应用常态化。基于资源平台的移动讲台、海量资源、成长记录、课前导学、个性作业、在线检测、课后练习等版块的功能与应用，掌握“深度融合”的策略与方法，提炼形成我校信息化课堂教学模式，基本流程为：课前平台检测→创设问题情境→电子阅读自主探究→多维协作交流→平台成果展示→游戏练习提升→网络资源拓展。采取“学习—实践—反思—总结”的研修思路，定期开展课例研究。通过学科组“晒课、赛课、筛课”，学校层面的“主题课、个性课、特色课”，“同课异构、异课同构”的研磨课，“主题式、理念式、常规式”课堂观察等活动，让青年教师讲反思，骨干教师讲理念，资深教师讲经验等活动，提高教师资源应用的意识，让资源应用常态化，如图 1－21 所示。

图 1－21　课堂教学场景

2. 自主开展“翻转学习”实践，让资源平台应用特色化。学校先后建了 28 个智慧教室，16 个班级做到每生一台平板电脑，先后有 40 余名教师参与了基于资源平台应用的翻转学习实践。翻转学习采用线上线下结合，课内课外结合，实施“先学后教”，通过利用平台内一切有用的教学资源，让学生在课前完成知识的掌握；课堂上让学生在独立探索、合作交流系列活动中，实现知识的内化与应用，形成“翻转学习五环节”：任务导学—资源学习—平台交流—检测反馈—分层拓展，如图 1－22 所示。通过课前利用平台发布微课视频和导学任务单，教师和学生在线交流，检测反馈，形成学习小社区，让资源平台中的特色应用发挥到极致。“课前导学、海量阅读、虚拟体验、在线检测、移动讲解、网络批改、网络备课”等提供了学科资源与工具，让个性化的学习成为可能。

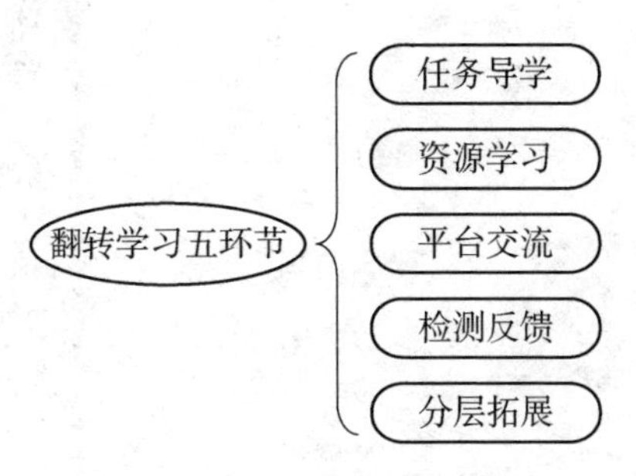

图 1－22　翻转学习五环节

3. “主题拓展”教学实践，让资源平台应用序列化。为了让知识掌握由“碎片化”转向“序列化”，让问题解决由“片面性”转向“全面性”，让学习过程由“知识传递”转向“知识建构”，学校依据学科的教学思想，开展资源平台应用环境下的主题拓展教学实践研究。例如语文学科的“课内知识—课外阅读—写作练习”的主题阅读，英语学科的“合作对话拓展听读”言语交际，数学学科的“情境体验生活数学”，利用教育资源平台，实现了小资源向大资源、小课堂向大课堂的转变，实现了课堂空间无限延伸，教学内容无限延展，学科素质向学科素养全面提升的良好态势。

4. 实行电子随机评价，让平台应用可视化。新一轮课程改革倡导“立足过程，促进发展”的课程评价，强调建立促进学生全面发展，更关注个体进步和成长的过程。我校“七彩阳光学生发展评价体系”评价内容多而全，评价主体广泛，采取“班主任评、学科教师评、小组评、自评、家长评”，采取分级争章，累积兑换体验活动券激励。为实现时时评、事事评、科科评的及时评价，老师利用教育资源平台的光荣榜、小组加分功能，在互动课堂授课中，利用手机终端，对学生进行随机评价、加分、发章、点赞，并通过数据分析及时了解学生的发展动态，更好地规划孩子们的未来，如图 1－23、1－24 所示。

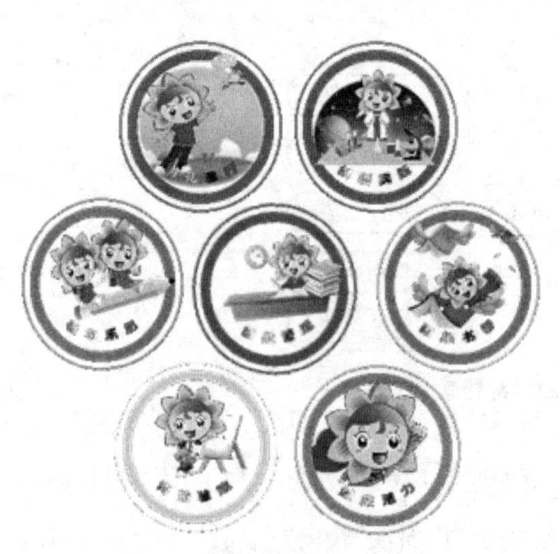

图 1－23　电子随机评价勋章

图 1－24　电子随机评价“学生点评”界面

为加强信息化教学研究，2016 年 9 月学校申报了吉林省教育科学“十三五”规划课题《小学教育信息化与学科教学深度融合的实践研究》，针对信息融合理念下的教学策略与途径、教学模式、数字化校园建设进行了有效研究与探索。2021 年 6 月 14 日，该课题被省教科院审批为“优秀课题结题”。

（四）实施空间建设，促进资源平台广泛应用

《教育信息化 2.0 行动计划》提出“优质资源班班通”和“网络学习空间人人通”实现提质增效，在“课堂用、经常用、普遍用”的基础上，形成“校校用平台、班班用资源、人人用空间”的目标。2018 年，我校大力开展基于资源

平台的校园空间建设与应用活动。

1. 空间建设。为实现“教育专用资源向教育大资源转变”。学校大力开展教育资源空间建设。进行了四级空间建设，即学校资源平台—班级空间—教师空间—学生空间。要求教师将优秀教学实录、特色德育活动、教学微课、教学设计等上传到学校空间；要求社团教师建立自己的特色课程空间，形成与家长学生的网络互动；同时要求将学校空间、班级空间、学生个人空间、教师空间等形成“二维码”，制成“码书、码墙”，如图 1－25 所示，方便教师、学生、家长的网络交流，从而实现了教育教学资源共享。

图 1－25 “码墙”

2. 空间竞赛。学校以赛促建，组织师生开展网络空间大赛。通过大赛遴选优秀空间，促空间建设质量提升。空间大赛面向全体师生，经过班级初评、网络投票，在全校 2 352 个空间中，遴选出 230 个优秀空间进入决赛。最后经过评审组的严格评审，评出了“最美空间奖”“最佳特色奖”“最佳主题奖”等多个奖项，并对获奖的师生、学年组和学科组进行了隆重的表彰奖励。整个比赛过程得到了全校师生和家长的热烈关注和支持。在此过程中，师生的空间建设能力得到了极大的提高，很多空间设计新颖美观，内容丰富，资源充实，效果远超出了预期的设想。通过空间大赛，让老师明白了“人人通”工程的建设意义。

3. 空间互动。通过空间把学校、班级、学生、家长的所有学习活动和生活体验都链接起来，融合进来。学校要求学生记录自己成长历程，用空间记录班级活动故事，用空间记录教师成长和学校发展。通过网络的连接，学生与学生之间，学生与老师之间，学生与班级之间，老师与家长之间，班级与家长之间，建立起了一条看似无形、实则有形的纽带，如图 1－26 所示，让四者紧密相连，互相了解，互相支持，共同进步。家长通过登录学校和班级及教师空间，及时了解学校的发展，班级的活动和自己孩子的在校生活。通过空间，给学校、师生及家长开辟了一个新世界，实现了家校互动的良好局面。

图 1－26　学校、学生、教师、家长在网络空间的互动

学校现有学生 2 958 名，教师 183 名，全校师生开通空间率 100%，做到人人有空间，班班有特色。学校空间上传了 78 887 篇文章，192 082 张照片，31 万多次的评论，登录次数高达 129 万多次。为充分发挥资源平台开放、共享、交互、协作的功能，学校还利用资源平台开发了融合性课程、校园新闻课程、3D打印创客、信息编程、机器人制作、科技小发明、百师讲坛、百生大讲堂、软笔书法等。为促进“大学区交流”“城乡交流”,学校开展了异地网络备课和“异地同步授课学习”活动。可以说,资源平台的常态化应用不仅极大地拓展了学生的学习空间,为培养未来具有国际竞争力创新人才奠定了物质基础,更让这所百年老校提升了办学品质,实现华丽转身,光芒四射地重新上路。

六、如何构建多元主体协同机制打造精品微课(李继元　韩丽)

编者:丰富的线上优质教学资源如微课是教师开展融合教学的基本条件,也是学生深度学习、拓展学习、个性化学习的重要支持。尽管我国拥有一批国家层面投资建设的“一师一优课,一课一名师”项目等优质资源,省域层面也建设、汇聚了众多微课资源,但当线上、线下教育接轨时,学校在线上教育资源丰富性、适用性等方面仍然面临挑战,往往需要自建线上课程资源以满足实际的教学需求。然而,打造精品微课等线上教学资源不仅是组织教师设计、制作那么简单,往往需要举全校之力方能完成好此事。

珲春市第七中学校长李继元及其团队从学校实际出发,建立由教研组、学科组、教导处和电教中心,以及课题组和教学副校长构成的多元主体协同机制(如图1-27所示),分工协作,共同打造各学科研修主题下的精品课程资源,为构建线上线下教育常态化融合发展奠定坚实的基础。

具体实践举措如下:

(一)教研组研讨交流,确立主题方向

教研组长带领各学科教师确立研究主题,为精品微课的建设指明方向。语文组确立主题为作者和写作背景介绍,为学生更好地理解文章和把握主旨奠定基础。数学组确立主题为大单元下的精准课前导学,以课堂目标确

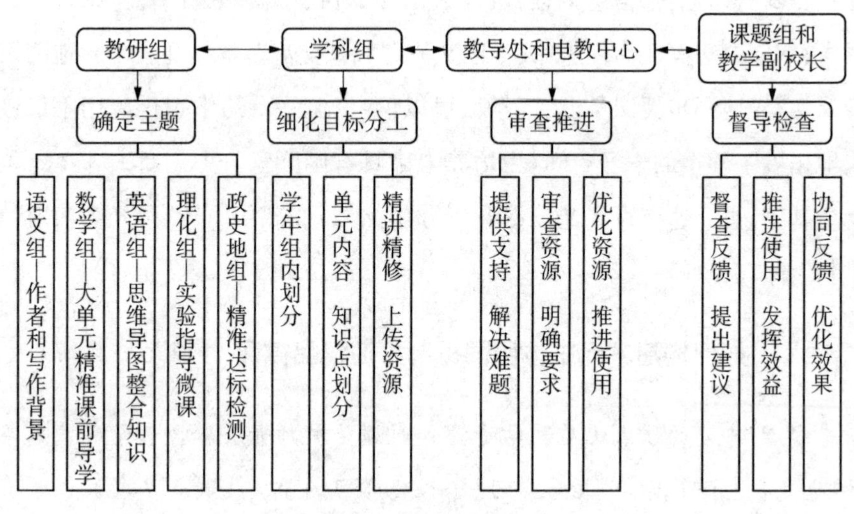

图 1-27　多元主体协同机制

定导学内容。英语组确立主题为思维导图整合知识，理清单元和课程内容脉络。理化生组利用实验室器材制作实验步骤讲述微视频，规范学生正确进行实验操作，提高实验成功率。政史地组确立主题为精准设计达标检测任务，提高课堂目标达成率。

（二）学科组细化目标，明确制作分工

各学科明确精品资源主题，先按照学年进行分工，学年组内同科教师根据单元内容或知识整合再进行任务划分，根据主题内容制作精品资源，严格按照各学科主题要求，将制作完成的资源在学年组和学科组内展示，根据教师提出的意见进行修改，达到预期要求后上传至校本资源。在课堂使用中，各教师查看资源使用效果，对使用中发现的优点和不足及时做出反馈，进一步优化资源内容；保证录制内容完整且无误后，交由教研组进行审核，根据提出意见重新修改再审核。

（三）教导处和电教中心审查，保证有效推进

电教中心协同信息技术组成员，为教师制作精品资源提供技术支持，解决制作难题。教导处对教师上报的资源进行审查，重点检查内容和讲解是否有误，教师操作是否规范；督促教师在制作过程中严格按照学生学情和课堂目标要求，根据教学内容和重难点设置合理使用资源，真正将资源的作用发挥到最大化。

（四）课题组和教学副校长督查，保障长效发展

在制作精品课程资源过程中，历经组内研讨交流、明确分工、录制准备、精讲精修、上传资源等环节，各部门主体协调配合。课题组和教学副校长监督资源建设开展情况，对于出现的共性问题集中解决，保障资源建设工作的长效发展。最后，由教学校长进行最终审核，统一要求，明确资源的预期使用目标。

七、学校推进线上线下教育融合实践的关键举措有哪些（王瑞）

编者：作为推进线上线下教育融合实践的主体，学校需统筹网络环境、终端设备、学习平台、微课等各类资源；调动学校管理者、技术支持人员、一线教师和学生、家长等多元主体的积极性；制定教学管理、内部激励等适配制度，以及成立领导小组或专家委员会、管理团队等专门机构。简言之，线上线下教育融合实践涉及资源、人员、制度、组织机构等多类复杂要素，以保证线上线下教育融合的平稳运行，那么其中的决定性因素到底有哪些呢？学校应从何处着手开展线上线下教育融合实践？

我们可以从郑州市第二高级中学线上线下教育融合实践中获得一些启示。该校的基本经验如下：

（一）选择适切的线上线下教育融合实践模式

要开展线上线下教育融合实践，如何解决传统线下教学和线上教学之

间的关系，是摆在学校面前的一个重大课题。郑州二中选择了基于平板电脑的线上线下教育融合实践模式。原因如下：一是我们所处的教学环境还是传统教室，教学组织形式还是班级授课制，因此，不能完全放弃传统线下课堂。二是高考制度没有根本性改变，还是纸介质课本、纸介质考试，因此，不能完全开展在线教育。三是从认知规律来看，教师在现实场景中的主导作用是相当重要的，学生主动学习的能力是需要教师在日常教学中逐渐培养、浸润的，因此，基于教师启发式教学的传统教学应当保留。

基于平板电脑的线上线下教育融合实践模式就是利用平板电脑把传统学习方式的优势和网络化学习的优势链接起来，也就是说，既要发挥教师引导、启发、监控教学过程的主导作用，又要充分体现学生作为学习过程主体的主动性、积极性与创造性。

（二）构建数字化学习环境

数字化学习环境包括无线网络环境、数字化教室、学习平台、移动终端、教学资源等。在选择移动终端方面，郑州二中把移动终端的选择权交给学生和家长，最初学生和家长一致选择 iPad 作为移动终端，学校就尊重学生和家长意见，一直沿用至今。

在学习平台建设方面，学校采用了 ios 系统。学校根据创新实验班的教学需求，与河南师范大学联合开发了学生学习支持服务系统。该系统具有学生学习轨迹记录、学习成绩记录与分析评测、学生学习行为采集，资源的聚合、再现与分享等功能，拥有自主知识产权。利用该系统，教师可以实现教学与评价的高效、便捷，学生可以实现自主学习、个性化学习和高效学习，学校管理人员可以随时掌握教与学的数据信息，为教学决策提供基本依据。

（三）创建有效的课堂形态和教学模型

线上线下教育融合是线上教育与线下教育的深度融合，那么应该怎么实现深度融合，深度融合后的教学应该怎么进行，这就需要学校进行课堂形态设计。郑州二中构建了“四课型渐进式自主学堂”的课堂形态，由基础先学课、展示反馈课、点拨思辨课、练习评价课四个课型组成。主要流程是学生课前根据教师发送的资源包进行预习先学，之后在课堂上进行前测或由学生进行展示反馈预习情况，在解决了基础问题之后，教师对重难点问题进行点拨，学生提出质疑，最后通过后测或其他方式进行课堂评价。

在教学模型方面，郑州二中构建了创新人才培养模型、移动自主学堂发展模型、移动自主学堂教学模型、生成性课堂互动模型等。另外，在四课型渐进式自主学堂课堂形态基础上，一些教师形成了个性化的教学模式。

（四）开展教师培训

对教师进行经常性、常态化的培训是信息化教学工作的必备科目。培训的内容包括新课程新理念、信息技术与教学融合方法、技术应用等。郑州二中的教师培训具有鲜明的校本特色，已经形成了系列教材，每周一次的自助餐式培训，每学期进行一次的专题培训，每年一次的上岗培训；聘请专家培训，校内专家培训，教师交流分享培训等成为学校独具特色的培训形式。

（五）加强对学生的教育和管理

在线上线下教育融合实践中，移动终端和互联网在给教学和学习带来便利的同时，也会带来一些问题，比如学生视力问题、网络迷航问题等。针对这些问题要做一些制度设计和技术设计。郑州二中采取了教育与管理相结合、人工管理和监控软件相结合、评价和奖惩相结合的方式，取得了良好成效。

（六）建立运行推进机制

线上线下教育融合重在设计，更重在实施和运行，为保证融合实践顺利实施和运行，要建立配套的管理机构和运行机制。在管理机构方面，学校一是设立专职教育创新副校长，主管信息化教学工作；二是成立管理团队和研发团队；三是建立创新实验室和创客中心。在运行机制方面，一是建立创新班教师聘用和管理机制；二是制定创新班教师岗位职责描述白皮书；三是引入过程管理机制和评价机制；四是建立创新班教师学习、交流、分享机制；五是每年编写一本创新班画册，总结一年信息化教学工作。

八、如何组织教师开展线上线下融合的智慧课堂教学实践（任静）

编者：智慧课堂教学，在赋能“关联学习”“对话学习”“创造性学习”“个性化学习”等思维学习方面具有先天优势。西安藤信学校（原西安北大新世纪学校）非常重视课堂教学模式及学生学习方式的重构，借助信息化教学手段不断优化课堂教学模式，并关注学生能力培养，促进学生个性化发展。

（一）组织教师信息化素养培训，切实掌握教育智慧云系统

2021年7月19日，学校组织教师开展为期10天的智慧课堂教学培训，全体教职工在微机教室，共同学习如何利用ESWI智慧教学云系统创设智慧课堂的教学实践。主讲教师主要从备课和授课两大板块进行了系统的培训，详细讲解了云系统的运用与操作，演示如何利用软件备课、授课、互动，聚焦关键点。在培训中，教师们深刻感受到原本单一的传统课堂、繁琐的备课和作业批改工作，通过数字化、智能化的信息技术，以形、声、色等表现手段，变得智能、多样而高效，能够创设形象生动而直观的学习环境。与此同时，学校老师齐心协力，完成线上资源的制作，如图1-28所示。

（二）运用智慧课堂教学模式，检验智慧课堂培训效果

为了提升教师信息化教学水平，打造智慧课堂教学模式，检验智慧课堂

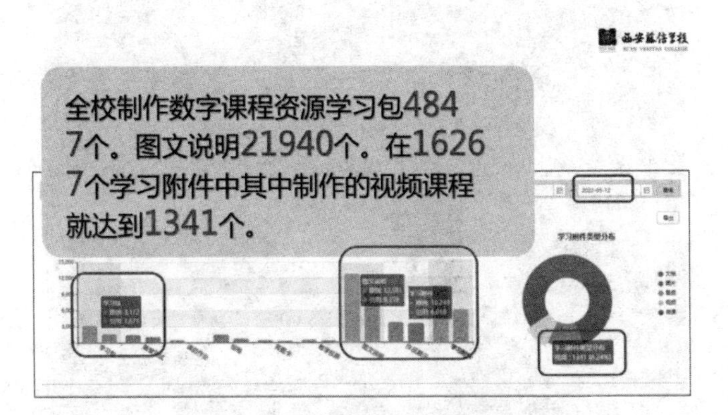

图 1－28　学校课程资源制作情况

培训效果，促进教师相互学习、相互交流，西安藤信学校初中部组织开展了智慧课堂汇报课展示活动，语文、数学、英语、文综、理综、音美学科组分别进行了智慧课堂的成果展示。

语文课堂教学设计具有层次感，循序渐进，逐步引导学生体会作者表达的思想感情。通过品读文本，让学生感受语文的魅力，营造了活跃的课堂氛围，激发了学生学习的热情，对课文的理解更加充分、深刻，提高了语文阅读能力，培养学生善于思考的好习惯。

数学的教学目标明确，运用贴近学生生活的数学问题引入教学内容，调动学生的学习积极性，通过自主学习、合作探究、巩固练习等环节让学生深入学习基础知识，积累数学学习方法，培养数学思维和逻辑能力，并尊重个体差异，让每个学生在课堂上有所感悟。

英语教学充分运用智慧课堂，紧扣教学主题，教学任务由易到难，循序渐进，关注每一位学生的能力培养，从听、说、读、写等方面落实英语学科素养。在教学过程中，师生互动紧密，充分调动学生学习的积极性和主观能动性，如图 1－29 所示。

图 1-29　八年级英语课堂

生物教学通过自主学习检测、小组合作探究等形式，对课堂学习内容进行展示交流，教学活动设计突出重难点，重视学生理科思维、动手能力、合作探究意识的培养，并在学习目标落实的基础上升华主题，充分体现课堂改革和新课程教学理念。

地理课堂教学重视学生活动和实践能力的培养，通过真实问题引导学生自主学习、合作探究，进而掌握教学重难点。教学环节合理，内容丰富，极大地调动了学生的积极性，课堂氛围活跃，问题层层深入，活动环环相扣，教学效果显著。

体音美教学善于激发学生学习兴趣，贴近学生生活，将传统与现代结合，充分调动学生学习的积极性，关注理论知识和技能培养，充分展示学生才艺，课堂氛围较好。

（三）组织智慧课堂专题研讨会，解决教学实践问题

为推进信息技术与课堂教学的深度融合，解决教师们在智慧课堂建设

中的实际问题，我校分别组织了智慧课堂学生技能培训、课改专题交流会、智慧课堂小组建设专题研讨会、智慧课堂学生课前预习专题研讨会，如图1-30所示。

图1-30 智慧课堂专题研讨会

在进行信息化高效课堂教学时，强调以学生为中心，学生通过教师的引导，不断自主思考、解疑，颠覆了传统的“填鸭式”被动教学，让学生能够主动地参与到课堂中来，提升课堂成效。而在此过程中，课前预习尤为重要，教师通过组织预习，可以有效激发学生学习兴趣，及时了解学生学情，确定教学重难点。在智慧课堂教学模式下，教师意识到引导学生自主探究远比让学生机械化地学习有限知识更为重要。由此，学校要求教师务必组织好学生的课前预习活动，帮助学生养成学会预习的习惯。

在交流的过程中，教师们表示，学生一致认为信息化课堂焕然一新，新的学习方式让随时复习知识成为可能，每位同学都能及时向老师反馈疑惑。相比传统课堂，信息化的高效课堂让每一位同学都对学习新知识充满期待。教师也表示，走出“舒适区”对他们来讲是一项新的教育挑战，但随着假期培训活动的开始，以及对信息化高效课堂理解的深入，实践也渐入佳境。

通过上述举措，学校在线上线下融合的智慧课堂教学方面取得了如下成效:一是提升了学生课堂学习参与度,激发学习兴趣。学生学习兴趣有改善,激发了学生动手及思考能力;课堂氛围活跃,学生参与度提高。通过学生主动交流讨论,学习能力进一步提升;学生自主学习的时间更多,有利于学生个性化发展。二是形成了学校智慧课堂“346”教学流程,使教师课堂教学更加规范化。三是丰富了学校数字化教学资源,促进学校迈向智慧校园。教师信息化及多媒体应用水平提高,学校数字化教学资源更加丰富。

第二章　教师线上教学与教研的创新实践

引言：孩子们需要怎样的线上学习

（田爱丽）

不管是新冠肺炎疫情背景下实施教育教学的无奈之举，还是顺应智能社会变革的主动探索，中小学开展线上线下融合的教育教学已经变得越来越普遍。多位专家学者对此进行了深入系统的论述，教育行政部门也对此多次发文指导。尽管行政部门、学术机构、技术公司等对此十分重视，但由于认知、技术、管理、制度、评价等多方面的因素，不得不说，线上线下教育融合处于发展的初级阶段。在实施过程中，最为老师、家长们担心的就是学生线上学习不自觉、不自律，达不到预期的教学目标，距离理想的线上学习体验和成效尚远，进而影响着融合教育目标的达成。

（一）线上学习体验和成效不佳，是当前推进线上线下教育融合的一大难点

在“实施线上线下教学融合时，会遇到哪些困难？”这一多项选择题中，82.8%的教师选择“难以实时把握学生在线学习状态，线上教学管理与评价难度加大”，是各选项中最多的一项；在题目“您认为推进线上线下教育融

合的困难是什么?”一题中,75.2%的教师选择了“学生在线学习习惯和自觉性有待提升”,也是各选项中最多的一项;而“在推进线上线下教育融合时还需要从以下哪些方面重点改进?”在这一多选题目中,教师们选择最多的选项是“丰富数字化优质资源”,其次是“提升学生学习自觉性”。访谈中,多位家长和老师提到孩子在线学习时很容易被其他的短视频网站、电子小游戏、微信聊天群等所吸引,高效深入的在线学习着实较难;线上学过的内容很多时候需要在线下的课堂中重复讲授,浪费了师生的时间和精力。

学生线上学习成效的取得,往往和三方面的因素有关:

一方面和学生学习自觉性密切相关。不管是线上还是线下,不管是在家里还是学校,自觉性强、自律性高的孩子发展总是好的。实践中诸多案例表明,采用线上教与学以来,自觉性强的孩子如虎添翼,发展得更好。自觉性差的孩子则雪上加霜,不能主动自觉学习线上资源,不善于参加线上学习活动,学习成效还不如单纯线下教学效果好。

另一方面,学生线上学习成效的取得也和周围环境,如家庭的支持密切相关,家庭支持与保障到位,环境安静,心理放松,学习氛围浓厚愉悦,孩子学习成效偏好;反之,保障和支持不到位,成效略低。

除此之外,学生线上学习成效也和线上学习内容和活动的设计是否能满足孩子需求相关。通过对学生的调研可知,线上学习时不少学生感到“无聊”“没有意思”“枯燥”“容易分神”“一不小心就去浏览其他信息类网页和娱乐类视频网站了”……,则是不少孩子的心声。

反观当前中小学的在线教学类型,主要分为两大类:一类是教师高度主导的教学形式。通过腾讯会议或钉钉平台,教师向学生直播教学,基本上是将线下课堂搬到线上,甚至有老师就是在教室内对学生进行直播教学的;

一类是需要学生高度自觉的教学形式，主要是一些线上资源类平台，有关单位和负责人将教师录制好的视频、习题、学习任务单等发布到平台上，学生在平台上自学，并无老师开展线上指导，如当前的国家智慧教学平台，至于学生在平台上学不学、学得怎么样，全凭学生自觉。当然也有上海“空中课堂”的教学，学生在视频学习的基础上，师生需切换到另外一个在线平台交流与讨论。应该说上述两类线上教与学属于线上教学的1.0版本：即要么过于教师主导，要么过于依赖学生自觉。

（二）如何改进学生线上学习的质量

相对于之前单纯的线下教学，线上线下融合的教育教学因多了一个“线上教与学”的变量，进而带来整体教学流程的变革和结构的重塑。因而，线上学习的体验和成效，就影响着师生们愿不愿意、是否常态化开展线上教育，进而就影响着线上线下教育融合实施的成效。

那么如何提升线上学习的体验和成效呢？仔细审视孩子们对电子游戏的痴迷，对照线上学习的低效和无效，经广泛讨论和深入分析，本研究认为，提升线上学习成效，改善线上学习体验，即线上教学的2.0版本，需借鉴电子游戏的思维和机制，如目标细致明确，任务具有挑战性，需要时提供支持，做得好坏反馈及时，过程充满愉悦感和成就感等。

因而，改善线上学习体验和成效可以从如下几方面努力：

1. 以完成任务为导向来学习知识，满足孩子的成就感。仔细审视电子游戏的设计机制，均是以达到目标或完成任务为导向的，在完成任务或达成目标的过程中遇到困难时，游戏平台及时推出短小精悍、实用易学的小视频，孩子们则会立刻点击视频，认真学习，学完即用，解决问题。反观当今的不少教学平台，尤其是资源类平台，更多是让孩子们观看以知识讲授为主的教学视频，看完视频后，为了巩固知识掌握程度，才会让孩子们做一些检测题。有的平台甚至没有检测题，只是让孩子看知识讲解的视频，显然这样的学习是被动的、低效的。

因而，线上教学时建议以完成任务或解决问题为导向的任务式学习为主，学习前让学生明确自己的学习目标和任务，让评价发生在教与学之前。即在学生已有知识的基础上，结合需要新教学的内容，先让学生尝试完成几项任务，当任务完成过程中遇到困难时，再推出短小精悍的教学视频，看完视频则有利于学生顺利完成任务。唯有如此，学生才会乐于主动去看教学视频。否则一打开平台，学生无目的、无兴趣地被动看视频，必然会觉得线上学习无聊枯燥。

2. 增强线上学习中的互动交流，强化线上学习社交的特性。多数成人和孩子之所以离不开手机，尤其是微信聊天和朋友圈，很重要的一点就是在这个移动平台上有和其他人的互动交流，互动交流的内容可以是信息分享、事情沟通、感情联络等等，是人类自身的社交需求让我们如此“黏住”移动平台。多人联机游戏具有更大的魅力和吸引力的根源亦是如此。反观在线教学，增加师生、生生交流的便捷性、频次，是提升学习平台黏性的一大重要因素。围绕某一任务，充分发挥学生小组合作、尤其是学生自发组织的小组的功能与作用，而不仅仅是让学生个人埋头做习题，是改善在线学习体验、提升在线学习成效的一大路径。

3. 让线上教学融于故事和情境之中，让抽象知识“活”起来。相对于单纯地说教，人们更喜爱听故事、更喜欢看电视剧，成年人如此，孩子更是如此。在语文、历史等人文社会学科的教学方面，通过视频呈现历史史料，要比教师枯燥地讲解历史知识效果会更好。教学视频中，除非是针对特定习题的讲解采用直接讲授比较合适之外，更多的教学需尽可能借助视频的便利、网络的优势还原知识产生的背景、应用的情景，以及和推动知识发展相关的人和事等，将抽象、概括的知识尽可能“活”起来，而不是干巴巴地照本宣科讲教材、读讲稿等。

4. 加强在线学习管理与评价，逐步培养孩子在线学习素养。相对于电子游戏，知识的学习一定程度上就是单调和枯燥的，同时又是基础教育阶段的学生必须要学的。在这种情况下，加强在线学习的管理是十分必要的，如在线研讨时让学生打开终端电脑的摄像头以便老师随时观察和提问，多组织一些在线的交流研讨而不仅仅让学生看视频；在线学习时有家长的陪伴，尽量不要把自己一个人关在房间内；家长和孩子协商确定手机、iPad 等电子产品的使用时间和规则等。教师、家长定期和孩子交流在线学习的体会，定期交流电子产品使用的规则和心得等，逐步养成使用电子产品的好习惯，提升在线学习的自觉性。

接下来我们具体分享一线老师们为我们带来的有关提升线上教学质量的“金点子”。

一、什么样的直播教学更受学生青睐（夏小刚等）

编者：当前的线上教学主要有直播与录播两种形式，直播教学由于其时效性、真实性、互动性和个性化等显著优势，得到广大一线教师的青睐，但同时也面临许多挑战，例如，直播教学需要兼顾身处不同空间学习者的积极性，并促进个体之间的交流和协作；学生在直播教学过程中的坚持度和参与度取决于教师的教学能力和风格特征，这对教师的授课和互动能力提出了更高的要求；直播教学过程中，许多学生在面对镜头时的主动性和积极性不够，不愿意提问或发言，处于沉默状态。面对上述挑战，如何科学设计直播教学活动，优化直播教学内容，激发学生学习兴趣，成为亟待解决的实际问题。

成都市第七中学初中学校信息技术学科教研组的实践做法带给我们诸多启示，其具体做法如下：

（一）直播教学的准备与设计

1. 开展大规模学生学情调查。了解学生学习条件、学习兴趣点和对信息技术学科学习的相关建议，为直播内容的设计、直播教学模式的构建奠定基础。问卷结果显示，绝大多数同学通过电脑端或 iPad 端进行在线学习，如图 2－1 所示，因此，在直播教学内容的选择上可以更加灵活；近 50%学生表示比较喜欢“直播视频，师生互动少，讲授多”的学习方式；60%的学生担心视力受到损害；近 50%的同学认为直播教学互动少、注意力不集中和学习氛围不浓。上述学情调查的结论为直播教学内容设计奠定了基础。

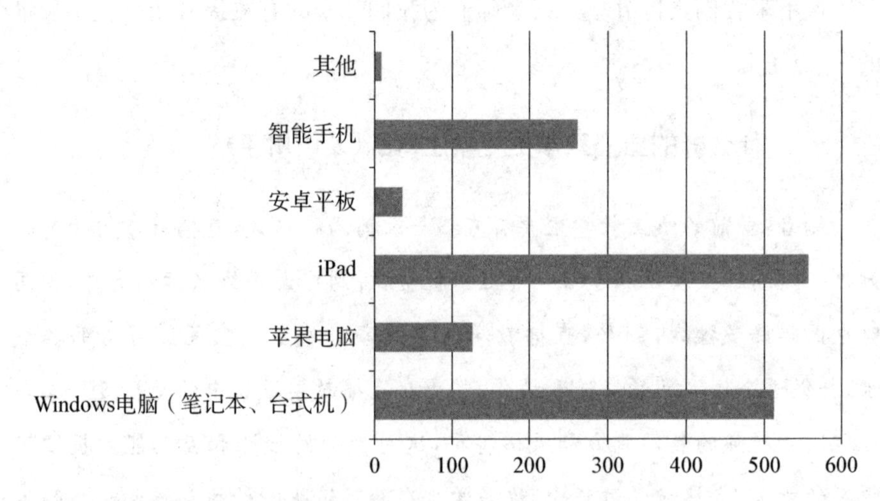

图 2－1　你主要通过以上哪些终端进行网课学习？（多选）

2. 将学习内容进行项目化设计。以七年级教学内容 Python 模块为例，教研组通过集体研讨将变量，数据类型，顺序、循环、分支三大结构等核心概念和教材内容进行整合形成“绘制太阳花”“芝麻开门”“七彩满天星”“九九乘法表”等五个项目。八年级教学内容为Excel模块，将函数法、公式法、格式化填充等核心概念和教材内容进行整合形成“数学老师的烦恼”“棋盘麦粒问题”等五个项目。同时，在直播教学开始阶段增加信息意识、信息安全等概念为核心的小项目——“信息鉴别”“信息获取”，解决学生如何高效、准确获取电子教材、数字博物馆资源等问题。

3. 建立线上常态化教研机制。学校常年坚持常态化开展教学研究活动，疫情期间，学校每周开展在线教研，以解决直播教学实践中遇到的问题。信息组设计了两校区在线教研方案，明确了集中研讨的时间，教研期间，教师们进行集体备课，就相关主题进行观课和研讨。研究主题分别为：高效直播技术、课例研究、师生互动效率、“主讲＋辅导”教学模式探索等。

4. 实施“三阶段五环节”混播教学模式。在上述基础上，教研组初步构建了面向学科核心素养的信息技术课直播教学模式。通过一轮行动研究，以“直播回放”课堂观察的方法，经过“计划、行动、观察、反思”等过程，在实践中不断完善，最终形成“三阶段五环节”混播教学模式，如图2－2所示。具体实施流程如下：第一，集体备课阶段，直播教学与线下教学一样，要坚持做到集体备课，发挥团队的优势，在学科核心素养的指导下，教学设计应充分考虑学生学情，研究课程标准，深挖教材内容，以有效激发课堂教学活力；第二，混播教学阶段，为提高效率，避免网络卡顿影响课堂效果，混播教学采用“录播＋直播”的形式，先播放提前录制好的教学视频让学生自主学习，直播阶段再就教学重点、难点问题进行交流和拓展；第三，学习反馈阶段，由于在线学习约束力相对较弱，因此，为提高课堂学习效果，鼓励学生自主实践并提交作业，并及时通过相关平台对学生作业进行反馈。

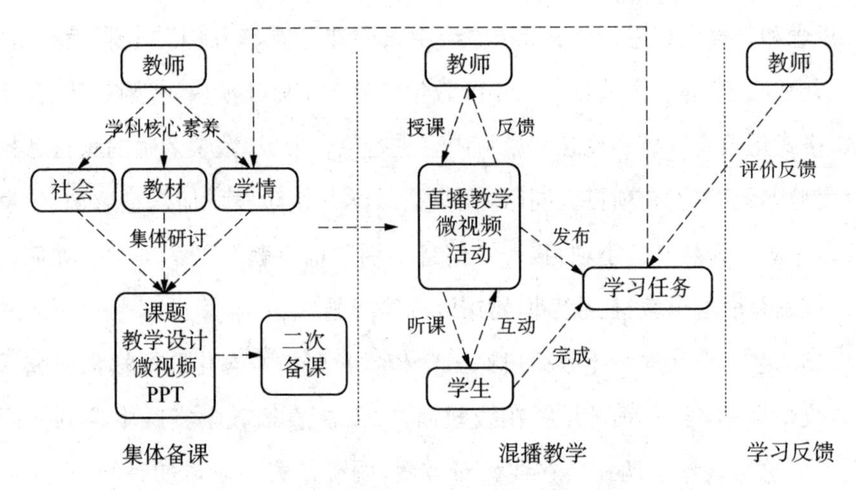

图 2－2　信息技术学科“三阶段五环节”混播教学模式

（二）直播教学的策略

在直播教学实践及其持续优化过程中，成都市第七中学初中学校信息技术教研组凝练出以下直播教学实施策略。

1. 以问题为中心，激发学生学习兴趣。问题是课堂教学的核心，一个好的问题不仅能激发学生兴趣，而且能促进学生创造性的生成。同时，问题要聚焦核心概念的生成或应用。例如，在《七彩满天星》的教学设计中，老师抛出了这样一个问题：小明的妹妹就要过生日了，妹妹特别喜欢满天的星星，可是天气预报显示妹妹生日当天会下大雨。正当小明一筹莫展的时候，他想到了正在学习的 Python，他想利用 Python 给妹妹一个惊喜。为解决这一问题，老师引导学生从绘制一个五角星开始，到绘制随机大小五角星，加入随机坐标，加入随机颜色来逐步解决问题，随着问题的层层深入，学生的学习兴趣不仅越来越浓厚，还在学习中产生了新的疑问，即如何绘制更多颜色的五角星，如何绘制“填充版”五角星，如何快速绘制五角星。因此，针对学生产生的新问题，老师又设计了一堂新课，即通过补充 RGB 颜色、填充颜色、调节速度等知识点，巩固和扩展七彩满天星的绘制，着重解决上述三个问题。

2. 采用项目式学习，促进思维层层递进。传统的编程教学强调知识点的内在联系，缺乏以情境为联系的项目式学习体系。即便有情境，也是分散与独立的，缺乏关联性。在进行 Python 语言教学的实践中，我们注重将知识点通过故事情境相关联，串接成一个小项目以帮助学生掌握新知。例如，在学习 if 条件语句的过程中，郑长宏老师引入了《阿里巴巴与四十大盗》的故事情节，以项目的形式引导学习内容层层推进，学生依次解决了输入密码、限制次数、开门等环节的程序设计，思维层次也越来越高。

3. 在线作业反馈，巩固学习成效。信息技术是学生容易忽视的学科，教师的教学态度会影响学生，教师积极认真，学生也会认真参与。在 Excel 和 Python 模块中，教师注重激励和引导学生，为学生布置活动性任务，并且及时反馈任务的完成情况；通过评选优秀项目小组、优秀作业等，共同保障学生在直播学习过程中的规范有序。

4. 适时运用互动，激发学生在线参与。针对操作性和理论性的不同课题，需要采用不同类型的直播教学。在教学中，教师要注重与学生的互动，在有限的条件下创设以学生为中心的线上教学环境。例如，在“畅游网络 明辨真伪”这节课上，教师邀请学生就“大蒜是否能防疫?”“如何鉴别真假微信公众号?”等问题进行讨论，并展开实时辩论，极大地调动了学生学习热情和线上课堂参与度。

二、如何基于“空中课堂”资源开展高效的线上互动（林莹珠）

编者：当前，在网络所拓展的时空中，在线课程资源的数量和形式得到极大丰富，也为教学活动样态增加了更多可能。如何对接、整合已有的国家、省、市教育资源平台，并基于这些优质资源有效开展教学实践成为广大一线教师面临的重要课题。上海市陆续推出“空中课堂 1.0 版”“空中课堂 2.0 版”以及“名师面对面”升级版等，为教育教学实践提供了大量的优质在线课程，但如何用好这些在线课程，充分发挥“空中课堂”的作用对大多数老师而言并非易事。

上海民办福山正达外国语小学音乐学科的林莹珠基于“空中课堂”的资源，认真研究线上教学该如何实施，多措并举推动了线上教学取得实效，值得借鉴。其具体操作如下。

（一）教师提前准备：统一明确操作流程

为确保能有效地开展课后实践性活动，先要统一明确前期的操作流程，这对于活动的顺利推进具有关键性作用，主要有：

1. 观课。观看“空中课堂”线上教学的视频，整理撰写教学案例，做好资料收集和主题分享，选编空中课堂的视频资源。通过提前观课，能够梳理教学内容重难点。

2. 备课。开展主题教研，从单元设计、教学策略、课后作业、评价方式四个方面将教材中适合进行线上线下“双轨”的内容进行梳理，并结合每位老师的课堂教学形成课例，进行组内交流、研讨，形成基于单元的课时教学方案与课件。完成“课后思考与讨论”设计，特别强调实践性活动的设计。

3. 审核。老师在课前将微视频提交教研组长审核，由于老师从理解到实施过程不是一蹴而就的，审核的目的在于把关，从而达到质量有保证、规格的统一性。

4. 课前提醒。课前提醒学生上课时间以及注意事项，保障学生空中课堂的参与率。

5. 平台发布。“易学云”、“晓黑板”（现已停用）、“小管家”等各班级指定平台同步发布教学资源。

（二）思考与讨论环节：因地制宜

不同课型在“空中课堂”之后如何有效进行20分钟的师生交流与思考讨论，那就需要突破传统，因地制宜。接下来将以三年级第一单元“春天”为例，与大家分享其“思考与讨论”环节的实践性活动。

1. 歌唱课型。在“春天的歌”一课中，教师在指导学生复习巩固演唱歌词的同时，加强对“呼吸记号”的演唱运用提示，然后进行歌词创编，换一种方式复习歌曲旋律。学校从三年级开始，实施器乐进课堂，所以在后面的环节中，设计了长音和吐音的吹奏练习，并将整首歌曲的吹奏进行了分解，为吹奏全曲做了铺垫。在提供给学生的课件中，对音乐的伴奏进行了变调处理，并录制了口风琴吹奏的示范，帮助学生直观了解吹奏的要求。在全区吹奏的谱例中，帮助学生标记了重要的指法，便于学生在家练习。在线教学不等同平时的线下课堂，所以教师还拍摄了演奏全曲的指法视频，目的还是为了让线上教与学更明确、更细致。在反馈中，对不同的学生进行了作业的分层，并且指导家长拍摄的角度，便于教师的后期点评和指导。

在同单元同课型“春天来了”一课中，“空中课堂”的老师介绍了4/4拍，也让学生跟着音乐进行感受和拍击。在之后的在线互动中，利用课后练习题让学生通过连线、哼唱两个步骤，复习巩固节拍的概念，以及识谱唱名。要求学生跟唱的内容，同样录制了钢琴的单音伴奏，并且给予相对应拍号的准备拍，这样的做法可以帮助学生更准确地演唱节奏和音高。这首歌曲中“顿音”记号也是其中的一个教学重点，通过吹、唱的方式帮助学生巩固练习，还提供了全曲的演奏视频，提供给对吹奏有兴趣的学生。

2. 欣赏课型。在《斑鸠调》欣赏活动中，教师先用快问快答的方式对空中课堂的内容进行复习回顾，再补充了一些课堂中尚未介绍的内容，结合民歌歌词的特点，通过画画圈圈、哼哼唱唱的方式让学生加深理解。基于空中课堂中带来的灵感，老师在这首民歌中运用了“杯子伴奏”的方式，同样录制了示范视频，其中包括单人口令版、伴奏版，双人口令版、伴奏版。课后让学生试着模仿老师，或者自己创编设计节奏、拍击方式选择适当的打击乐器，来为歌曲伴奏。

3. 综合课型。相比前几节课的课后活动设计，该课的内容与空中课堂的融合度更高，这是因为音乐组教师可以提前一天看到学生统一课的视频，能更好地结合学生学情、学习重难点开展教学设计。

“创造春天”视频课中，老师带领着学生用身边的发声乐器进行了“春之声”的音乐小品演绎，在课后提供人声的模拟声，还让学生在欣赏学校的课间铃声伴随鸟叫声的音乐的过程中，进一步感受到音乐表现春天的魅力所在。随后用当前比较流行的综艺节目“声临其境”命名，开展了学生创作。

4. 单元评价。三周线上学习后，为了更全面了解学生在线学习情况，音乐学科教师分年级、班级进行了在线教学单元学习调查。让学生对在线观课的态度、课后思考与讨论的有效性、课后互动参与的积极性、设备使用的操作性、活动内容的喜爱性等进行了自评。这不仅能够督促学生对线上教学的重视，也有助于教师了解阶段成果与成效，为后续实践性活动探索提供有价值的参考。

三、哪些环节和细节影响着直播教学的质量（李玉光）

编者：在线直播教学开始之时，面对镜头很多教师存在不适应、不知所措、手忙脚乱的现象，也有学生更是不知所云、不为所动，这是实践中较为常见的现象。那么，在线直播教学中究竟存在哪些“真问题”？又该如何解决呢?

针对这个问题,吉林省珲春市第一高级中学教师李玉光有着系统的思考,他经历多次在线直播教学,对一线教学中存在的大量“真实问题”进行了研究和剖析,并从以下 6 个方面描述了“真问题”,给出了“有用”之策。

(一) 在线直播教学中,教师应该做哪些准备

1. 态度上,教师应该有责任有担当,在最平凡的岗位上,尽最大努力把自己该做的事情做到最好。我们的目标是培养德、智、体、美、劳全面发展的社会主义建设者和接班人,思政教育在疫情时期有了更加特殊的意义。教师和学生都应该回到自己的岗位上“好好学习,天天向上”。

2. 教师应加强学习,进行线上经验交流、问题探索。利用钉钉会议视频、微信群、腾讯会议、QQ 群、哔哩哔哩、CCtalk 等网络平台解决技术问题、非技术问题、学科问题。例如本人在疫情期间参加网络平台公益讲座、延边州高中地理名师工作室线上研讨活动、延边州高三质量分析研讨会等。建议大家多关注官方公众号、学科公众号,通过国家级官方的网络平台获取免费共享电子版教材等资源。

(二) 线上教学管理有哪些实用技巧

1. 凡是技术能解决的问题都不是问题,或者都是一时的问题。线上教学管理做好的前提不是网络问题,而是需要在线下时期打造执行力非常强的团队。这样的团队有服务意识、责任担当。而且这种执行力是双向的,既可以自上而下,例如任务传达从校长—学年主任—班主任—任课教师—学生,也可以自下而上,从而形成从有效到高效、长效的治理。

2. 各种群数量遵循极少原则,做到少而精。比如,学校类的教师群:学校教师总群、学年教师群;学生类:班级学生群、班级任课教师群;学科类:学校教科研群、教研组群、备课组群。建设太多群会干扰教师的注

意力。

（三）线上直播教学有哪些注意事项

1. 平台选择。关于线上教学平台的选择方面，个人觉得，经过多种平台的使用，总体来说钉钉效果较好。

2. 集体备课。坚持备、教、学、评一体化原则，加强在线集体备课，如用钉钉视频会议或微信视频，克服各种困难加强集体备课，以备课组为单位，加强团队合作。细备、精备，根据疫情的发展及时统一调整教学进度、教学内容。新的教学模式需要大家共同探讨、充分挖掘（包括教师技术问题）。课件制作工作量太大，一个人几乎无法完成。发挥集体智慧，解决真实问题。统一习题、作业，布置任务要明确，具有可操作性、可检查性。针对学生线上学习过程中可能出现的困惑、知识盲区、知识盲点，加以点拨。

3. 关于学生的态度和心理。本人每节课前 2—3 分钟，与学生分享有关励志的或有价值的、有教育意义的故事新闻。例如毛泽东的诗词“风雨送春归，飞雪迎春到、待到山花烂漫时，她在丛中笑”。虽疫情未过，但依然阻挡不了春天的步伐。“从来就没有从天而降的英雄，只有挺身而出的凡人”，等等。以此激励学生，珍惜当下，好好学习。

4. 具体实践操作心得体会。

（1）要求学生做到“课前—课堂—课后”三步走。提前预习所讲内容。课前可以把课件先发给学生，然后再讲。线上教学要注意对学生进行学习方法的指导和帮助，让学生学会自主学习非常重要。

（2）课堂内容和容量。课堂容量宜少不宜多，整体内容减量。难度最大的内容放到疫情过后开学再讲。

（3）尽量增加互动。借助钉钉平台，利用“视频会议或在线课堂”功能，教师及所有学生将摄像头和麦克全部打开。即教师和学生面对面，所有人能看到对方，而且学生随时可以通过自己的麦克和老师、同学进行互动，教师也可以随时和一个或多个学生进行同步互动。如果没有互动，教师提出问题时要放慢速度、降低难度，给学生以充分思考的时间和互动的机会，带着学生走，引导学生思考，然后再讲，把重点放在学生的"学上"。

(4) 关于板书问题。线上教学的缺点没有板书。板书是一节课的灵魂，绝对不能缺席。这时就可采取一些补救措施，例如可手写、拍照发给学生；或作为课件的页面；把 PPT 细化，体现知识结构；按照讲课顺序，用 PPT 逐步多次呈现完整程度不同的板书等等。

(5) 关于跨群联播问题。可跨班级、跨教师进行联播。老师不一样、班级学情和基础不一样，要根据实际情况调整教学方案。

(6) 关于作业问题。精心设计作业，做到少而精，既满足教学的需求又不增加学生的负担。要做到及时批改，批改过程中加以鼓励性的评价，针对个别孩子的作业批改可以破格评价，多鼓励效果会更好些。如果作业量大，几个月的网课时间，学生眼睛很容易疲劳。有些作业也可以通过"问卷星"来制作，将编辑好的试题上传至问卷星系统，系统自动生成，学生通过扫描二维码答题后系统自动打分。

(7) 答疑时可采用微信、钉钉、QQ 等多种平台。教师使用文字、语音、视频等多种方式。面临教师个别辅导任务量加大的问题，可以由课代表将学生学习中面临的问题集中上报给老师，对共性问题进行统一讲解，个性问题个别答疑，指导的同时要注意对学生取得的成绩给予相应的鼓励和表扬，以增强学习信心和学习兴趣。

(8) 如何应对鼠标手写圈画功能不好的情况。可以配备一个数位板

wacom,或者叫绘画板,参考利用电脑外接的电子设备实现手写。

(9) 关于线上高三期间晚课、考试等问题。使用钉钉视频会议督促管理学生,老师和学生提前进入直播间开摄像头,关闭语音。如果考试,学生准备两个手机。

(10) 班主任视角采取的管理技巧。一如既往地落实好教学常规,按时"盯"学生,每天固定的时间做固定的事。

A. 关于迟到:每天早上、中午,利用钉钉软件发起课前签到,每隔五分钟电话提醒,坚持半个月大部分孩子已养成习惯。

B. 关于旷课:虽然这还是极个别同学的问题,但影响很不好,这些孩子逼得家长几近崩溃。作为教师的我们要晓之以理、动之以情,可以视频电话私聊,让学生感受到老师的关心和关注无处不在,加强对这类孩子的心理疏导,使其亲其师,信其道。

C. 关于效果:量化评估方面,统计迟到早退听课人数、听课时长,对线上教学效果有个总体上的把握。统计数据分析过程中看出,大部分孩子还可以保证学习时间,但也不乏有的孩子有选择性地听课:要么选时段、要么选科目、要么干脆凑人头、更有甚者公然旷课。质性评估方面,重点看线上直播课堂连麦对话的情况、互动面板互动的情况、作业上交情况,以及钉钉、微信平台提问情况等。

D. 不交作业的孩子无论在班级上课、网络上课,一如既往地不交作业。对此,教师要想办法积极应对;对于迟到的、逃课的做到积极管理,对于网络授课期间暂时实现不了或者解决不了的问题,不要急在一时,要循序渐进。对不同层次的学生采取不同的、有梯度的管理方式。

(11) 师生都要克服急躁情绪,针对问题积极寻找多种方法。疫情对学生的视力、学习状态、身体和心理健康均产生了较大影响。教师要加强与家长沟通，做到家校联通，充分发挥家庭教育的关键作用，同时也要跟暴露问题的孩子及时沟通，加强心理疏导，树立学习信心。每位老师都应从职业需求的角度，结合手边可以利用的一切资源和可操作的方式方法，力求最大可能地帮助每一位学生。

（12）最后谈谈职业精神。教师自己要以身作则，一定要启发、引领、引导、带领学生。时间久了学生就会慢慢发生改变。教师必须具备两种心理：一是师者仁心。教师积极投身于网络授课与教学，态度首先要严正，带动学生的学习态度转变，引领学生较好地开展网络学习。不推、不拖、勇于担当，使尽浑身解数上好每一节让自己及学生满意的线上课。其次认真备课，授课，完成作业批改与课下答疑，最后做好与到校授课的有效衔接。二是“自我陶醉”。当成和在线下班级授课时一样，每一位学生都专心听讲，把自己沉浸于热情洋溢的课堂教学中。线上授课教学对师生来说都是新事物，有待于进一步实践、尝试、探究。

（四）在线教学资源的制作与使用需要注意的问题

线上教学分为教师不出镜和出镜，以及线上直播和录播等。关于线上视频课程资源制作，可利用 Camtasia Studio 或 Premire 等常用的视频制作、剪辑软件。

1. 在线课程资源——视频

（1）图文呈现的空间接近和时间接近的原则。文字和画面距离近；声音、画面和文字同步出现。

（2）背景色彩合适，内容简洁。避免分散学生的注意力，增加认知负荷。暖色调促使人的心理活动兴奋，冷色调使人的情绪镇静。

（3）恰当嵌入问题与反馈。

（4）线索原则：通过改变字体颜色、大小等强调信息的变化或关系。利用项目符号或编号提示教学内容，并添加引导动画，如箭头、闪烁、突出显示等提示关键内容。

2. 在线课程资源——教师

（1）陈述性知识的讲述有教师优于无教师。程序性知识，间断呈现优于持续呈现。

（2）教师形象应呈现在视频画面右侧，呈现小比例教师形象。

（3）教师教学时应适当使用手势，视频课程中的手势能促进学生的学习。不同类型的教师手势对学习者的作用不同。在线视频课程中，教师的指示性手势和描述性手势对学习者的注意分配、学习效果有不同的影响。视频课程中教师指示性手势对教学的促进作用更好。

（4）教师教学时可以使用多种引导方式。在线视频课程中，教师的指示性手势和目光都可以引导学习者学习。

3. 在线课程资源——音频

（1）多通道原则。学习由动画和音频解说组成的多媒体呈现，比学习由动画和屏幕文本组成的多媒体呈现的学习效果好。

（2）一致性原则。当在多媒体呈现中加入有趣但无关的声音和音乐时，学生的学习会受到干扰，所以最好不添加背景音乐；若添加背景音乐，则需降低背景音乐音量。

（3）视频播放速度为 1.25 倍时，学习者可以在不增加认知负荷的情况下提高学习效果。恰当加快视频播放速度不会降低学习效果，还能节约时间，提高学习效率。

（4）第一人称/第二人称原则。直播教学时，尽量不要用“你们”，要用“你”，因为是学生一个人面对电脑听课，使用你，可以让学生感到老师是针对他说话的。

（5）留白原则。教师授课过程中应留出一定的时间空挡，尤其是在教师提问之后，等待学习者思考或行为反应，并给予类似“没错”“就是这样”“对了”等积极的语言及非言语（如微笑、点头）的反馈，进而达到类似传统面对面教学活动时的师生互动模式。

四、如何增强在线学习的吸引力与适切性（李笑非等）

编者：线上教与学，对老师的教是挑战，对处于青春初始、自制力和自我管理能力相对较弱的初中学生的学习亦是考验。时空分离情境下，师生互动、情景创设、反馈评价、学习管理等难度加大，如何解决上述现实难题，保障初中生在线学习质量呢？

成都七中初中学校在李笑非校长的带领下，以打造“创生型课堂”为目标，老师创造性地教，学生创造性地学，大大提升了初中学生线上学习质量。具体内容如下：

（一）丰富的教学情景激发学生学习动力

情境教学是从教学需要出发，教师依据教材创设以形象为主体、富有感情色彩的具体场景或氛围，激发和吸引学生主动学习，促进学生课堂深度思考，不断发现新问题，生成新知识的一种有效方法。各学科有效创设情境，营造了生成知识的课堂氛围，激发学生的学习兴趣，使得线上直播教学更加灵动。

比如：英语组聚焦情景问题的设置研究，开发了“宅家游世界”话题系列，通过设计一系列在世界各地的旅游场景，如图 2－3 所示，利用微视频、互动面板、连麦等突破英语线上教学听说读写的瓶颈，提高交流频次，加大互动交流的信息量，激发学生的学习动力。

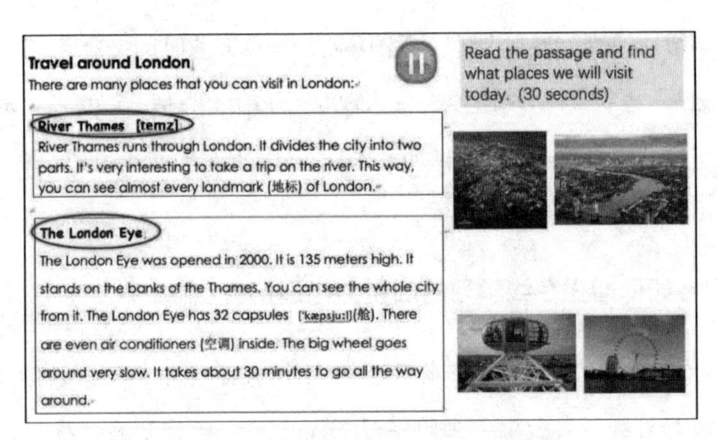

图 2-3　英语学习情景"宅家游世界"

再如:生物组老师讲解病毒时,通过创设如何做好疫情防护的生活情境(图 2-4 所示),使知识得以活学活用,为解决生活中的真问题服务;物理组、化学组老师在课件中插入精选图片、精剪视频、巧用动画创设情境,同时解决不能进行现场实验的问题,如图 2-5、2-6、2-7、2-8 所示;很多老师还讲解一些人文历史,比如牛顿在一场瘟疫中,回到乡下发现万有引力定律等的逸闻趣事,激发学习的兴趣,让学生们乐学活学。

图 2-4　生物课学习情景"疫情防护"

图 2-5　精剪视频

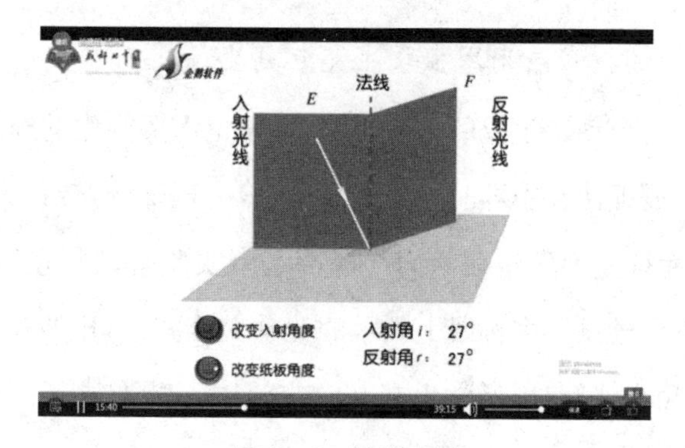

图 2-6　模拟动画

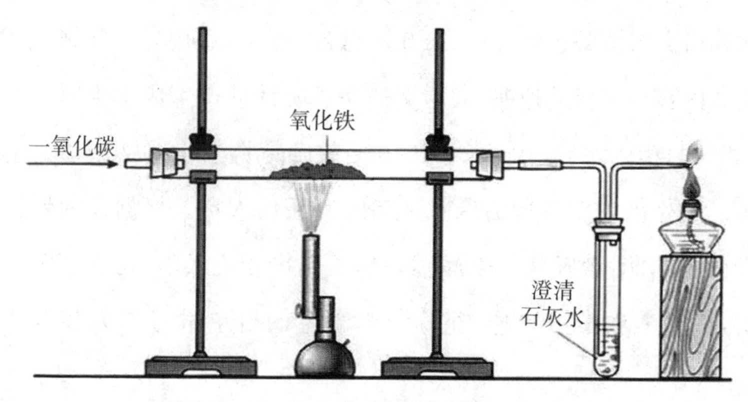

图 2-7　一氧化碳还原氧化铁实验示意图

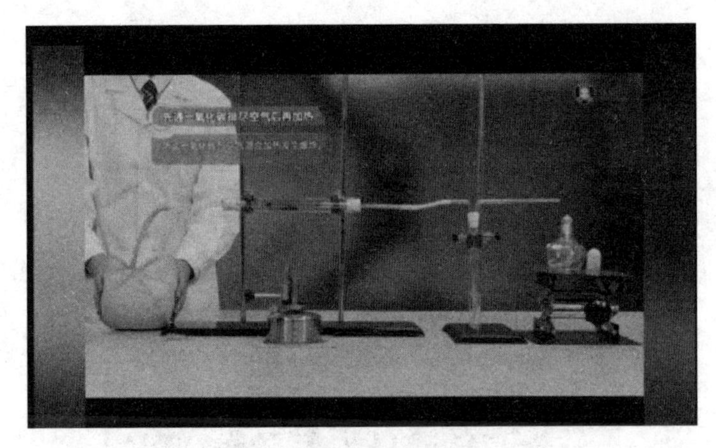

图 2-8　实验视频截图(101 虚拟实验室)

(二) 灵动的技术应用增强学生交互创生

教与学是一个动态生成的过程,线上教学也需要师生的充分互动交流,这样才能随时捕捉课堂中即时发生的新信息,合理筛选,转化为新的课堂教学资源,从而使课堂焕发生命活力。成都七中实验校教师在线上教学中利用多种技术平台尝试了多种线上教学的互动交流方式,比如互动面板交流、连麦互动、视频会议等,确保学生在互动交流中不断形成新的观点,生成新的知识。

比如语文组游璐老师在执教《孔乙己》一课中,运用导学案形式了解学生对文章内容与主旨的把握,采用文档在线统计形式生成学生对人物形象变化的认识,引入“一起中学”APP,方便教师掌握学生对文中语言的品读状态等。学生的理解就成为课堂互动的鲜活切入点。根据课前钉钉投票和互动面板功能,教师从学生最感兴趣的人物变化入手,切入相关人物形象赏析,激发学生学习兴趣,充分培养学生的自主学习能力和合作学习能力。

又如数学组和化学组聚焦技术辅助手段的研究，实现课堂的互动生成，如图2-9、2-10所示。

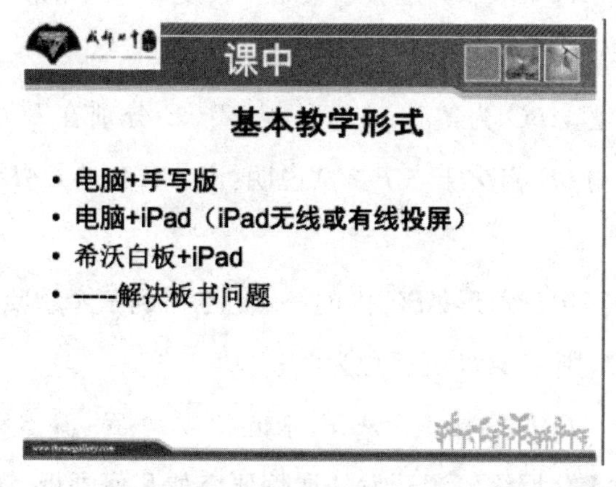

图2-9 数学组的互动形式

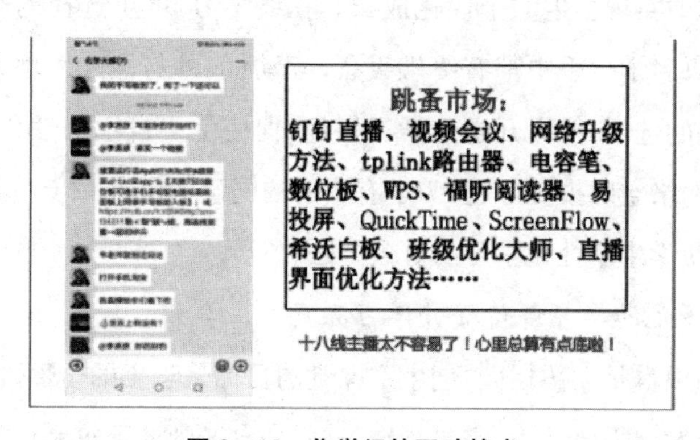

图2-10 化学组的互动技术

（三）科学的分层教学促发学生个性成长

正视差异、尊重差异，因材施教，促使每个学生在原有的基础上都能得到不同程度的发展是创生型课堂的价值追求，聚焦突破线上教学学生学习差异性如何发现，针对差异性的个性化教学如何实施，学生的个性化成长如何评价等问题，我们通过线上课例研究逐一解决，效果明显。

比如：数学组聚焦备课分层准备研究实践，数学组赖老师在线上课堂和课后作业布置中，都采取了分层教学策略。教授等边三角形性质时，八年级数学备课组设计了三个层次的练习供学生选用：

A层：已知$\triangle ABC$为等边三角形，点D、E分别在BC、AC边上，且$AE=CD$，AD与BE相交于点F。试说明：$\triangle ABE\cong\triangle CAD$；求$\angle AFB$的度数。

B层：P为等边三角形ABC内的一点，且P到三个顶点A,B,C的距离分别为3,4,5，则$\triangle ABC$的面积为（　　）

C层：矩形$ABCD$内接正$\triangle AEF$，求证：$S_{\triangle CEF}=S_{\triangle ABE}+S_{\triangle ADF}$。

再如：通过聚焦网络资源开发的课例研究如几何画板、洋葱数学等，指导在线课堂中实现学生的个性化成长。在线学习，可供选择的教学资源极其丰富，且每名学生手中都有终端设备，互动性、参与性大大增强。通过不同教学资源的选用，能提升学生学习兴趣，促使学生自主个性化学习成长。同时，利用网络空间推荐好题，为学有余力的同学提供进一步提升自己的资源，亦是促使学生个性化学习的有效方法。

（四）多元的学习评价提升学习品质

教育的根本是立德树人，创生型课堂的目标是学生的全面发展和成长。学生的全面发展需要动力，需要指导，这些来自老师的评价和引导。成都七中实验校形成了完善的线上直播教学的评价体系，这对于学生的成长将起到很好的引导作用，让学生在线上学习中形成自我管理、自主学习的优良品质。比如：物理组周老师通过联播直播全班答疑，解决共性问题；通过微视频录播解决难点问题，拓展优生学习空间；通过文字或语音小窗个别答疑、点对点关护等。灵活的评价方式，促进学生差异化发展。

再如，班主任缪老师利用钉钉会议播放音乐组织学生进行眼操锻炼，并利用后台数据反馈学生完成情况，以保护学生视力；通过每周班会课进行总结和表彰，鼓励先进，指出不足，尽可能让每一个学生每一周都有一个良好的状态进行学习。物理学科周老师根据学生参与听课的后台数据，适时发现学生问题并反馈给学生，及时提醒督促孩子认真参与学习。多元评价，分享成长，促进学生自我管理、自主学习、相互学习，不断成长。

五、教师如何通过自制线上资源开展教学实践（周正云）

编者：随着我国教育信息化基础设施的不断完善，多媒体教学设备更新换代，教师可供选择的多媒体教学手段越来越丰富，许多教师希望通过教育信息化手段激发学生学习兴趣，提升课堂教学效率，但受制于学校激励机制、考核评估、资源保障等方面匮乏，使其缺乏以信息化推动教学改革的动力和信心。鉴于此，在信息化教学浪潮下，各学科教师个人如何借助信息化手段重组和再造课堂教学，实现信息技术与教育教学的深度融合，也成为了当前值得深入探讨的话题。

上海市九亭中学周正云老师自制并推送资源的做法，为各学科教师开展信息化教学起到了很好的启迪及示范作用。

考虑到初三数学综合题（这里主要指上海中考、上海各区县初三一模、二模第24题和第25题）相对比较难，分析这样一道题目可能需要半个小时甚至一节课的时间，学生还不一定能消化，课后订正依然会有一部分学生存在困难。周正云老师于2014年起就尝试自己录制综合题分析讲解微视频，并申请了个人微信公众号，以将视频有效推送给学生。目前公众号现有17828多人关注（图2-11），录制并推送视频903多个（图2-12），学生学习兴趣及能力得到了有效提升，也更显自觉。具体实践模式如下：

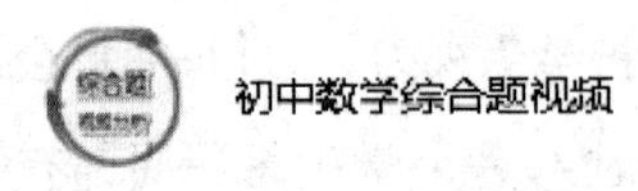

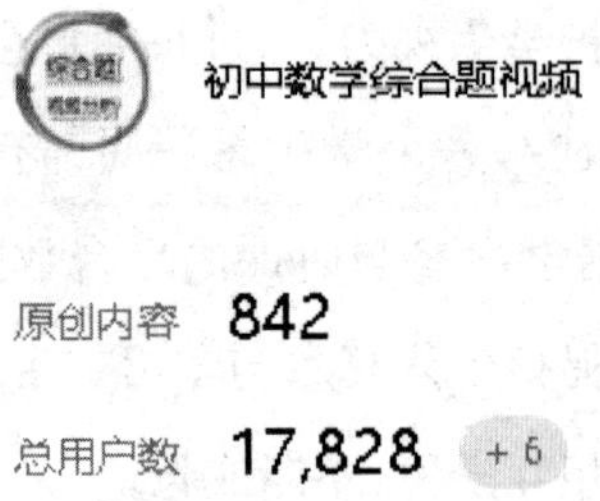

原创内容 842

总用户数 17,828 +6

图 2 - 11 微信公众号总用户数 17 828 人

素材库

图片 音频 视频

视频（共903条）

名称	状态	更新时间	操作
原创 57885阅读题202104闵行	已通过	06月21日	
原创 53641翻折202104杨浦	已通过	06月20日	
原创 53566翻折202104奉贤	已通过	06月19日	

图 2 - 12 微信公众号素材库上传视频共 903 个

（一）实践举措

1. 确定专题。前期准备方面，在数学中考、初三数学一模、二模卷的综合题中挑选出典型的题目，然后将题目归类，确定专题。

2. 总结解法。对于一个个专题，老师要研究透彻，并归纳总结解法。解题时，老师可以对照此类题目的解法进行分析，看如何分析才能帮助学生更快更好地掌握对此类问题的解决。

3. 制作课件。为了让学生更好地理解视频中的分析讲解,需要在课件中将重要的过程、辅助线以及必要的图形运动展现出来。而标准图形的呈现,则需要借助几何画板,甚至可以利用几何画板让静态的图形动起来。由于屏幕空间有限,对于图形和重要过程的显示,需要进行合理的安排。

4. 录制视频。由于需要对几何画板以及老师语音分析的过程进行录制,所以需要使用屏幕录制软件进行录制。视频的讲解要清晰明了,时间一般控制在 10 分钟左右,所以要求在前期准备阶段对问题的分析、考虑比较全面。在视频中老师会教学生如何审题、需要注意哪些关键词、如何思考问题等等,这也是微视频的精华所在。

5. 微信推送。录制完成的视频经过检查没问题之后,就可上传到微信公众号,并通过微信订阅号推送给所有已经关注该订阅号的粉丝,在推送视频的同时,也会推送同类型的题目及其常见解法,以方便学生学习与研究。

6. 编号搜索。在上传视频之后,可设置关键词自动回复,并以表格方式整理好编号,以方便学生进行编号检索。也就是说,学生可以自主选择自己需要观看的视频进行学习,给了学生更多的自主性,也使得视频的使用率更高。

7. 课堂反馈。我个人所带班级的学生还需要在第二天的课堂上自主完成题目的分析与讲解才算是真正的完成。

(二)常见用法

1. 先课上分析,部分有困难的学生课后观看视频辅助答疑。

2. 学生自己先做,有问题可以观看视频,第二天课上分析主要思路。

3. 作为学生自学使用,也可作为教师的参考资料。

(三)微信公众号使用特点

1. 输入简洁、易于上手。只需输入至多 5 位数的题目编号就可以查询到题目,比如输入 50581 就会跳出 2019 年的上海中考第 25 题的视频。图

2-13 是 2015 年到 2021 年上海各区县数学中考二模第 25 题的视频编号，部分空白处视频还没录制。

二模几何综合	201504	201604	201704	201804	201904	202004	202104
松江	36977	38967	40243	42912	44136	50211	57992
闵行	36952	38892	40418	42837	44086	50079	57892
青浦	36927	39908	40618	42887	44391	50461	57967
静安	36927	39908	40393	42862	44262	50411	53623
徐汇	37002	38992	40318	42937	45855		54101
宝山		40518	43548	43573	44186		57767
嘉定		40518	40368	43573	44186	50261	57842
虹口	36902	39883	41077	42762	44366		57817
黄浦	37077	38867	40568	42787	44011		53598
崇明	37902	38842	40268	42712	43961	50186	57792
普陀	37952	38942	40293	42687	44111	50511	57942
奉贤	37052	38079	40593	42737	43986	50236	53573
浦东		38917	41327	43602	46199		58542
杨浦		40493	40343	42962	44161	50486	53648
金山		39068	40618	42812	44061	50311	57867
长宁		39068	40618	42987	46014		58017

图 2-13　公众号内自 2015 年到 2021 年上海各区县数学中考二模第 25 题的视频编号

2. 查询方便、分类清晰。学生只要依次点击屏幕下方的“综合题”“全部视频编号查询”菜单，通过表格就能查到题目对应的编号，在主界面输入编号之后就可以观看视频。

题目编号来源于周老师个人题库（单机版），里面都是上海中考真题，中考一模、二模卷，六、七、八年级各区县的期中期末卷，目前共有 29 087 多题（图 2-14），分属于 1 121 套试卷之中（图 2-15）。同一道题目，在微信订阅号和题库中的编号是统一的，在题库中输入这个编号也能直接定位这道题目。同时周老师也把制作的视频和几何画板的文件名都以这个编号命名，存放在个人电脑中，这样方便自己查询。本校学生的作业或者试卷中，周老师也会在综合题前面加上题目编号(图 2 - 16)，以方便学生查询。

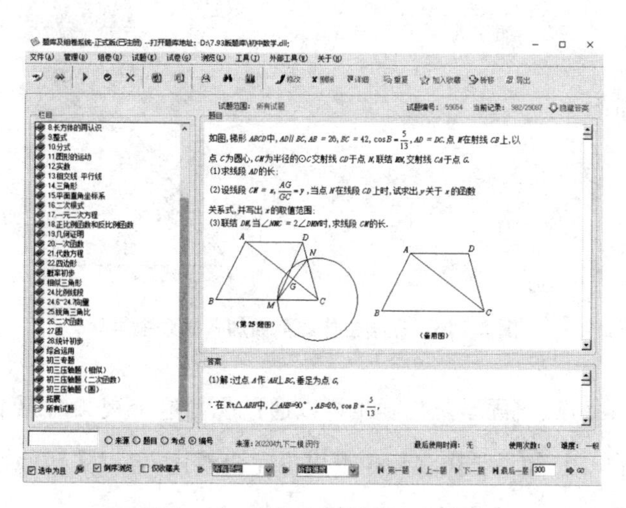

图 2 - 14　题库共有题目 29 087 题

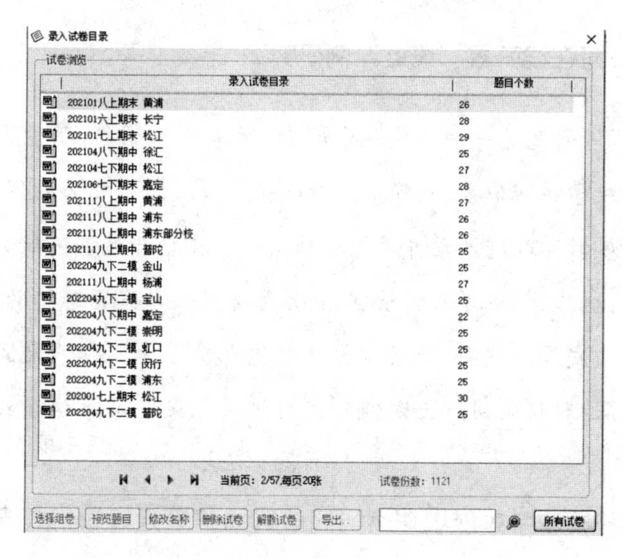

图 2 - 15　题库共有试卷 1121 套

第4讲 等腰三角形存在性问题

班级________ 姓名________ 学号________

1.（视频编号：38207）如图所示，梯形 $ABCD$ 中，$AB \parallel DC$，$\angle B=90°$，$AD=15$，$AB=16$，$BC=12$，点 E 是边 AB 上的动点，点 F 是射线 CD 上一点，射线 ED 和射线 AF 交于点 G，且 $\angle AGE=\angle DAB$；

(1) 求线段 CD 的长；

(2) 如果 ΔAEG 是以 EG 为腰的等腰三角形，求线段 AE 的长；

(3) 如果点 F 在边 CD 上（不与点 C、D 重合），设 $AE=x$，$DF=y$，求 y 关于 x 的函数解析式，并写出 x 的取值范围；

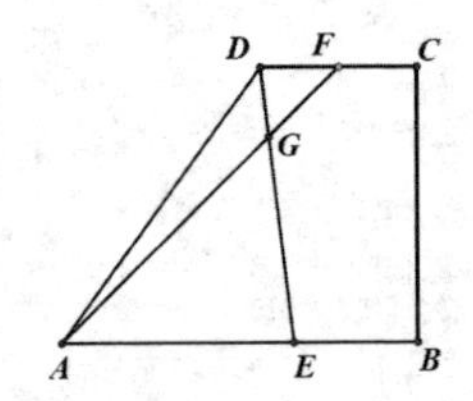

图 2－16 在学生作业前面加入视频编号

3. 聚焦疑点、巩固学习。学生可以通过观看这个视频对原本存在疑问的地方进行学习，如果觉得视频中哪里没完全消化，可以按暂停键思考以后再继续，也可以反复观看不理解的地方。

六、如何在线开展“线上课例研究”（李笑非等）

编者：课例研究是一种聚焦教学问题、改进教学的研究，它是促进教师成长的一种教学科研形式，教师们一般选择一节教学内容为载体，围绕一个研究主题开展教学改进活动并获得理性认识。在线开展课例研究的优势在于突破时空、地域、学段等各种限制，打开教师成长与资源环境的通道，无限拓展教师自主发展的空间，让所有教师都能有机会参与各种形式的教研活动。居家网课期间，采用线上课例研究的方式无疑是解决诸多线上教学问题的首选。

成都七中初中学校线上课例研究的实践和探索给我们带来了较多启示：在线课例研究实践中，老师们打破空间的阻隔，充分利用各种网络平台，采用直播、视频会议等方式，发挥线上教研优势，提出了“四个一”的课例研究策略，即明确1个研究主题、完成1节提前录课、同观1节直播回放、完成1次线上集体研讨改进。具体操作如下：

（一）明确一个研究主题

线上教学值得研究的问题很多，课例研究要聚焦才有针对性，明确的研究主题是教学改进的方向。学校13个教研组通过前期集体研讨，针对本学科的实际问题拟定明确的课例研究主题。比如语文组的主题是“线上教学背景下基于课堂互动的教学活动设计”，数学组的主题是“线上教学课堂反馈与师生交流”，英语组的主题是“线上教学技术突破”，物理组的主题是“初中物理线上教学策略初探”（图2-17），化学组的主题是“化学新课教学的网络直播有效模式研究”（图2-18），地理组的主题是“线上教学如何进行学业检测”，美术组的主题是“网络教学中如何解决师生互动”，等等。老师们以具体鲜活的课堂教学为载体，在深入研究中不断反思改进。

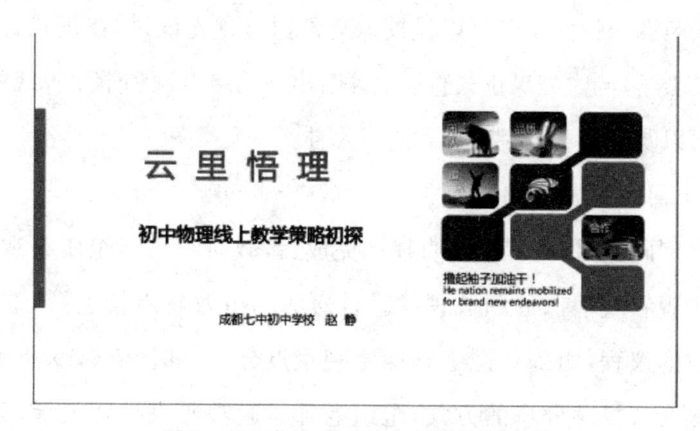

图2-17 初中物理线上教学策略初探

化学组3月2日教研活动记录

时间：2020.3.2 晚上8：00—10：30

地点及方式：钉钉视频会议

参加人员：化学组两校区组员共5人，行政领导：李校、王校、吴旭光、周厚文

活动主持：高山

活动流程：

图 2 - 18　化学新课教学的网络直播有效模式研究

（二）提前完成一节录课

线上课例研究主题确定下来后，首先，教研组进行人员分工，确定授课老师和观课老师的课例研究观察点。其次，授课老师精心备课，完成教学设计和 PPT 制作。再次，教研组围绕研究主题进行集体备课、磨课，着力解决线上直播教学出现的新问题和新挑战。最后，授课老师在精心准备之下，提前录制一节课。提前录课可以让授课老师通过预先试讲，在正式直播时改进自己的教学，同时如果正式直播上课时出现网络卡顿和学生掉线的状况，学生也可以及时观看录制的课程进行弥补。

（三）同观一节直播回放

在课例研究时，授课老师直播课完成后，教研组长组织所有观课老师线上集中观看直播课的回放视频。教研活动由教研组长主持，首先明确本次研讨的议程，明确观课老师课堂观察点分工，如图 2 - 19 所示；然后采用视频会议投屏分享的方式，全组老师一起观看直播回放课，如图 2 - 20 所示。

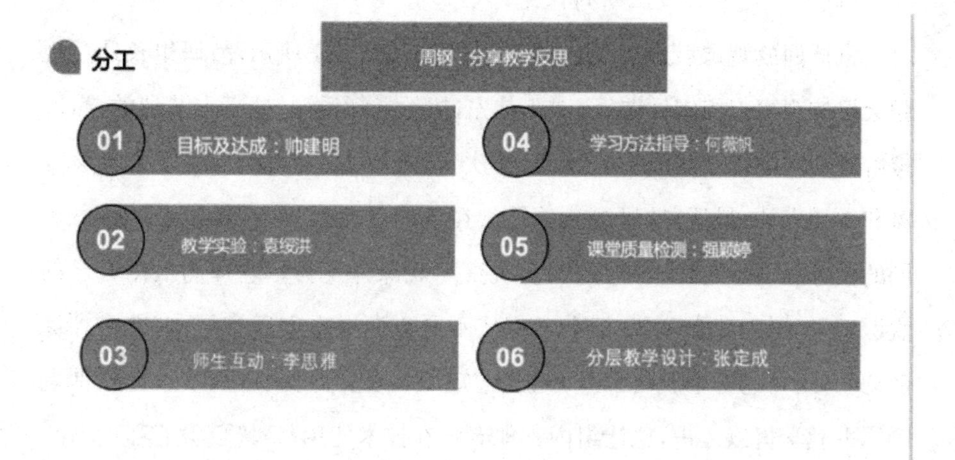

图 2－19　观察点分工

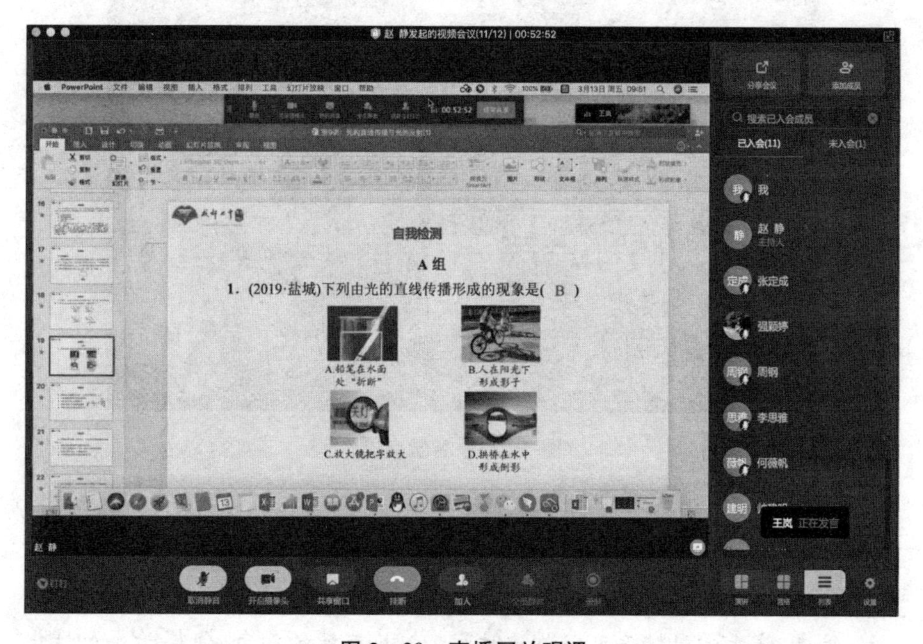

图 2－20　直播回放观课

（四）完成一次线上研讨改进

直播回放观课后进入线上研讨阶段，如图 2－21 所示，教研组长通过视频会议按观察点组织评课、议课。首先，执教老师说课，分享本节课的设计、拟解决的问题以及教学实施情况；其次，按观察点进行议课；接下来与会专家和领导点评；最后，教研组长总结。在观课评课过程中，各位老师带着不同的任务深度参与，从不同的课堂观察点观课并发言。老师们根据自己的观课记录，再现课堂环节，每个老师从不同方面提出宝贵意见，在整个评课活动中，组内的每个成员都敞开心扉、知无不言。课例研讨，不仅让授课老师线上教学得以改进，也让组内其他老师在技术使用、情境创设、互动交流、学习评估等方面遇到的问题逐步得到解决。

图 2－21　智慧交流

七、如何利用网络平台开展线上小组合作学习的辅导（陈智昕）

编者：线上学习辅导可以打破时间、空间、环境的约束，使得学生个性化地选择学习内容、安排学习时间和学习场所,并有助于学生开展研究性学习,培养自主学习、组织策划能力,树立合作交流的意识,提升综合素养。如何利用网络平台开展线上小组合作学习的辅导?

成都西川中学的数学教师陈智昕寒暑假期间,利用腾讯会议开展共学组讨论,提升了组内成员的学习能动性。具体操作如图 2-22 所示:

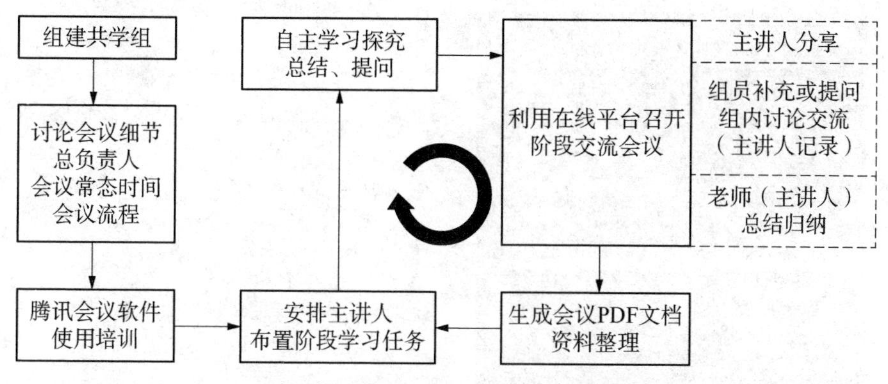

图 2-22　学生线上学习交流流程图

有一批学习能力强、学习意愿强烈的学生,愿意利用假期时间继续学习以开拓视野、拓展思维。针对这一批学生,使用腾讯会议创建班级共学组,让学生在共学组里互相学习、分享交流。以线上平台为载体,每周固定时间开展一次线上共学活动。具体实践方案记录如下:

(一) 建立共学组学习群。所有成员在线讨论共学会议的具体时间、活动流程等实施细则,由组长安排每次会议的主讲人,如图 2-23 所示。

(二) 每次会议前一周,教师将思考主题发布在共学群中,供成员研究学习,尝试总结概括自己的学习心得和疑惑,后续在会议中交流讨论,如图 2-24 所示。

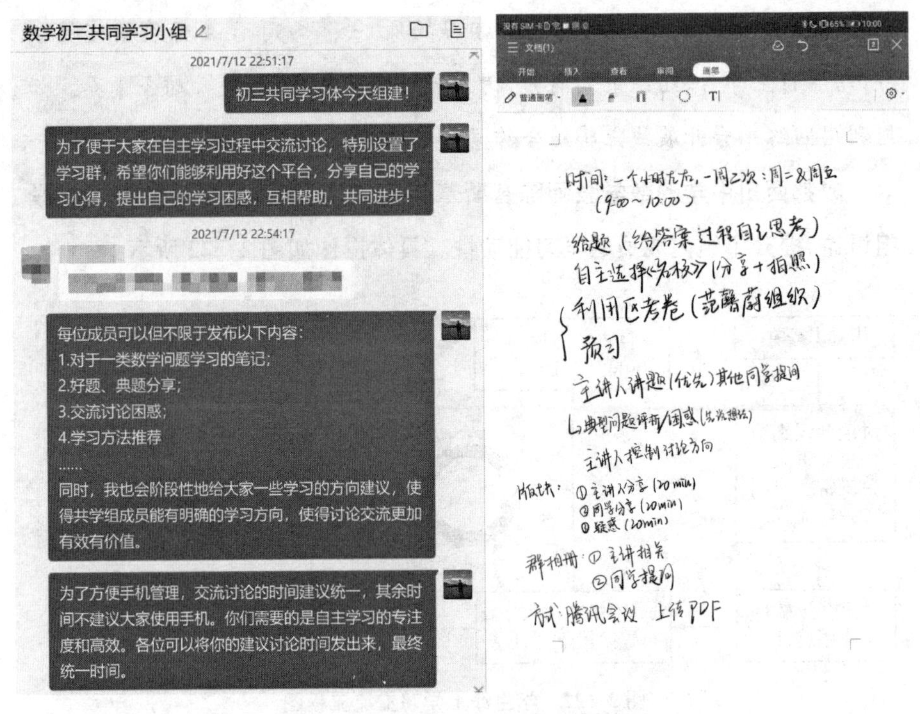

图 2－23　共学组组建；会议形式讨论

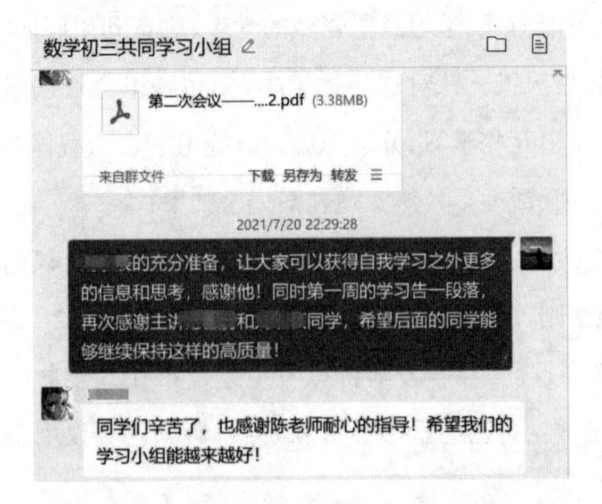

图 2－24　主讲人组织会议、发布会议记录 pdf 文档

（三）共学组成员参与线上会议。主讲人展示学习成果，穿插成员们的学习心得和笔记，如图 2－25 所示；成员们提出各自的学习困惑，在组内交流解惑，必要时由老师给予指导；最后由主讲人总结会议成果，生成会议文件 PDF，发布于学习群内，供其他成员参考借鉴。

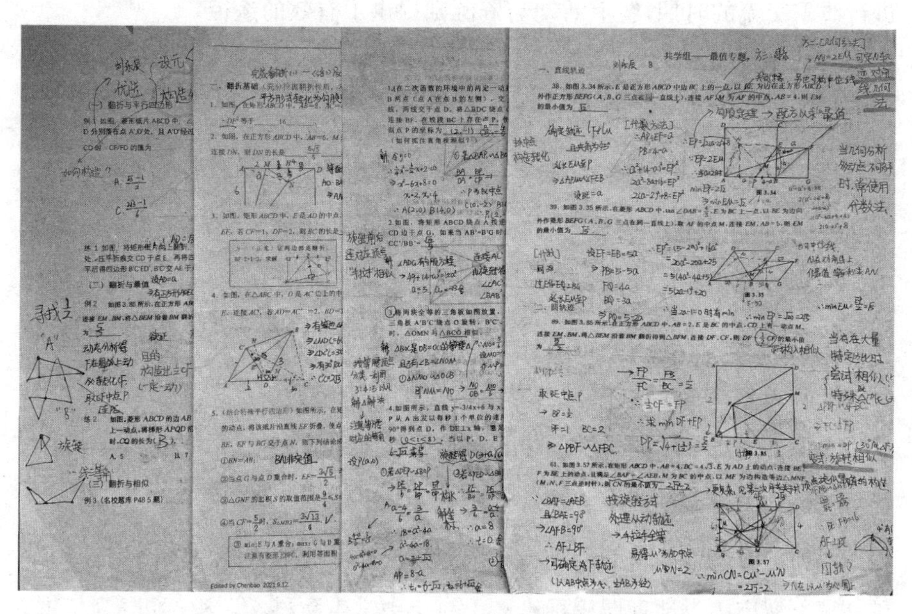

图 2－25　会议记录内容、会议交流笔记

开学后，鉴于暑期线上活动的经验总结，学生们在线下活动更加游刃有余，具体的交流学习流程与线上基本保持一致。由于个别周数学组其他的活动安排，共学组的交流时间被占用，小组会在周末继续采取线上讨论的形式。

通过线上共学方式，组内成员的学习能动性得到有效调动，学习自主性被激发。在开学后的线下共学活动中，每位主讲人能够提前与老师沟通确定主题，并且自行管理整个会议活动。相较于同龄其他学生，组内成员具备更高的学习自主性、能动性，更好的语言组织能力，以及更强的团队合作意识。在交流初期，老师积极引导学生参与，并指导组内成员提出活动改进优化建议。组内可以选择两位主要负责人，负责主讲人分配、组内纪律管理等工作，让学生在活动中得到全方位的发展。线上是线下的有益补充，在不能进行线下交流的时期，线上活动与资源则提供了有效的途径。

八、 如何设计与开发线上线下融合的跨学科案例分析课程（司澄磊）

编者：新的中考改革后，对学生学习的考查增设了跨学科案例分析题，如2019年4月上海市教育委员会印发的《上海市初中学业水平考试实施办法》中规定，综合测试考试试题包括分值为15的跨学科案例分析题。相对于单学科的线上课程而言，如何设计跨学科案例分析课程，发挥线上线下融合的方式实施教学，这对教师的教学提出了新的要求。

上海市大场中学的司澄磊校长给出了以下建议：

（一）什么是跨学科案例分析

当前中考改革涉及的跨学科案例分析主要涉及地理和生命科学两门学科，以《上海市中学地理课程标准》《上海市中学生命科学课程标准》为依据，基于学生地理和生命科学学科学习，进行跨学科情境问题分析和关键能力的考察，具体考察点包括信息提取与处理、问题分析与质疑、结论阐释与创新等能力。题型包括填空题、选择题、排序题、配对题、填表题、制图题和简述题等。

（二）如何设计跨学科案例的线上课程

1. 如何选题。地理、生命科学作为初中跨学科学习的两门学科，在探索自然现象、自然规律、尊重自然等科学方面有许多交集，在“社会价值”“人地和谐”“生态文明”等方面有许多共同的语境。选题的时候，教师需要在不同学科知识之间建立联系，关注具有时效性的热点新闻、热门话题，选择跨学科分析案例，在真实世界、真实问题中培养学生跨学科分析能力。例如：《抗击新冠，一起行动》选用了 2020 年春节湖北武汉市爆发新冠疫情这一热点新闻，作为标题。考察了同学们湖北武汉的地理知识、新冠病毒的知识和防疫的措施等。

2. 借助信息技术的支持，营造跨学科模拟场景。借助信息技术的支持，营造跨学科模拟场景，在案例内容和学生求知心理之间搭建一座"桥梁"，使得模拟决策分析更接近真实世界，将学生引入一种与问题有关的情境中。

（1）搜集素材。素材一般有文字、图像、声音、视频、动画、图标和按钮等。生命科学、地理学科离不开生活，许许多多的素材就来自于我们身边，我们可以利用手中的手机、相机、DV、扫描仪、录音机等记录下生活中的文字、图像、音频和视频等素材。

利用网络收集素材：我们可以利用搜索引擎，比如百度、搜狗等搜索引擎，找准关键词，然后精细的搜索，最后进行仔细的筛选。素材的整理：素材收集后的工作就是对素材进行整理归类，把素材可以分为文本、图片、音频、视频素材，分别归入相应的文件夹。

（2）制作微视频。利用收集的素材，依据案例精心创设的案例情境，能激发学习者的学习动机，培养其探究能力。制作微视频的方式很多，这里简介如下三种最为教师们常用的：

A. 用 PowerPoint 录制幻灯片演示。打开跨学科案例 PPT，先点击幻灯片放映/录制幻灯片演示，然后就会出现屏幕录制，如图 2－26 所示。

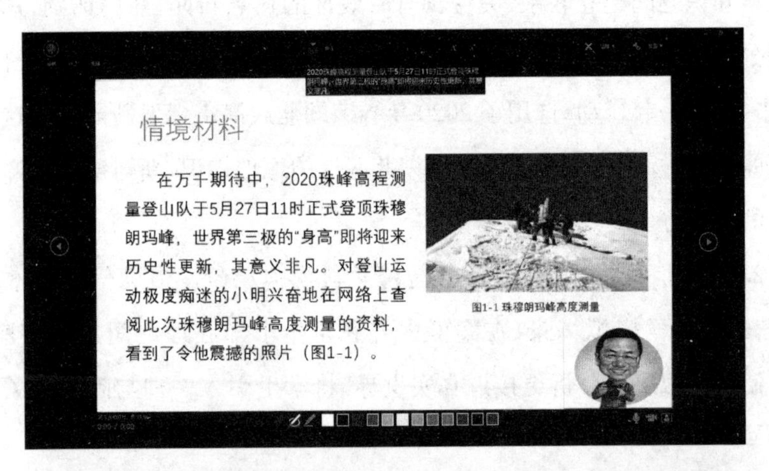

图 2－26　在 PPT 中录制视频

在录制幻灯片演示页面，教师可以戴好耳麦，调整好话筒的位置和音量，单击“录制”按钮，开始录制，执教者一边演示一边讲解，可以配合标记工具在 PPT 上圈划、书写，也可以打开摄像头展示自己的头像，尽量使教学过程生动有趣。录制完成后，通过导出-创建视频，导出跨学科案例情境的材料视频。

B. 使用录屏软件 Camtasia Studio。Camtasia Studio 是一款功能强大的屏幕动作录制工具，能轻松地记录屏幕动作（屏幕/摄像头），包括影像、音效、鼠标移动轨迹、解说声音等。可以将多种格式的图像、视频剪辑连接，输出格式可是 MP4、WMV、GIF 动画、AVI 等。

C. 使用 Focusky。Focusky 是一款“傻瓜式”动画宣传视频制作软件、演示文稿制作软件。操作界面简洁直观，可轻松导入 PPT，创建思维导图风格的动态幻灯片，加入生动酷炫的 3D 镜头缩放、旋转和平移特效，以逻辑思维组织内容，从整体到局部，让学生跟随您的思维过程进行理解、思考。此外，Focusky 的工程文件可直接分享到云；*.EXE 可在 Windows 电脑本地直接打开浏览；输出的视频是 *.mp4 格式，也可直接输出成 PPT；HTML5 网页可上传到网站服务器或浏览器离线预览；可直接输出为 PDF 文档，方便浏览打印与分享。

3. 设计跨学科案例分析题。跨学科案例分析题的目的是搭建两门学科的知识结构，但不是简单的两门学科知识交集铺垫，而是一种学习和探究能力的体现。跨学科案例分析命题要切合初中学生的认知度，难易度要把控准确，要有梯度变化。学生能够运用已掌握的地理和生命科学等学科的基础知识、关键能力对生产生活情境中的实际问题加以分析，思考出契合的答案，以提高学生综合分析问题、解决问题的能力。

例如，《新疆长绒棉》案例分析题，选用某国际知名服饰品牌宣布禁用新疆棉花这一热点事件作为标题。同学们通过阅读材料，在学习过程中回答如下问题，运用地理与生命科学原理，使用证据或数据，对问题作出分析或推断。

1. 长绒棉在柔软度、光泽度、亲肤度、透气性、弹力等方面均远超普通棉花。棉花的长绒与短绒属于一对________。

2. “三山夹两盆”是新疆地形轮廓的特点，主要由________山、________山、________山、________盆地和________盆地构成。

3. “早穿棉袄午穿纱，围着火炉吃西瓜”说的是新疆的________气候，反映出这种气候昼夜温差大的气候特点。

4. 我国新疆维吾尔自治区为何适合棉花生长？

5. 如果你是一位棉农，你会采取哪些措施来提高棉花产量增加收入。

（三）跨学科案例课程的实施

1. 教师线上分享。跨学科案例微视频制作完成后，教师可以把微视频上传至平台如微信公众号，进行分享。在微信公众号平台上，通过建立一个图文消息页，上传微视频；或者通过在图文消息页中嵌入二维码图片或“阅读原文”链接到第三方平台页面，页面可以是视频服务平台的微课教学视频地址、教学资源云存储地址等。跨学科案例微视频也可以分享至“微课之家”“哔哩哔哩”等网站，或者“钉钉”“微课之家”等 APP 软件。学生通过网页或 APP 查看跨学科案例分析微视频。

2. 学生线上学习。线上学习环境使得知识的获取过程更为自由和自主。学生可以在家通过网页或 APP 观看跨学科案例分析微视频来自主学习，让学生自己决定怎样学习，使学生从倍感压力的环境转移到无压力的学习环境。学习能力一般的学生可以放慢学习的速度，重复学习，而不必担心周围同学嘲笑自己；实在无法解决的问题，通过网络向老师提出，老师充当了指导者而非单向传输者，从而消除了学生对于老师的紧张感。在这样的学习环境中，每一个学生都能够全身心地投入到学习中，自主探索如何学习，使学生的潜力得到释放，促进学习。

教师借助智慧教育平台进行线上教学。例如，宝山区教师可采用教育未来宝系统进行线上直播教学，如图2-27所示。该系统提供了丰富的教学呈现方式，能满足教师课前、课中、课后各项教学活动的需求。此外，还专门提供了家长监督打卡功能，尽可能避免线上教学带来的弊端。线上教学的优势还体现在如下几个方面：

图2-27　未来宝系统上的视频教学

一是在线教学富媒体的性质可以让文字、音乐、视频，以及各种链接都能很轻易拿来制作教学内容，这相对粉笔黑板式的教学，更具有趣味性和形象性。

二是在线课堂可以有更多的互动。线上教学时，学生可以通过在线提问的渠道，向老师提出疑问。老师看到学生的提问，及时为同学们答疑解惑，调动学生学习积极性。

三是作业布置与反馈的及时性。老师上课结束之后，可通过APP向每一位学生发布课堂作业，学生下载作业后再在手机上或者电脑上完成作业并上传作业，最后教师批阅，学生及时获得作业反馈。

四是学习的自主性。老师可以在线给学生们提供上课课程的资料课件或者课堂实录，有助于帮助学生更好地梳理、巩固课堂知识，进一步提升学习效果。

总之，教师应积极探索基于真实情境、问题导向的互动式、启发式、探究式的线上跨学科案例教学模式，引导学生在情境的导入、情境的呈现、情境问题的提出与破解等方面进行深入研究和探索，不断提升自身的实践能力、创新能力。

第三章 线上线下教育融合中提升学生学习成效的策略

引言：线上线下教育融合如何支持学生个性化发展

（田爱丽）

数字化时代，借助数字化技术，实现教育大规模因材施教，让每个孩子的学习更加个性化，让教师指导更有针对性，是时代赋予每位教育工作者的责任和使命。近年来，学术机构、教育行政部门、科技公司、学校教师为此付出了诸多探索和努力，成效日渐显现。主要体现在学习评价的个性化、学习内容的个性化、作业练习的个性化以及学习指导的个性化，具体如下：

（一）通过整合的大数据分析平台，实现学习评价的个性化

学生个性化学习的前提之一是诊断出学生当前学习发展各个方面的现状。教育数字化转型过程中，借助大数据平台收集学生学习行为和结果数据，经过智能化分析，提取出可描述其特征和行为的标签集，从而完整地描述学生，这一技术被称为学生数字画像技术。学生数字画像技术实质上是基于大数据的智能化学习评价，可为每个学生提供精准的个性化评价，为个性化教学和指导提供支持。学生数字画像作为学校信息化的重要组成部分，许多学校已经开始实践探索。

以上海市为例，普陀区中山北路第一小学结合教育评价改革需要，基于学校办学理念，从德智体美劳五个维度，探索了“适性扬长”的综合E评价，制定出学校的综合素质评价指标体系，整合多个平台多维采集学生数据，尤其是孩子成长过程中的关键事件，平台的智能分析系统能为每个孩子描绘独一无二的“立体数字画像”。卢湾一中围绕“五育育人”设计了包含5个一级指标、15个二级指标以及126个三级指标的学生数字画像指标体系，上海师大附小开展了基础学科单元学习多维度评价系统，同济一附中研发了AI助力德育系统，洋泾菊园学校正在推进多维智向的生涯测评系统。

上海市风华初级中学为了更好地发挥综合素质评价平台对学校教学的引导与支持，在全市学生综合素质评价平台的基础上建设了本校的综合素质评价平台。相比较于全市的综合素质评价平台，校本化的综合素质评价平台对数据的记录更具有过程性、更加细致，如学生学科学业成绩的记录、参加各项活动的记录、各种比赛成绩的记录，以及学生身心健康的记录等。基于这些记录，学校可以采取有针对性的措施来进行一定的教学改进或资源推荐。

全国范围内的不少学校也在积极行动，青岛二中基于电子档案平台，制定了“综合成绩认定”的方法，旨在通过全面评价，激发学生全面发展的动力，让学生更自主合作地完成各项学习任务。期中、期末的考试只占总成绩的60%，其余40%涉及学科学习的时长、在“学创社区”中承担的角色、参加竞赛项目、个人兴趣活动表现等。杭州建兰中学基于“学校大脑”沉淀的学生学习习惯、作业情况、课堂表现等数据对学生开展评价，即学校的“建兰修炼”系统，该系统包括9大项目66个维度，全面多维评价学生。

上述均是学校开展基于大数据平台对进行学生数字画像、实现学习评价个性化的积极尝试。然而，以学生数字画像为代表的学生个性化评价，其实践刚刚开始，未来任重道远，这既有相关数字技术发展的技术因素，更有对学生学习本身研究与认识还有待清晰的理论问题。

（二）基于知识图谱的智适应推荐系统，实现学习内容的个性化

海量在线资源带给师生丰富选择性的同时也带来了选择的困惑和麻烦，针对此问题，学者和技术工程师们一起设计了学科知识图谱，即将学科的各细小知识点相互关联起来，让知识点与知识点之间有机逻辑地关联起来，而不再是散落分散在平台上。基于知识图谱和学生练习时的出错点，智能平台精准推送给学生需要的讲解视频、练习习题，这样，学生的学习内容更为精准，效率更高，在减负的同时提升学习质量。

上海市宝山区的生物学科，建设了“基于新课标的高中生物学知识图谱的构建和自适应系统的开发”项目，项目建设了高中学段的1026个知识点，开发了2300个“知识+微课视频+试题”资源套组。系统对各个知识点之间建立起关联，并通过大数据和算法将这些关联进行定量化处理，使得系统能根据学生的整体学习数据推送个性化的作业和学习资源。在平台的学生端，学生可以按照自己的学习目标、学习需求和学习时间进行个人学习定制；教师端，自适应学习系统能够清晰展示每一个学生的学习路径，教师能够以知识点为单位对班级和学生的学情进行诊断反馈，从而让教师能够更精准掌握学情，提升教师备课效率和教学效果，提供更精细、有效、智能的个性化学习管理服务。

在学习内容的个性化实现方面，目前的探索更多集中于基于学科知识的图谱建设和资源关联。未来，一方面需要继续深化和完善这方面的实践与研究，另一方面则是对学生学习的情感、动作技能等领域，实现学习内容的个性化，则是研究和探索的另一重点。

（三）通过作业数据分析，实现作业练习的个性化

作业是教学过程不可缺少的一部分，它可以帮助学生巩固所学内容，但是实际上，作业设计和布置的效果差异很大：作业太过简单则无法达到教学目标，太难则学生难以完成，因此，这都不是良策。借助数字化技术，为不同学习能力和程度的学生布置个性化作业是学生个性化学习的一个重要体现。

可汗学院的成功，除了因其短小精悍的知识点视频讲解外，更因其在对学生学习特别是作业练习情况及时诊断分析的基础上给学生智能推荐适合学生个人的练习题。而且，该平台很好地借鉴了游戏化思维和机制，让学生在类似玩电子游戏的过程中完成练习作业。针对每个知识点的练习题少而精，一般每次给学生出 4 个左右的选择题，学生稍稍用心即可完成，做全对了有积分奖励和金币奖励，做错了扣金币，易于激发孩子自我挑战的欲望和兴致。当然，该平台上的视频讲解短小精悍，形象生动，贴近孩子生活世界；界面活泼、友好，易于吸引孩子兴趣。

华东师大二附中开展的"基于大数据精准分析系统下的自适应学习"实践活动，依托大数据分析系统分析教学过程中的有效学习数据，对学生日常学习过程中动态数据进行挖掘，针对学生薄弱知识点推送个性化习题，实现个性化练习与精准化辅导，探求以数据为基础的课堂学习新范式，构建自适应学习的新型组织方式，减轻学生学业负担，提高学习质量。上海市实验学校（西校）应用电子书包在常态化课堂教学中伴随式采集学生的学习数据，实时生成个人学习分析报告，学生根据学习数据分析报告判断自己学习情况，针对个人学习问题开展"二次性补偿"学习，将传统"题海式练习"转化为学生"精准化练习"，减少了课后作业负担。

东北师大附中利用智学网平台为学校日常教学管理提供服务，其中最

核心的功能是对学生常规知识点进行推送与练习。学校通过智能平台对每个学生各学科的常态化学习状态进行了持续三年的追踪,为学生整理出错题本、薄弱知识点,且后台智能化地为学生推送强化练习的习题。同时,智能平台还可以从大型考试和日常练习的信度、效度、难度等方面对试题的命题质量进行评估。实践过程中,平台不断改进,新增了题库,备课资源库,资源得到了极大丰富。成都西川中学的教师基于数据分析结果为学生提供单独错题集、共性错题集,以及基于个性化错题和共性错题的"一人一练",这既便于学生纠正错误,又达到学生少练精练的效果,有效减轻了学生负担。

借助学习平台的数据分析与呈现,实现学生作业布置与练习的智能化、个性化,是当前教育数字转型探索最多的领域,也是最有增值空间的探索领域。语文、数学、物理、化学、音乐、美术等各有不同的作业类型与任务,如何实现各个学科作业布置与评价的个性化、智能化,是该领域未来的重点。

(四)通过教学流程管理,实现教师指导的个性化

借助数字技术,在教学的各个环节尽可能实现对学生学习指导的个性化,提高指导的针对性,是当前一线教师的教学需求。实践中,教师可借助智能平台,引导学生从课前、课中、课后三个阶段,将每个学生学习的知识基础、思维结构、学习优势与薄弱之处进行可视化呈现,进而有效指导学生自主发展。

课前指导凸显自主预学。课前,教师制作指示清楚、内容分层的学习指导单,指导学生在线自学。学生则根据指导单的指引,依托平台上的学习资源,根据学习任务自主学习,完成在线练习,平台自动诊断学习成效。学习能力强的学生花较少时间即可完成学习任务,能力较弱的学生可以多花点

时间消化吸收。

课中指导重在个性化答疑。教师根据学生学习的前测数据,及时调整教学目标及教学活动,针对学生出现的共性问题做统一解答,留出更多时间针对个性化问题做个性化答疑指导。为提高课内指导的针对性,可以采取同质分组的形式,让面临共同问题的学生组成一个小组,既提高了指导的针对性,同时提高了课堂教学的效率。

课后指导针对个性化拓展。基于学习平台上智能推送的拓展学习资源,教师指导学生开展更为个性化学习。线上与线下结合,课内与课外结合,自学与合作相结合,拓展学习认知,分享实践成果,发展核心素养。

为了更好地顺应学生个性化学习的需要,重构教学流程、重塑教学管理机制与制度,切实实现学生随时随地泛在学习,适合线上学习的内容在线上学习、适合线下教学活动线下开展,真正实现学生学习方式和教学方式的个性化,是教育数字化转型过程中教学管理重塑的重要任务。

综上所述,在数字时代,通过收集、分析和诊断学生学习生活的全链路行为数据,并及时呈现其学习发展状况,智能推荐适合学生的学习内容、作业和活动,实现对各种教学流程的个性化学习,这是教育数字化正在创造的未来。

一、"助学单"何以帮助学生提升自学成效(樊玲)

编者:开展线上线下教育融合实践过程中,让家长和老师担心的最大问题莫过于学生学习的自觉性不足,线上自学成效不好,进而影响线下教学的实施。针对此问题,实践中有老师探索出了以"学习指导单""助学单"等为载体的教学指导工具,能够有效指导、引导学生的线上线下的自学。

所谓助学单、学习指导单，是教师结合课程标准要求、教材内容，基于学生学习的基础和现状，自己编制的用于引导学生在线学习以及线下学习的单子。助学单可以呈现需要解决的问题或所要完成的任务，也可以呈现重要的知识点等。助学单或导学单可以是纸质的，老师提前打印好发给学生；也可以是电子版的，学生在终端上看和完成，也可以让学生家长帮助打印。

上海市海南中学樊玲老师制作的"助学单"提升了线上线下线融合的效能。

在线教学期间有些学生跟不上老师的节奏，来不及做笔记，或者干脆不知道应该记什么、怎么记；有些学生无法集中注意力，时常听着听着就走神了，课后还不愿意看回放。作为老师，在这样的特殊时期，如何"隔空"帮助学生走出学习困境，尽快适应在线学习呢？笔者尝试通过设计"助学单"来帮助学生学习，并逐渐教会学生学习。在线教学阶段的"助学单"是根据"空中课堂"的教学内容，并针对本校学生的实际情况设计的。"助学单"兼具课前预习、课中学习以及课后拓展探究的功能，既是学生自主学习的工具，又不仅仅是学生自主学习的工具，助学单兼具如下几项功能：

（一）达成学习目标的工具

"空中课堂"教学中老师提出的问题往往环环相扣，有些有一定的思维深度，然而上课时间有限，学生常来不及思考。为改善这一状况，笔者在备课时，会将其中的关键问题列入"助学单"，帮助学生对将要学习的内容有所了解，引导学生提前思考相关问题，逐渐养成自觉预习的习惯。上课时，学生做到心中有数，带着问题进入课堂，不仅可以更好地跟上老师的节奏，而且有助于养成主动思考的习惯。

此外,在助学单的设计中,注意将重点知识点以表格、填空题、问答题等形式加以呈现,帮助学生解决了记笔记的困难。学生根据自己的情况使用助学单,有的学生记在笔记本上,有的学生打印完成,一节课的内容一目了然,便于课后复习回顾,如图 3-1 所示。

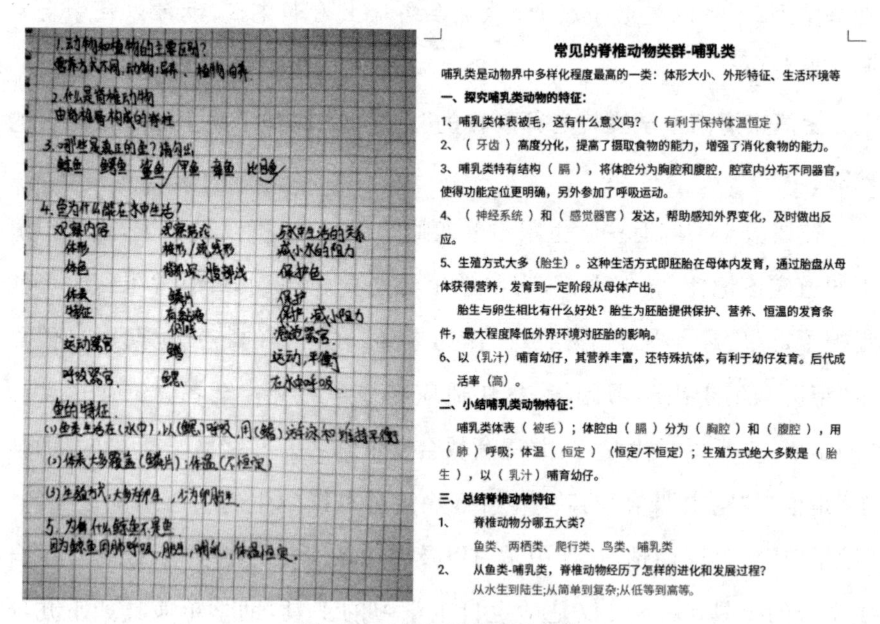

1.动物和植物的主要区别?
营养方式不同,动物:异养、植物:自养
2.什么是脊椎动物
由脊椎骨构成的脊柱
3.哪些是真正的鱼?请勾出:
鲸鱼 鳄鱼 鲨鱼 甲鱼 章鱼 比目鱼
4.鱼为什么能在水中生活?

观察内容	观察结论	与水中生活的关系
体形	梭形/流线形	减小水的阻力
体色	背部深,腹部浅	保护色
体表特征	鳞片 有黏液 侧线	保护 保护,减小阻力 感觉器官
运动器官	鳍	运动,平衡
呼吸器官	鳃	在水中呼吸

鱼的特征
(1)鱼类生活在(水中),以(鳃)呼吸,用(鳍)游泳和维持平衡
(2)体表大多覆盖(鳞片);体温(不恒定)
(3)生殖方式:大多为卵生,少为卵胎生
5.为什么鲸鱼不是鱼
因为鲸鱼用肺呼吸,胎生,哺乳,体温恒定。

常见的脊椎动物类群-哺乳类

哺乳类是动物界中多样化程度最高的一类:体形大小、外形特征、生活环境等

一、探究哺乳类动物的特征:

1、哺乳类体表被毛,这有什么意义吗?(有利于保持体温恒定)

2、(牙齿)高度分化,提高了摄取食物的能力,增强了消化食物的能力。

3、哺乳类特有结构(膈),将体腔分为胸腔和腹腔,腔室内分布不同器官,使得功能定位更明确,另外参加了呼吸运动。

4、(神经系统)和(感觉器官)发达,帮助感知外界变化,及时做出反应。

5、生殖方式大多(胎生)。这种生活方式即胚胎在母体内发育,通过胎盘从母体获得营养,发育到一定阶段从母体产出。

胎生与卵生相比有什么好处?胎生为胚胎提供保护、营养、恒温的发育条件,最大程度降低外界环境对胚胎的影响。

6、以(乳汁)哺育幼仔,其营养丰富,还特殊抗体,有利于幼仔发育。后代成活率(高)。

二、小结哺乳类动物特征:

哺乳类体表(被毛);体腔由(膈)分为(胸腔)和(腹腔),用(肺)呼吸;体温(恒定)(恒定/不恒定);生殖方式绝大多数是(胎生),以(乳汁)哺育幼仔。

三、总结脊椎动物特征

1、 脊椎动物分哪五大类?

鱼类、两栖类、爬行类、鸟类、哺乳类

2、 从鱼类-哺乳类,脊椎动物经历了怎样的进化和发展过程?

从水生到陆生;从简单到复杂;从低等到高等。

图 3-1 知识导学类助学单

(二)架起师生沟通的桥梁

线上和线下的教学有诸多不同,线下的面对面授课,教师可以根据学生的情况,及时调整授课的节奏,给予学生必要的提示辅导等。在线上无法面对面与学生沟通的情况下,教师就可以利用助学单这个工具,给予学生及时的指导。比如鲫鱼解剖实验,课上学生来不及一边听课,一边做解剖实验。于是,我设计了相应的助学单,如图 3-2 所示,安排学生课后在家长的监护下完成实验。助学单列出了居家实验需要的材料、操作步骤和注意事项等,

学生只需按照助学单准备好材料、一步步操作即可。提高了实验的成功率和自己动手实验的信心，培养了学生主动思考，独立实践的习惯。

第八课-鲫鱼的观察和解剖实验-学习单

一、实验目的

1、 知道鲫鱼的外形特点，知道其在水生环境中的适应特点。

2、 知道鲫鱼的内部结构，知道各器官的分布和功能。

3、 初步学会解剖鲫鱼的技能。

二、实验器材（家庭实验）

准备鲫鱼一条（完整的未经过处理的鲫鱼）、剪刀、抹布、盘子、牙签

三、观察方法：眼睛看，用手摸，放大镜等工具。

四、实验步骤

实验前处理：40摄氏度左右的温水中处理5-10分钟

活动一：观察鲫鱼的外形

鲫鱼的体形和体色如何与水中生活相适应？

观察体形、体色、鼻孔、体表、鳞片、鼻孔、侧线

(1) 鲫鱼的身体呈（ ）形，背部为（ ）色，腹部为（ ）色，体表有（ ），摸起来滑。

(2) 鲫鱼的鼻孔是（ ）的。

(3) 鲫鱼的鳞片呈（ ）状排列。

(4) 鲫鱼鳞片上的一列小孔组成（ ）

(5) 根据鳍着生的部位，鲫鱼的鳍有（ ）、（ ）、（ ）、（ ）、（ ）。其中有（ ）种鳍的数目有两个，叫做偶鳍；有（ ）种鳍的数目只有一个，叫做奇鳍。

活动二：解剖鲫鱼并观察内脏器官

解剖步骤及方法：

1) 用左手握住鱼的头部和背部，使鱼的腹部向上；右手拿解剖剪。

2) 解剖时，剪刀头应向上挑起，防止解剖时误伤鱼的内部器官。

3) 先在肛门前0.5厘米处剪开一个口子，然后从此处沿腹中线由后往前将鱼的腹壁剪开，一直剪至口的后方为止；然后把鱼放在盘中，使其侧面向上。从肛门前的开口处沿着体腔背侧，由后往前剪到鳃盖后缘（平剪的部分略高于侧线，便于观察内脏器官）；再沿着鳃盖后缘，剪到胸鳍前面的腹中线，除去一侧体壁（也可剪断鳃盖后硬骨，去除一侧体壁）。

4) 减去鳃盖后半部分，露出鳃。

【注意】：在肛门周围有一些重要的结构，要避开这些结构，所以，不能从肛门处开始剪。

观察鲫鱼的内部器官：参照教材24图

观察顺序：按照从前往后，从上而下，从表及里，逐一观察内脏器官。

观察鳃(颜色、形状及其组成)、鱼鳔、生殖腺（卵巢或精巢）、消化系统。

完成练习册35页2

讨论：鲫鱼有哪些适应水生生活的形态结构特点？

课后实验：

有条件的同学，课后准备鲫鱼，做观察和解剖鲫鱼的实验，将解剖后的鲫鱼拍照上传，在照片上标注器官名称。

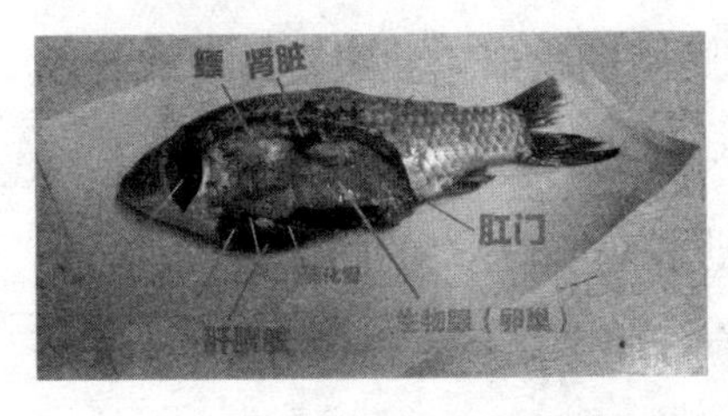

通过本节课的学习，你有哪些疑问或思考，学习中有哪些困难，请及时写在下面：

两栖动物和爬行动物的特征基本一致，为什么要分成两种种类?

图 3-2　鲫鱼的解剖实验助学单(完成任务型助学单)

“空中课堂”后的20分钟为师生在线互动。在实际的教学中，老师们可能普遍有这样的感受：时间不够用，要赶时间帮学生复习回顾、反馈作业、梳理新课要点、互动答疑、习题处理等等，师生间交流的时间非常有限。此时，

助学单为师生开辟了一条沟通渠道。问问学生有哪些疑问和思考，学习中有哪些困难等，学生课后写下自己的疑问，解决了不能面对面沟通的问题，帮助老师了解学生的想法，及时解决存在的问题。在这个过程中逐渐培养学生善于思考，乐于提问的习惯。

（三）进行拓展学习的助手

初中生思维活跃，兴趣广泛，具有强烈的求知欲和探索精神。在教学时间非常有限的情况下，助学单可以成为拓展学习的好助手，满足不同学生的发展需求。例如：以填空题的形式带领学生一同探究鲫鱼尾鳍的作用，给学生就如何设计实验，探究鱼鳍的作用提供了一种思路。

利用助学单引导学生关注生活、关注社会，发挥生命科学学科独特的育人价值。例如：在学习鸟类一课时，正值第39届上海爱鸟周，请同学们为爱鸟周编写宣传标语，讲讲身边鸟类的故事，号召人们爱护鸟类；在学习哺乳动物一课后，请同学们选择调查一种濒危哺乳动物，调查它们的形态特征、生活环境以及数量稀少的具体原因等，并对它们的保护提出倡议；在两栖和爬行动物一课助学单的结尾给学生留下这样的问题："此次新型冠状肺炎疫情，与野生动物有关，通过新闻媒体，你对野生动物捕杀和贩卖的现状有哪些了解？你觉得可以如何保护野生动物？想一想你打算如何向人们宣传野生动物保护？"对于各种拓展问题，同学们也积极响应，有的同学在助学单上写下自己的想法，有的同学做了PPT，还有的同学制作了视频宣传片，呼吁人们保护野生动物。希望在新冠肺炎疫情下，引导学生去关注野生动物生存现状，思考人类该如何与野生动物相处。帮助学生从小意识到，人类是大自然的一员，不是大自然的主宰。我们要遵循自然规律，尊重生命，爱护自然，保护大自然就是保护我们自己，为人类的可持续发展做出贡献，如下图3-3。

- 你能设计实验来探究一下不同部位的鱼鳍分
- 别具有怎样的功能吗？
- 某同学在探究鱼鳍在游泳中的作用时，选取了甲、乙
- 两条相同的鲫鱼，放在同一鱼缸中，操作步骤之一是
- 用纱布捆扎乙鱼的尾鳍，其他鳍呈自然状态，请问：

- （1）该实验是探究鱼的（　　　）的作用.
- （2）该实验中，对照组是（　　　）鱼.
- （3）为了减少实验误差，该同学应该设置（　　　）.
- （4）剪掉鱼鳍的方法又快又简单，为什么在实验中
- 　　不提供这样做？（　　　）.

此次新型冠状肺炎疫情，与野生动物有关，通过新闻媒体，你对野生动物捕杀和贩卖的现状有哪些了解？你觉得如何保护野生动物？想一想你打算如何向人们宣传野生动物保护？

有人为了靠贩卖野生动物获取利益对他们进行捕杀，使许多野生动物濒临灭绝。我觉得应该制定相关法律法规，严禁捕杀贩卖食用野生动物;严厉执行相关法律规定，对违法行为严加惩处。可以以社区为单位向社区成员介绍相关知识，也可拍摄公益广告进行宣传。

拓展：感兴趣的同学可选择调查一种濒危哺乳动物，主要调查它们的形态特征、生活环境以及数量稀少的具体原因（写出信息来源）等，并对它们的保护提出倡议。

| 双峰骆驼

国家一级保护动物

中国及中亚细亚温带荒漠地区的骆驼均为双峰驼。中国的双峰驼集中分布于内蒙古西部、宁夏、新疆、甘肃的温带荒漠和荒漠草原区，占全国总驼数的95%。且中国尚有数量比大熊猫还少的世界珍稀濒危动物—野生双峰驼存在。中国最有名双峰驼品种是阿拉善骆驼和苏尼特骆驼。

| 双角犀

亚洲唯一一种双角犀牛

苏门答腊犀牛，双角犀属的唯一物种，是现存最小的犀牛。苏门犀是独居动物，仅在发情与扶养幼仔时相聚。它们是犀牛中最吵的。现仅在马来半岛、苏门答腊与婆罗洲有零星分布，生活在雨林、沼泽和云林中。由于人类过度捕杀和栖息地受到破坏，该物种已成为极度濒危动物，全球数量仅存200余头。

图 3－3　拓展学习类助学单

（四）提供反馈评价的参照

在线教学老师们最大的担忧是，看不到学生，不知道学生学得怎么样，学生上课在听吗？认真吗？学会了吗？老师通过助学单的完成情况，对学生的学习态度、学习状况、学习效果有一定的了解。也能针对学生学习中存在的一些问题，提供帮助和指导，及时调整互动教学。此外，教师通过助学单关注学生学习的过程、学生学习的发展，发挥在线批改作业的优势，借助语音、图片等方式，灵活多样地给出学生个性化的评价，帮助学生及时认识学习中的长处和不足，发掘自己的潜能，从中体会学习的乐趣，建立自信，激发学习动力，增进师生感情。

二、如何提升小学生的线上学习体验和成效（邓孟典）

编者：基础教育阶段的线上教学中，小学段可以说最为独特，小学生年龄小，活泼好动，集中注意力的时间短，需要更多地参与性学习活动，而当前的网络授课的实践中，不可避免地学生坐着听讲、被动学习的时间较多。怎样才能让他们保持高度的学习兴趣，在有限的30分钟高效学习呢？

西安高新第二学校邓孟典老师总结出了如下几个方面的做法，颇为具体、可借鉴。

（一）重视课前准备，营造在线教学仪式感

为了让网上授课更接近普通课堂，在多次试用后，我选择钉钉这个平台上课，在上网课前，我和学生做了相关的约定，即课前、课中、课后需要做的事情，详见图3-4。

这样一来，每个学生打开摄像头，端坐在自己家里，教师可以清楚地看到他们的每一个动作、每一个表情。学生也可以清楚地看到教师，更有亲近

学生自觉约定

1.课前:

(1)做好5个准备:网络、设备(电脑和耳机)、学具、良好心情和安静环境;

(2)提前3分钟进教室(家中固定的地方)。

2.课中:

(3)坐姿端正、精神集中，上课过程禁止吃东西;

(4)讨论区发言围绕学习主题，积极回答互动;

(5)有问题可在互动区留言或私信老师。

3.课后:

(6)及时归还平板或电脑等学习设备;

(7)课问自觉到阳台上远望和积极锻炼;

(8)认真独立完成作业并及时提交(如果教师布置)。

图 3-4 学生自觉约定

感。学生也很喜欢这样的授课方式,每天穿着校服端端正正地坐好上课,很有仪式感,见图 3-5。

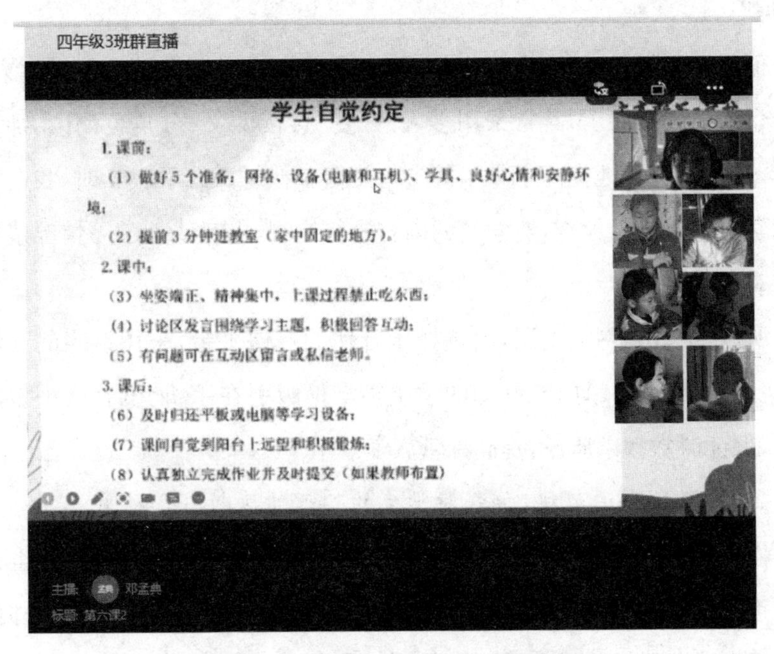

图 3-5 学生自觉约定-网课进行时

在上课前的10分钟，我就会进入课堂提前等待学生。在此期间，播放学生喜欢的音乐，并在群里喊话，让他们尽快进入课堂，让已经进入直播课堂并已经准备好的学生回复1，没有准备好的回复0。如此一来，学生的参与度就高了起来，老师也可以观察到学生的状态。课堂开始时还可以和学生一起做一个"手指操"，与学生一起快乐地进入课堂。

（二）加强线上互动，激发学生的参与热情

上课期间，我会时不时点名学生回答问题，并和学生进行更多互动，教学过程中随机给学生递粉笔或开话筒，对学生进行提问，部分提问可以让学生在互动版上输入数字快速作答。在授课过程中，及时表扬专心上课的学生，鼓励他们自律。在课前与课后，通过多种形式加强师生交流，例如，在上课前和学生摆摆手、笑着互相问好，在下课时与学生摆摆手说"再见"。

值得一提的是，语文课上指导学生朗读时，为了激发学生的学习兴趣，引导学生仿读并展示，经常采用多人"开麦"接读课文、分角色朗读、师生配合读等方式，极大地提高了学生的参与热情。在复课线下教学时，我会对学生的学习笔记进行检查，对学过的内容进行检测，也对线上学习情况进行总结与表彰。

所以，尽管是网上上课，因选择了合适的授课平台，采用恰当的互动方式，也能像线下课一样，把好动的学生牢牢地吸引在手机、电脑或平板的屏幕前，保证课堂教学质量，提高课堂教学效率。

（三）抓住合适契机，加强对学生的心理健康教育和德育

作为班主任，我时刻牢记网课期间学生的心理健康教育和德育也是重中之重。疫情在改变我们的学习生活方式的同时，也为我们开展心理健康教育提供了良好的契机。我重视每周的班会课，利用班会课时间对学生进

行心理疏导和德育教育。

1. 进行心理疏导。期间我特意找到了学校的心理老师向日葵老师为班级做了两次心理讲座，帮助孩子和家长顺利渡过居家学习期。第一次心理讲座是在隔离期的第四天，主题为《拥抱生命中的意外》，线上进行；第二次的主题为《生活中的小情绪》，在全班复课后线下进行。我想到了这次危机正是对“梦想起航班”的一次考验，对我的一次考验。我必须要率先做好这个舵手，迎难而上，努力面对和正视困难。我也必须要鼓励所有的团队成员，鼓起劲来，相信我们能战胜困难，让这个班级更好。

2. 进行孝道教育。孝道是中华民族的传统美德。疫情的发生，让学生与家长在一起的时间更长了，学生更多地感受亲人的关爱，同时要让他们用实际行动孝敬长辈。为此，我和学生一起召开主题班会“抗击疫情，我们在一起”，引导他们学会关心长辈，帮父母做家务。继而学生行动起来，每天学做一样家务活，很多学生学会了扫地、擦地、洗袜子，有的甚至学会了做西红柿炒鸡蛋，一系列的活动让学生懂得了感恩，详见下图 3 - 6。

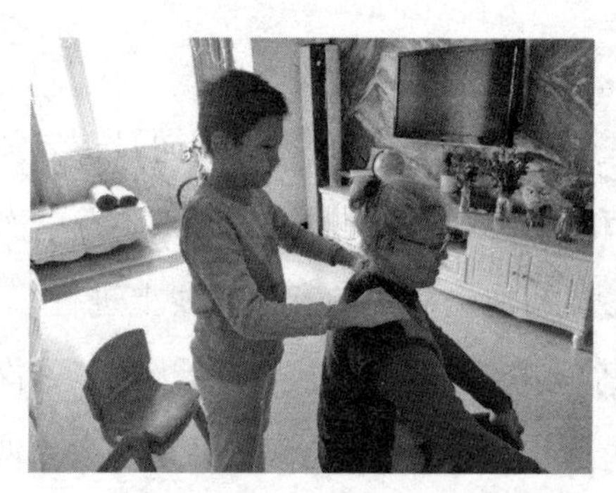
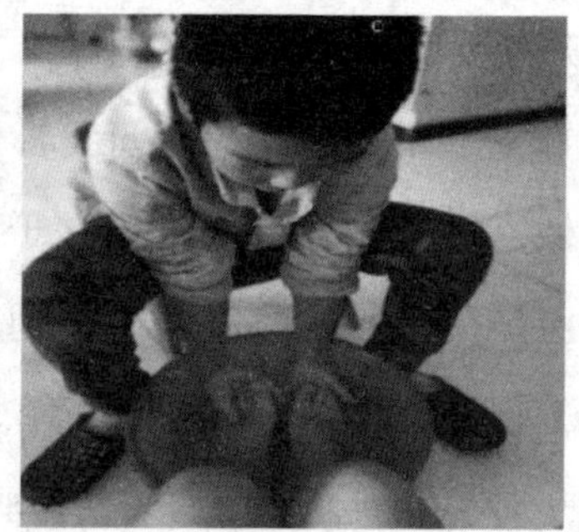

图 3－6 “抗击疫情，我们在一起”主题班会活动照片

3. 进行生命教育。引导学生学会用科学的态度对待疫情和传染病，珍爱生命，见图 3－7；了解个人防护知识，用实际行动保护好自己和家人。指导学生采用儿歌、舞蹈、歌曲、快板等方式宣传科学抗疫知识，宣传抗疫常识，传递爱心。

图 3－7 学生以朗诵形式宣传抗疫知识

(四) 利用在线工具，养成学生每日阅读和练字习惯

我们常教导学生“读万卷书，行万里路”。课外阅读为学生打开通向多

彩世界的一扇大门。在线上课堂中，我会推荐和课文相关的书籍，号召学生每天读课外书，自愿在小程序“小小签到”或“钉钉”智能作业中“晒”自己的读书、朗读情况和练字情况，如图 3－8。通过这一举措，每天课外阅读一小时、练字十分钟已经成为学生们日常不可缺少的一项活动。除此之外，我还会利用班会课鼓励学生进行读书交流，分享读书收获。

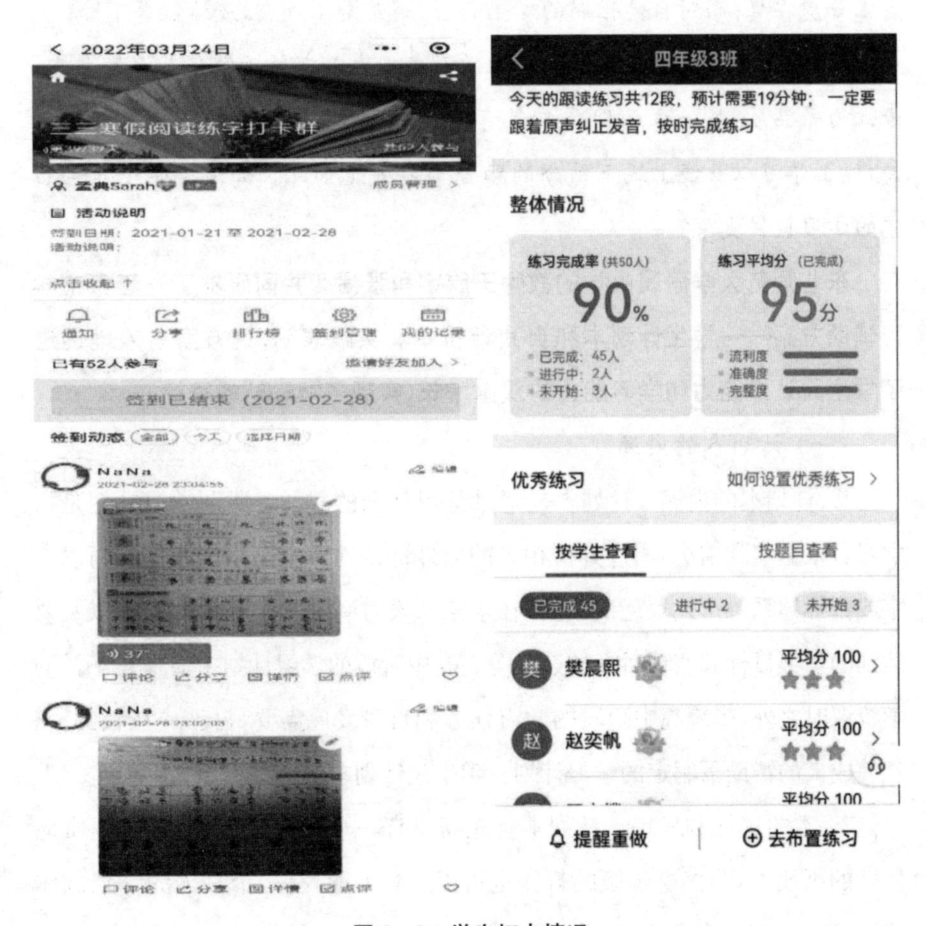

图 3－8　学生打卡情况

三、如何通过“计划本”促进学生学会学习（王欣宇　张福彦）

编者：学生学习的自主性、自觉性，无论是对于线上学习还是线下学习，是“疫情期间”还是常态学习情境下，对于提升学业成绩、终身发展具有不可估量的重要价值。大量的实践表明：对于自觉性强的学生而言，线上学习和资源如虎添翼；而对自觉性弱的学生而言，则是雪上加霜，成绩显著下降。

但是我们知道，学生学习自觉性的养成一方面有赖于学生个人的意志、专注力等品质，另一方面则需要教育工作者、家庭等提供相应的支架和支持，线上学习以及线上线下结合的融合学习更是如此。如何给学生自主自觉的学习提供支架？

东北师范大学附属中学的教师王欣宇和张福彦共同研发了一套自主学习辅助方案——学生计划本和自我评价本。实践表明，这方案有效地促进了学生元认知能力和学习能力的双重增长，实现了“双增”的目标。

（一）计划本的内涵

1. 计划本的内涵。计划本是记录学习计划的载体。所谓学习计划是指学习者根据实际情况，通过分析相关的内外部条件，进行科学预测，进而以文字或指标体系等形式表述出来的、在未来一段时间内的学习进度安排以及要达到的学习目标和实现目标的途径等。高中阶段的学习计划主要指在正常的学校课时之外，围绕高中阶段的学习任务和自身发展需要，自己或在教师、家长等成人的帮助下制定的学习计划。学生是计划本的第一责任人。

2. 本的选择和呈现。计划本首先需要有一个本，这个本最好选用质地较好的纸质本，当然电子版的打印也可以。一方面，有一个具体的计划载体能够及时提醒学生落实计划；另一方面，积累计划本的内容可以让学生对自己的学习状态、学习环节之间的关系、学习任务量有直观的认识，有利于促进学生元认知能力的发展。此外，通过计划本，教师可以对学生的学习进行有针对性的指导。

（二）计划本的内容组成

计划本的内容丰富多样，主要包括时间、地点、任务、目标、方法、完成情况等内容。管理科学上比较著名的“6W2H”分析表经常被运用在学习计划中，见表 3－1 所示。

表 3－1　计划本的6W2H分析表

日期：　　年　　月　　日

WHY	为何做这件事（动机）
WHAT	目的为何（目标）
WHERE	在何处实施（场所、地点）
WHO	由谁执行与谁执行
WHICH	哪一个方案（选择、挑选）
WHEN	截止期限（期限、完成日期）
HOW	如何执行（方法、执行方案）
HOW MUCH	花费多少（时间成本、机会成本等）
问题点	有无缺点/有无问题/有无注意事项
对策	想象所有的可能性并加以检测

（三）计划本的时间组成

按照计划本中计划的时间跨度可以分为日计划、周计划、月计划、年计划；短期计划、中期计划、长期计划，如表 3－2 所示。

表 3－2　学习的长期、中期、短期计划表

		学习计划安排（不包括学校课时计划）									
计划类型		语文	数学	外语	物理	历史	化学	政治	生物	地理	其他
长期计划	学期第一个月										
	学期第二个月										

续 表

		学习计划安排(不包括学校课时计划)									
计划类型		语文	数学	外语	物理	历史	化学	政治	生物	地理	其他
	学期第三个月										
	学期第四个月										
	学期第五个月										
中期计划	第一周										
	第二周										
	第三周										
	第四周										
短期计划	7:00—7:50										
	18:00—16:30										
	22:00—22:30										
	周六										
	周日										
其他计划	法定节假日										

(四) 计划本的使用

在计划本使用前,进行全年级解说;之后的一周进行试用,反馈学生在使用中的问题;计划本在正式使用时,鼓励学生进行每日计划,教师每周检查学生计划本以及计划本的落实情况。对于多次未能及时完成计划的学生,教师进行个别辅导和特别关注。

(五) 计划本的功能

1. 认识自我和发展自我的作用。通过对自己学习的认识,来认识自己。通过与其他同学的对比,对自己的学习状况进行反思。如学生根据自己是猫头鹰型还是夜莺型进行学习时间的调整。通过对自己兴奋状态(高潮期和低潮期)的把握,合理分配自己的主要学习时间和安排休息时间,这是元认知体验的过程。

2. 促进学生个性发展。学者李广等人将个性化学习概括为两方面:一是个性化促进,二是个性化实现。通过计划本,学生能够实现基于对自身了解的个性化和促进个性化的发展。同时,教师能够基于自身的教学经验促进学生个性化的良性发展,这也是元认知体验的过程。

3. 监督和促进作用。学生基于个体情况自己制定的学习计划,对其自主学习的进程起到监督的作用,并能督促学生积极学习,根据计划安排学习,保证学习目标的实现。在疫情期间,学生缺乏教师的有效监管。学生通过计划本对自己进行监管,一方面保证了在线学习时的学习质量,完成上课—作业—复习的学习闭环。另一方面,提升自己对学习的责任,促进学生成为自己学习的主人。这是元认知中的自我监控的过程。

4. 评价和提升作用。通过计划本,学生能够对自己的学习时间、学习内容、学习计划完成度等方面进行评价。尤其可以进行同学间的横向比较,对学生的学习有一定促进作用。这也是元认知中自我监控的过程。此外,对于一些学习计划的公开展览,某种程度上相当于"学习契约",对学生的学习和个人行为习惯都有正面意义。

5. 统筹与协调作用。学生都掌握计划本的使用之后,学校可以依据计划本中的数据对学生的学习进行宏观把握,如表 3 - 3 所示的作业量统筹卡。通过对学生各科作业的调研,可以在年级的层面对学生的作业量进行调整,促进学生均衡发展。

表 3-3 学生作业量统筹卡

第___周 ___月 ___日 ________班学委：________班主任：________	
时长 （每格代表 40 分钟）	
学科	
作业内容	

（六）计划本制作的原则

1. 可行性。计划本是学生能够完成的学习计划，切忌“高、大、全”。一旦学生的计划本中的计划是自己无法完成的，可能造成计划本失效。

2. 弹性。计划中一定留有预案的空间，如安排一定时间作为机动时间，学生可能会遇到突发的事情需要处理，这时就动用预留时间而不会影响原学习计划。这样学生对学习的掌控感可得到进一步加强。

3. 针对性。学生的学习计划一定具有针对性。学习计划是自己的，而不是别人的。学生可以根据自己的学习情况制定相应的计划。如数学学科薄弱的学生进行的“数学成绩翻身工程”等。

疫情期间，学生们利用计划本的方式统筹自己的学习，伴随着学生对于计划本应用的熟练，逐渐养成了学习的好习惯，学习不仅没有因为疫情耽误，反而有了进一步的提升。在全面复课后，学生已不再需要写纸质的计划本，能够做到“手中无本，心中有本”。当然我们对于计划本的研究不会随着疫情的结束而完结，未来对于计划本将进行更深入的研究，如对于哪种类型的学生计划本更有效？对于学优生群体是否是增添了额外的负担，对于学困生群体会不会出现“抄计划”的现象，等等。

四、如何组织高质量的小组合作学习(李万青)

编者:以翻转课堂为代表的线上线下深度融合教学实施过程中,在师生完成线上的教学、作业反馈、问题交流的基础上,即将在线下开展课堂内的交流研讨和拓展深化。我们知道,基于线上学生以知识接受为主要学习内容和学习形式后,线下的教学更加适合以小组合作的形式开展生生、师生之间的对话交流和深入研讨。那么,翻转后的课堂上或者说线上线下教学融合的线下课堂教学中,有效组织好学生小组的交流、合作与研讨,则对提升课堂教学效益、改善学生课堂学习体验具有重要价值。

如何开展好线下课堂内的小组合作呢?南京市朝天宫民族小学校长、语文老师李万青的“基于任务群的小组合作学习”的探索给我们带来了很好的启示:

基于学生线上学习的情况,到了线下的课堂教学内,我总体上将教学任务分为两块:一是解决自主学习中出现的共性问题,二是以问题单为纲的小组合作学习。课堂教学的第一板块中,我先是解决学生线上微课学习中出现的一些共性的问题。这一内容是根据在线检测的情况进行适时调整的。对于本课的主目标教学完成之后,就是学生的小组合作学习环节,详述如下:

(一)小组合作学习方式的选择

在这一研究的起始阶段,让学生在课堂上对自己的学习成果进行直接汇报。但是,在大约不到两个月的时候,我就发现了问题,这样下去,一定会导致班级学生的两极分化严重。因为,那些学习能力强的孩子,在这一过程中,学习能力得到了更为自由的发挥,从而学习力迅速提升;而那些原本就学习能力薄弱的孩子,由于课前的自主学习本身就不到位,在这样的课堂上更是无所适从,根本跟不上课堂的节奏,他们完全就是一个看客。甚至,有的人连看都不看了,自己干自己的事儿去了。

在反复地思索、调研,并在与学生商讨中,我们决定把课堂汇报的方式改变为小组合作学习的方式。这一学习方式中,每个小组要经历"确定问题""探究问题""成果交流""即时评价"这几个学习环节。

为了让学生能更快又更有效地确定问题,我通常是通过各种方式,让学生提前看到大家所提的问题。例如,前一届学生是把自学后的问题同时提交在博客上的,这一届学生是把问题提交在QQ群里的。这些公共平台可以很好地支持这样的学习。同时,在操作过程中,我还发现把问题发在这样的开放空间,会带来另一个好处:孩子们得慎重发布自己的问题。如果自己的问题不够有质量,或者没有什么研究价值,会立刻被别的同学评价为:这个问题没有什么研究价值!这个问题不应该是在语文课上研究的!还出现过这样的现象,同桌的两个人互相较上了劲,你提出十个问题,我一定要提出二十个问题!

同伴的相互评价,有效促进了问题质量的提升!你会发现,孩子们越来越会提问题了。所以,每次看到这个问题单,很多老师都会感到背上冒汗,感慨自己备课也没有备得这么细致!整理出问题单之后,我会尽快发布,一是在QQ群中在线发布,孩子们可以即时看到;二是早上到校,我会即时发纸质的问题单给每个小组。这样,你就会发现课堂讨论的时候,很多小组已经把他们的研究题目定好了。

(二)小组合作学习方式的优化

反思我们目前很多课堂上的小组合作学习,其实并不能称之为"小组合作",充其量只能是"小组合桌"而已。于是,我就思考,我的课堂要力求避免这个问题，必须优化小组合作学习的方式。于是，采取了以下措施，让合作真正实施，让学习真正发生。

一是让确定问题的过程，必须是集体智慧碰撞的过程。全班九个组，并不是每节课都可以得到汇报的机会。哪个组能拥有这样的机会呢？就看你们组选择的问题是不是具有研究价值。所以，小组越是经过充分酝酿的，就越有可能找到这个任务群中最有价值的任务，就有可能赢得汇报的机会。同时，要避免小组中个别人占据话语权。我让每一次组内的选题过程，包括研究问题的过程，都必须是一次无领导小组讨论的过程。让小组中的每一个人，既要保持自己在小组中的存在值，又要努力提高自己对小组的贡献值。

二是小组的任务分工，必须有明确的角色定位。有明确的分工，才能谈得上合作。而且，合作的价值，一定是要大于个体学习的效益。我给小组内成员确定了四个任务：主持、朗读、汇报、答疑。

主持要负责组织此次合作学习，先是要组织讨论，在汇报时，先要主持，宣布汇报的内容及分工，接着要用板书或是其他手段辅助汇报。最后，在小组汇报结束的时候，还要对整个小组的研究、汇报作出总结。特别是包括其他小组同学作出的补充，或是反驳掉的观点，都要总结出来。

朗读，是要把自己小组的研究成果，通过声情并茂的朗读表达出来。读哪些文段、读得如何，用什么样的方式读，都会成为老师和同学们评价的维度。

汇报，小组研究过程中，要及时记录、整理大家的观点，形成小组的汇报稿。小组汇报时，要做到条分缕析，完成一个小老师的职责。

答疑，这是公认的最具挑战性的任务，要认真倾听每一个同学的发言。补充的，有没有价值，是否要接受；反驳的，有没有道理，是否要再反驳。每一次这一环节，都是一场小小的辩论会。

重要的是，这四个任务不是固定的，必须在小组内进行轮转。这样，就确保每一个人都必须经受不同任务的磨炼。

三是小组汇报交流，必须真正形成论辩。为了让论辩真正发生，我借鉴了"百度知道"的动作模式。我们知道，在"百度知道"中有这样的运行规则。你遇到不懂的问题，在"百度知道"中提问了，你可以赋予该问题一定的分值悬赏答案。如果有人帮你解答了，你必须从自己的积分中拿出相应的分值付给对方。而在我们的答疑环节也是如此：同学补充得有道理，或是反驳得有道理，你接受了，就要付给对方相应的分值。在这样的情况下，答疑的同学，一定要注意倾听每一个同学的发言，用心判断他说得是否有道理，这个思辨的过程，会形成一个场，所有身处其中的人都会得到语文素养的综合提升。

（三）小组合作学习的评价

我们的小组合作学习采用积分制，评价是由师生共同完成的。每轮汇报结束之后，会有一到两名同学对研究汇报的过程作点评，并给出建议得分。我也会对汇报作点评，时间与小组汇报的时间相当，都是五分钟。我就会利用点评的时间，对学生理解不到位之处作补充，对学生理解错误的地方作纠正，或是对于学习的方法进行指导。我们还设计了一个表格用于记录小组学习的积分，便于阶段小结和学期总结。

融合式语文学习，就是微课学习、在线检测等线上学习与线下课堂上的互动交流等学习相结合的一种学习方式。这是身处移动互联网时代，充分发挥网络和多媒体技术的优势，并结合课堂教学师、生、文本直接互动的优势，对传统语文课堂改革的一种尝试。在这一教学模式的研究与实施的过程中，我欣喜地看到了我的学生在语文综合素养上的不断提升，这也是我把这项研究一直坚持下去的动力。但是，在实施的过程中，我也不断地发现一些问题，还有待我们进一步去研究和解决。

五、如何让学习过程变得更为有趣？——游戏化教学模式的启示（田晓力）

编者：随着“双减”政策的深入实施，为减轻学生压力、提升学习效果，课堂教学的效率需要得到有效的保障。然而，目前小学高年级只有少部分学生具备自主学习意识，在校时间的明显变长又使得学生课堂表现略显浮躁，专注度有所降低。因此，如何激发学生的学习兴趣和自主学习意愿，保质保量地完成教学任务，就成为摆在教师面前的一大难题。

西安高新第二学校的田晓力老师运用线上线下融合的游戏化学习模式，通过课前的热身游戏、课中的体验和模拟游戏以及课后的练习游戏，拓展了学生的学习时空，改善了课堂氛围，提高了学生学习乐趣，并保证了课堂教学效率。具体如下：

（一）课前游戏化测试

学生在课前通过书籍、观看微课等方式对上课内容进行预习，教师则可结合本堂课的教学目标、教学重难点设计一个课前小游戏发至班级群，学生通过玩游戏进行课前测试，教师通过后台数据了解学生预习情况，同时掌握学生的易错点，在授课过程中则可对相应知识点进行巩固。例如，北师大版二年级上册数学《小熊请客》，学生在本节课需要掌握 4 的乘法口诀，所以设计一个有 4、3 以及 2 的乘法计算游戏《天空之城》，这样既能对本节预习情况进行检测，同时又能复习之前已学知识，如图 3-9。

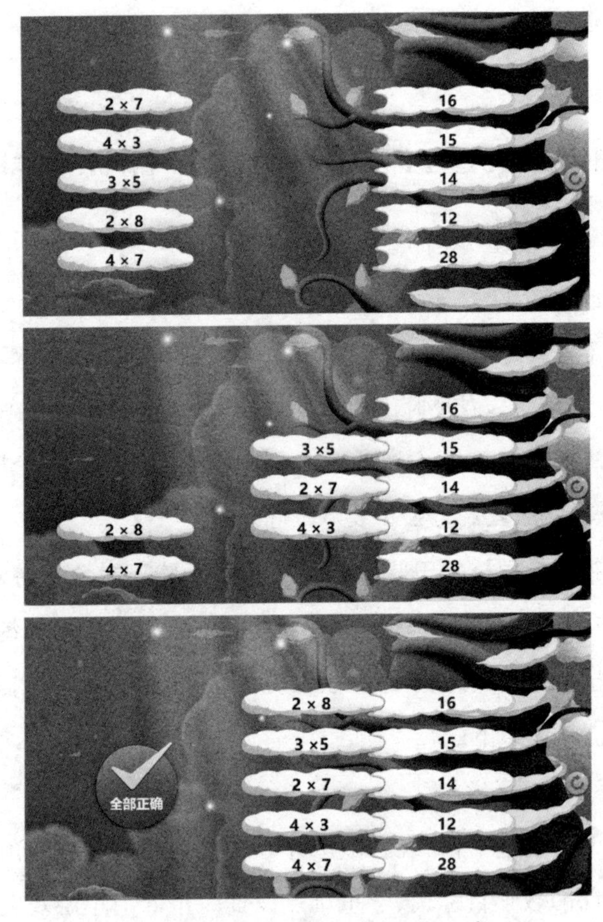

图 3－9　课前游戏化测试《天空之城》

（二）课堂游戏化教学

教师通过课前线上游戏测试，了解学生预习情况后，结合学习科学、游戏化学习以及教学大纲的要求、本节课的教学目标及重难点，撰写适合自身情况的游戏化教学设计，教学设计中不仅涉及了电子游戏、传统游戏，同时还将游戏化元素应用其中，真正将线上线下融合教学应用于日常实践，见下表 3－4。

表 3-4 游戏化教学过程与传统教学过程的对比

时间分配	传统教学过程	当前教学过程
5 min	● 板书书写计算题,复习3的乘法计算。 ● 学生回答问题,同时引入4的乘法计算。	● 利用游戏《天空之城》让学生复习关于3的乘法计算,其中可以加入对于乘法口诀的考察。 ● 出示课件,情景引入,从观察图片开始,让学生说观察到的数学信息。
15 min	● 书写几个4的加法算式,通过加法得到4的乘法结果。 ● 通过4的乘法算式教师举例进行乘法口诀编写,学生模仿完善所有口诀。	● 通过1串、2串、3串糖葫芦,让学生进行提问(问至1、2或3串糖葫芦有多少个红果时,进行板书,板书只书写几个几以及乘法算式,准备让学生来编口诀)。 ● 编口诀环节(教师提出小熊希望通过编一个顺口的口诀来方便乘法算式的解决,谁能帮助小熊解决这个问题?)让学生编口诀,并且从中进行提问,帮助学生加深口诀编写过程中会遇到的问题。
10 min	● 书写几道4的乘法计算题目,学生完成。 ● 教师进行总结归纳。	● 利用游戏"我问你答"作为学生学习效果的评价方式。 ● 学生作为主体进行归纳总结,教师协助补充。

(三) 课后游戏化练习

完成本节课的学习目标后,需要对学生的学习情况进行总结及测试,这样更有利于了解学生的学习情况。设计游戏化测试小程序,不仅降低了学生对于测试的抵触心理,同时还能更加具体地了解到每一个人的学习情况,同时将练习环节变得更加富有趣味性,这是传统的线下测试较难达到的效果。

例如,北师大版二年级上册数学《小熊请客》学完后,学生应掌握4的乘法口诀,理解相邻几句口诀之间的关系,同时会用已学过的乘法口诀进行乘法口算,能解决一些简单的实际问题,那么设计的游戏就可对这些方面进行考察,详见图 3-10。

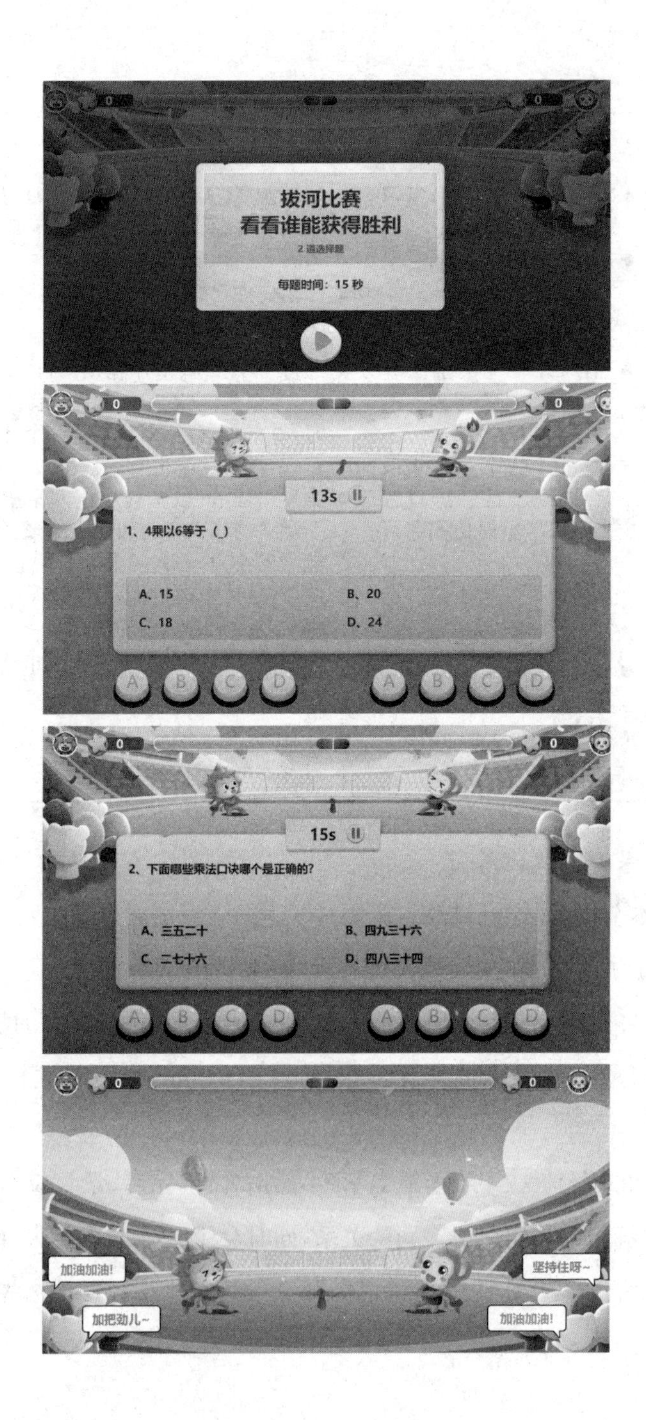
拔河比赛
看看谁能获得胜利
每题时间：15 秒
13s
1、4乘以6等于（_）
A、15
B、20
C、18
D、24
15s
2、下面哪些乘法口诀哪个是正确的？
A、三五二十
B、四九三十六
C、二七十六
D、四八三十四
加油加油！
坚持住呀~
加把劲儿~
加油加油！

图 3-10　课后游戏化练习《拔河比赛》

六、如何利用在线平台助力学生成为学习的主体(赵倩)

编者:《上海市中小学数学课程标准》提出,数学课程应致力于实现义务教育阶段的培养目标,面向全体学生,适应学生个性发展的需要,使人人都能获得良好的数学教育,不同的人在数学上得到不同的发展。要向学生提供丰富的学习资源,把现代信息技术作为学生学习数学和解决问题的有力工具,有效地改进教与学的方式,使学生乐意并有可能投入现实的、探索性的数学活动中去。信息技术的发展让教学愈加便捷,愈加生动。如何利用信息技术构建以学生为主体的课堂活动呢?

上海市浦东新区南码头小学的数学教师赵倩以沪教版小学数学四年级下册《折线统计图的认识》为例,利用 ClassIn 平台突破传统课堂的局限,优化课堂教学效果的方式值得借鉴。

(一) 数形结合,直观演示数据的转换

在备课时,利用 ClassIn 平台的资源,创设可以吸引孩子们注意力的具体场景或氛围,激发他们的学习兴趣。数学知识不再只是课本中的白底黑字,更是以各种方式出现在孩子面前的精彩世界,图画、声音、音乐等使学生身临其境，不仅调动他们学习的积极性，更可以直观地让小朋友将原本难以想象的知识呈现在眼前。在课堂一开始，就以信息技术的优势复习了以往学过的统计表，条形统计图再演化到折线统计图，详见下图 3－11，学生们交流到哪儿，课件就呈现到哪儿。信息技术在发展，孩子们的潜能也在发展，相信在各种信息技术的支持下，孩子们产生兴趣并接受新兴事物，也会使小学数学学习充满无限可能。

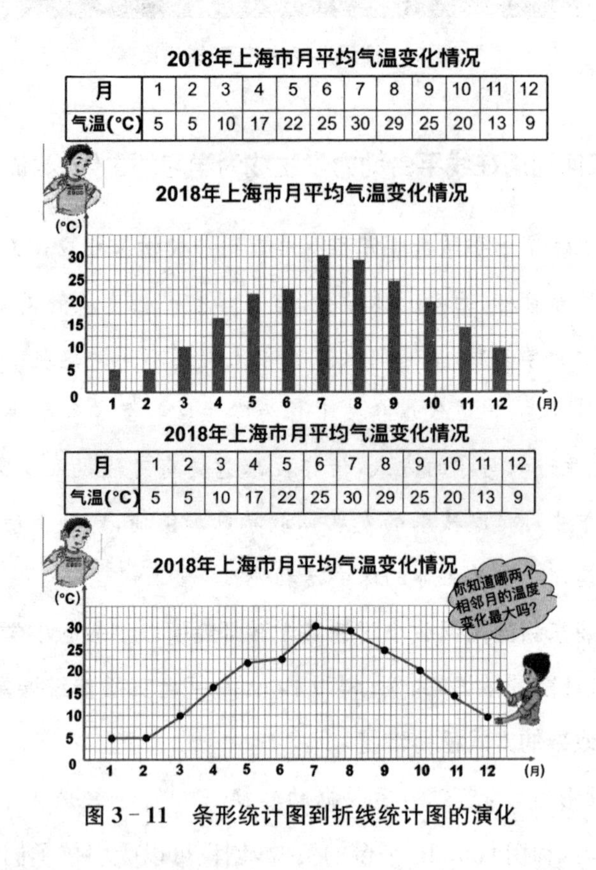

2018年上海市月平均气温变化情况

月	1	2	3	4	5	6	7	8	9	10	11	12
气温(°C)	5	5	10	17	22	25	30	29	25	20	13	9

2018年上海市月平均气温变化情况

月	1	2	3	4	5	6	7	8	9	10	11	12
气温(°C)	5	5	10	17	22	25	30	29	25	20	13	9

图 3－11　条形统计图到折线统计图的演化

（二）打破传统，实现教与学的有效互动

在平时的教学中，我们更多是以“教”为中心的教学模式，不能做到整节课堂以学生为主体。而这节课，当学生看到了折线统计图，我就提问关于折线统计图，你有什么想问的么？学生通过讨论，提出自己的问题。孩子们提出的问题，由谁来解决？以往教师的授课会使学生有千篇一律的枯燥感，随着信息技术的更新换代，我们何不以更为形象生动的造型去吸引孩子们的眼球？

依托 ClassIn 平台的在线连线功能，我们将孩子提的问题进行收集，并现场连线学习小伙伴"小巧"，以虚拟化人像和连线教师进行整合，让孩子们真切感受到学习小伙伴不再是课本上的"纸片人"，而是真实存在的。孩子们与"小巧"点对点进行对话，听着"小巧"对自己提出问题的讲解无比认真投入。运用信息技术转变教师的形象，让孩子从单纯的"听"变为互动交流，在他们面前学习的对象不再是老师，而是陪伴自己学习五年的学习小伙伴。

学习从本质上就是学习者在特定情况下，由于练习或反复经验而产生的行为或行为潜能较为持久的变化。而学生得到的刺激程度，往往与他的学习兴趣成正相关。孔子曰"知之者不如好之者，好之者不如乐之者。"可见学习兴趣对学习的重要性。运用恰当的信息技术提升学生的学习兴趣可以提高教学效率，实现教与学的有效互动。

（三）化静为动，真切感受数学的魅力

将数学问题和实际生活相联系很考验学生的知识储备，有些知识如果他们没有相应的生活经验会限制学生的思考想象。课堂里关于"木棒影子长度的变化情况"，如图 3-12，就需要孩子们拥有丰富的生活经验以及仔细观察的生活态度。但是现在信息技术的帮助可以让我们在课上游刃有余。在 ClassIn 平台的"备课包"中调出课前准备好的视频，将数学与自然学科结合起来，用最直接最形象的方式呈现给学生，且这样的方式相较于死板的数据，更倾向于科学知识的深入挖掘及科目的深层探索，也更具真实性。

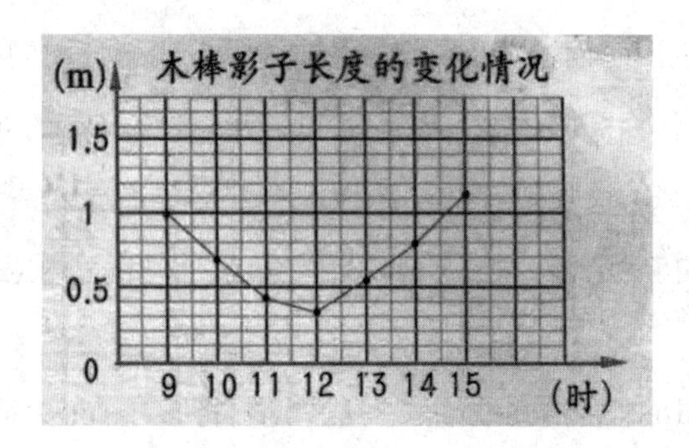

图 3－12　木棒影子长度的变化情况

（四）互动反馈，做学习的主人

以往的课堂里，在新授结束之后的练习环节，教师往往只能照顾到一小部分学生，或者要课后通过作业才能进行反馈。而现在，利用 ClassIn 平台的“小游戏”功能，下发任务单，让学生完成有关学习内容的相关任务，教师当堂就可以得到即时反馈，如图 3－13。

任务一：以下的折线统计图是上海某日气温变化情况统计图，这一天大概属于哪个季节？

A 春季 B 夏季 C 秋季 D 冬季

反馈数据：　A 春季：4% B 夏季 0% C 秋季 4% D 冬季 92%

设计意图：考查学生是否能通过折线统计图进行背景情况的简单推测。

任务二：以下是迪士尼乐园每月游玩人数情况统计图，你觉得合理吗？

A 合理 B 不合理

反馈数据：A 合理 28% B 不合理 72%

这对这种情况，就需要在小朋友完成所有任务后，组织学生说出自己的想法，明白自己的误区，进行学生讲解后，再次选择，正确率高达 100%。。

设计意图：考查学生如何根据统计表合理的分配纵轴上的数据，也为下节课折线统计图的画法进行铺垫。

图 3－13　任务单及学生数据反馈

同学通过系统完成任务，老师能实时接收数据，向完成任务的小朋友发小红花奖励。同时，对学生完成任务的情况进行实时监控，调取正确率较低的“任务”,在后续的课堂中进行重点讲解。学生掌握了折线统计图的知识后,完成几个任务的评价,目的是发展其综合运用能力。独立完成任务后,课堂中进行相互交流、讨论,从中发现问题,再交流,再反馈,学生的思想再碰撞,思维的灵感火花不断显现,使整堂课更紧凑、更有效,实现了知识点的循环上升,培养学生综合解题能力,起到触类旁通的效果。

信息技术可以让抽象知识变得生动有趣,提高学生的学习兴趣。在小学数学课堂中,五彩斑斓的图片,充满趣味的动画小故事,跟随视频回忆上节课的学习内容都是开启一节数学课堂的好帮手。在课堂中与学习小伙伴直接对话也是一种新颖的教学方式。在愉快的情感体验中,学生思维活跃,增加学习自信,在巨大的思维感召力下,学生乐于互动,乐于表达,有助于提升学习氛围。

传统教学中,由于教学手段有限,教师不能提供生动、直观的教学情境,数学也被大多数人认为是一门枯燥、乏味,难教难学的学科。但随着新技术融入课堂,数学课也变得生动有趣。交流平台可以让学生看见同伴的想法,并将自己的成果展现给大家,让孩子在课堂中感受存在感。这鼓舞了他们的学习热情,也便于教师掌控孩子们的学习状况并加以点评。学生的“学”不再仅限于教师,从同伴身上汲取知识让他们的思维更加广阔。而教师的教学策略与指导也更有指向和针对性,帮助不同水平的学生提升自己。

以往的课堂主要还是以教师“教”为主,学生的掌握程度要通过课后作业才能体现。ClassIn 平台让学生成了课堂的主体,教师从数据反馈结果了解到学生的学习情况并及时调整教学方法。这样的课堂不再是教师的“一言堂”,而是能让学生发挥才能的天地。学生“学”的主体地位更明显,主体作用也发挥得更充分。

七、码书何以拓展时空提升学生课内外学习成效（张仲明）

编者：目前国内疫情时起时伏，随时都可能小规模多点暴发，学校层面“一手抓防疫，一手抓教育”的现象估计会存在一段时间。随着“互联网+”理念不断深入，线上线下教育融合必定是未来教育发展的方向，中小学校理应重新审视信息技术在教育中的角色定位，借助信息化手段打造一种当前形势下切实可行、又行之有效的教学模式，以减轻教师的工作压力，高效完成教学任务。

由于具有短小精悍、使用方便、技术门槛低、易于制作等特点，微课深受广大师生欢迎，在“微课浪潮”席卷之下，大批微课应运而生。然而，微课只针对一个知识点讲解，虽然老师可以制作多个微课分别突破重难点，但是学生掌握的知识点还是零碎而散乱的，没有形成系统的、网络化的知识体系，制作出来的微课应放在哪个安全又便捷的平台？如何及时推送给学生？是许多学校将微课系统应用于课堂教学中的难点。

天津市第七中学张仲明及其团队探索实践的码书式翻转课堂模式，详见图3-14，通过将微课集成，让各个分散的知识点汇集起来，并以二维码的形式将内容得以展现，这既增加了知识的系统性，也增加了学生阅读和学习的兴趣。

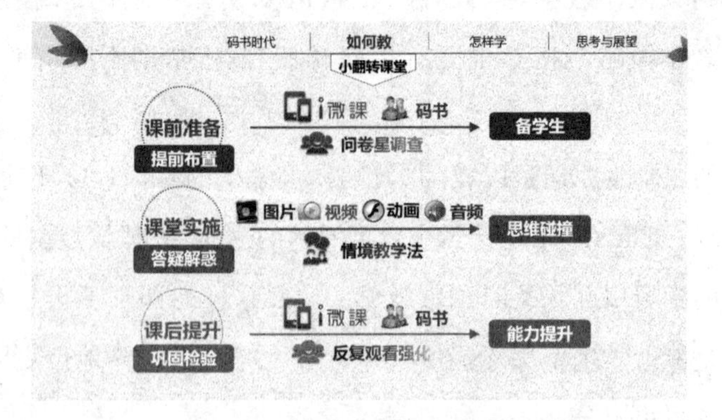

图3-14　码书式翻转课堂模式

（一）码书的应用模式

在课堂教学过程中，利用翻转课堂形式，有利于建构符合学生认知规律，契合学校发展特色的线上、线下混合式教学模式，促进学生深度学习，提升学生的学科核心素养。利用小翻转课堂模式，课前学生在家可以通过老师制作的微课自主学习，提出疑惑，搜集资料，反馈疑惑。而在课堂上学生合作探讨，老师引导，答疑解惑，在师生互动与学生合作探讨的交流过程中学生内化知识，具体表现为：

1. 课前老师需要精心制作微课、码书，通过微信公众平台发布，学生利用碎片时间扫码观看，唤醒对这部分内容的记忆。同时给学生推送一份用问卷星制作的调查问卷。问卷的内容包含对该部分内容的检测，学生提出在这部分仍然存在的关键问题等。根据问卷的反馈，老师可以调整自己的教学思路和教学内容，有针对性地设置相关的教学环节，做到有的放矢，精准“备学生”。

2. 课中交流阶段，老师通过情景设置，引导学生把自己的疑问充分表达出来，这个时候老师有充足的时间和同学们交流解疑，也知道学生哪些知识点已懂，哪些知识点存疑，哪些学生已懂，哪些学生存疑，知道学生们所思所想所悟，然后有针对性地进行答疑解惑。所以课中交流环节将学生所有的问题在交流中进行分析判断、续疑再解惑。

3. 课后强化环节，则可以根据学生在课堂上对不同知识点的理解程度，疑问点，因材施教分梯度地布置个性化作业来完成教学目标。此外，老师也可以在微信公众号上发一些习题类微课，帮助学生们理解一些难点和重点知识。学生可以反复地观看微课视频，来加深和强化理解，而不受课堂45分钟时间的局限，使泛在学习成为现实。

（二）码书实践应用

如图3－15，学生非常喜欢这种新型的线上线下混合式学习方式，他们可以利用智能手机随时随地扫码观看微课，在码书上还配有文字和图像辅助阅读，这种多角度、多感官强化刺激的学习方式符合学生认知规律，也契合头脑风暴的理念，便于学生形成长久记忆。相对于传统的学习方法来说，这种形式不仅有利于调动学生的自主探究能力、激发学生的学习兴趣，促使学生形成系统的、网络化的知识体系，也能使教师把大量的时间和精力放在如何答疑解惑上，把大量繁琐冗长的阅读工作安排在课下学生自行完成。教师做的是能不讲的尽量不讲，能少讲的尽量让学生讲，能动手的尽量给时间让学生自己做。

教学环节及时间	活动目标	教学内容	活动设计	媒体应用及分析
1. 课前准备（碎片时间）	应用小翻转课堂模式，充分利用学生的碎片时间，通过学生自主学习，去除浅显易懂的知识，收集学生疑问，做到精准备学生。	叶绿体的结构和功能；两个实验；课外拓展。	推送码书《告诉你一个不一样的叶绿体》到高中生物学科微信公众平台，问卷星反馈收集学生在观看实验操作中的疑问和想法，做到精准备学生和精准设计问题和教学流程。	码书和微课 码书是微课的升级版本，让各个分散的知识点汇集起来，有图像、有文字、有视频、有音频，这样既增加了知识的系统性，又增加了学生阅读的兴趣，充分利用学生碎片时间。
2. 课堂情景导入进入课堂交流、讨论环节	用码书预学知识分析、讨论、辨析身边实例。让学生在辨析实例，解决、解释实际问题和实际现象中掌握叶绿体的结构和能力，并理解结构和功能的统一性。	叶绿体的结构组成和功能特点。	1. 视频播放后被注入叶绿素的猪，和植入叶绿体的猪最后的命运，分析叶绿体的功能，叶绿素和叶绿体的关系，最后得出叶绿体结构完整性的重要性和必要性。 2. 通过对叶绿体的结构模式图进行剖析讲解，结合同学们列举的生活实例，讨论、辨析、归纳、总结叶绿体在结构与功能上相统一的观点。	视频播放和结构模式图展示 播放绿猪视频可以极大调动学生学习的兴趣，也会激发很多天马行空的想法，老师可以抓住机会加以引导解释，去粗取精，解释实验的可操作性和科学性；结构模式图形象、直观介绍叶绿体。

续 表

教学环节及时间	活动目标	教学内容	活动设计	媒体应用及分析
3. 叶绿体的观察实验	复习显微镜的使用，特别是可以熟练使用高倍显微镜观察。体会叶绿体是一种真实存在的、绿色的、可移动细胞器。	用显微镜观察叶绿体的形态、颜色和动态变化。	学生两人一组，分工合作，一人制作临时装片，另一人调节显微镜以备观察。在观察过程中，把实验过程中遇到的问题记录下来，小组讨论解决问题，得出结论。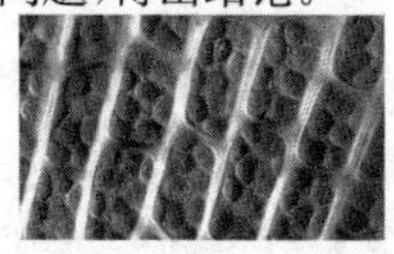	码书上有实验原理解释，实验步骤说明，也有实验注意事项，左侧还有对应的二维码，扫码可以观看实验视频介绍。学生可以边做边学，边学边补充，增补自己实验中遇到的问题和解决方案。
4. 叶绿素的提取和分离实验	通过叶绿素的提取和分离实验说明叶绿素和叶绿体之间的关系。为后期讲解光合作用奠定基础。	取新鲜菠菜作为实验材料，用酒精提取光合色素，用纸层析法分离各色素。	学生两人一组，分工合作，一人处理菠菜，研磨，提取光合色素；另一人制备滤纸条，划线，用层析液分离色素。在操作过程中，关注码书上提醒的注意事项，分析讨论还有没有更好的方法改进实验，小组讨论，得出结论。	码书上有实验原理解释，实验步骤说明，也有实验注意事项，左侧还有对应的二维码，扫码可以观看实验视频介绍。学生可以边做边学，边学边补充，增补自己实验中遇到的问题和解决方案。
5. 归纳总结，放眼世界	归纳总结本节课知识点，同时介绍海蛞蝓这种特殊动物，让学生理解世界之大无奇不有，生物界总是存在特殊物种，不断刷新我们的认知。我们保护生物多样性，要不断研究，有更多未解之谜等着我们研究和发现。	介绍特殊特种海蛞蝓，一种有叶绿体的动物。	通过海蛞蝓的拓展介绍，学生讨论分析，大胆提出自己的观点解释这一神奇想象。（开放式）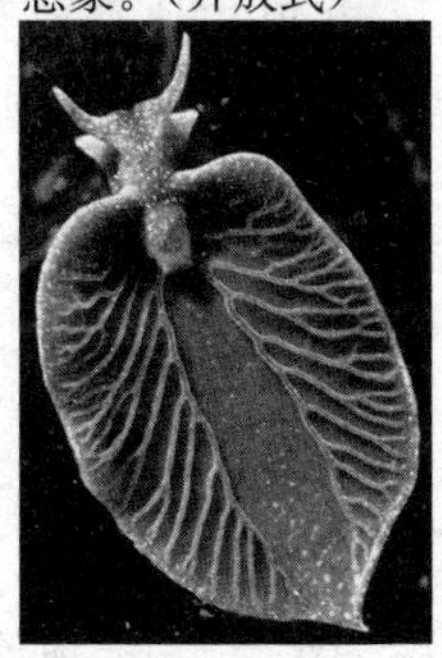	码书上有海蛞蝓的拓展介绍，左侧还有对应的二维码，扫码可以观看实验视频介绍。既拓展知识面，开拓视野了解生物前沿领域，也激发学生钻研生物的斗志，励志学习生物的决心。

图 3 - 15　码书式翻转课堂模式的课例教案

八、如何利用学习数据促进学生核心素养发展（史晓锋）

编者：当前，有些学校的教学改革是在现有的内容上做加法，线上和线下两种形式的教学做的是同一件事情。不断拓展内容、丰富形式，不断挤压正常教学的时间和空间，结果是不断增加的教学负担转变成为量大且难的作业，作业练习似乎成为教师眼中提升教学效果的最佳手段。然而，大量的作业却造成学生的负担，成为学生学习积极性减退的诱因，也让应付学习变成部分学生的常态。在当前的政策背景下，如何实现“减负不减效”，有效发展学生的核心素养，是许多学校工作的重要目标。而达成这一目标的关键，就在于有效利用学生的学习数据来实现精准教学。

西安高新第二学校的史晓锋老师及其团队所探索的以学生为中心的线上线下融合、课内课外一体的智慧教育模式，通过“数据驱动的智慧教育应用”，在有效实现“双减”目标的同时，提升了教学的效率和质量。这一模式的主要实践举措包括：

（一）多措并举重构智慧教学流程

我们以七、八年级学生作为重点实践对象，在推进过程中，本着自愿的原则，首先借助问卷星进行了《智慧教学应用知情确认单》，对学生、家长进行了线上作业完成意愿的调查，得到了70%家长的支持，并让一部分愿意使用的学生先使用起来。随后，制定《课后作业布置指导意见》，从年级作业布置方面，给学生留出更多的自我纠正和反思总结的时间与空间。

在此基础上，学校基于翻转课堂的理念，构建了线上线下融合、课内课外一体的智慧教学流程，基本思路为“课外学习＋课内指导”。课外学习以微课视频学习、学科实践为主，完成线上或线下作业的检测。学习平台会针对学生的错误自动推动适合的视频资源，帮助学生消化理解所学知识。这样一方面,培养学生的自主学习习惯和能力,促进学科综合应用能力提升;另一方面,通过大数据分析、反馈,为课堂教学提供策略调整的依据,见图3-16。

授课次数		
1	张丽娜	47
2	任佩	45
3	景玲玲	42
4	韩芸	40
4	周华	40
更多数据 >		

互动使用次数		
1	张丽娜	218
2	郑雪	143
3	景玲玲	139
4	杨慧	127
5	亓铁	125
更多数据 >		

资源引用次数		
1	鲁一思	201
2	王悦雯	96
3	韩芸	85
4	李竹青	60
5	吴明芳	54
更多数据 >		

布置作业次数		
1	魏雯	62
2	陈美佳	25
3	吴明芳	23
4	王佳	22
5	李冬语	15
更多数据 >		

图3-16　智慧教育应用情况数据

回到课堂中,教师科学适度地实施智慧课堂教学,以讲评、互动等方式针对学生问题进行集中解决,对重点、难点问题进行互动探讨,深入贯彻落实我校“知行课程”的理念,以生活体验、综合探究等内容激发学生的学习兴趣,培养学生深度思考的能力。让课堂真正回归本位,成为解决学生问题、培养学生能力的场所。

(二) 数据分析助力学生个性化学习

个性化学习是信息化时代发展的必然趋势,要关注发掘每一个学生独特的天资，意味着要根据学生不同的学习方式来调整教学。信息化教学平台的不断完善，使得教师可以从大数据中获益，从而为学生提供更为精准的学习支持。与此同时，更为重要的是，学生也可以从大数据中获益。

具体而言，教学交互系统可以记录下学生课堂学习和练习的数据，教学评估可以随时生成学生知识体系构建进展的全面情况，教学反馈系统则提醒学生近期需要在哪些方面重点多下功夫……这些信息的汇集，能为学生提供全方位的数据分析和决策支持，有效帮助学生选择和制订更为契合自己的学习路线。在系统的帮助下，学生经过一天的学习，就能获知自己今天学习内容的掌握情况，累积学习一周，系统就会给学生反馈这一周总体的评价情况，见图 3－17。

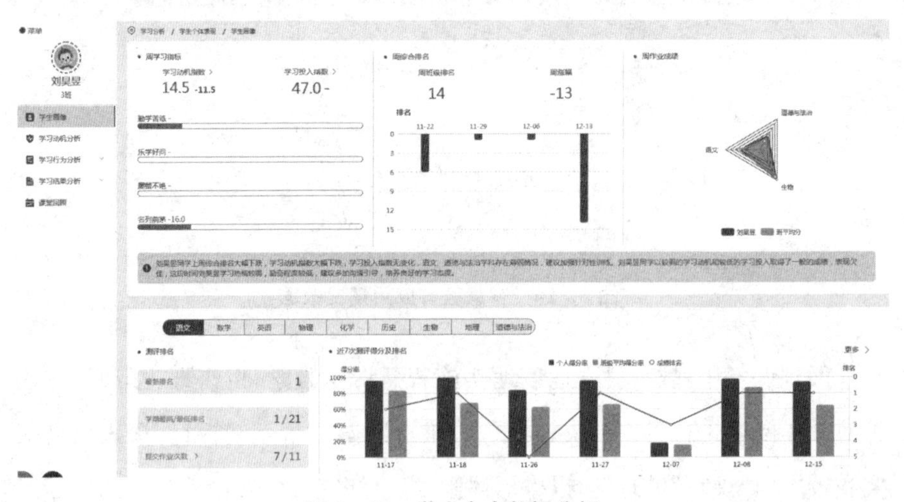

图 3－17　学生个人数据分析

信息的及时反馈，无论对于学生自主调节学习节奏，还是老师调整教学内容，都有很高的参考价值，见图 3－18。相比起整齐划一的教育服务，关注个体、关注差异的教学获得了越来越多孩子的支持和喜欢，而来自学生方面的不断增长的信息化教学需求，就是我们源源不断的前进动力。

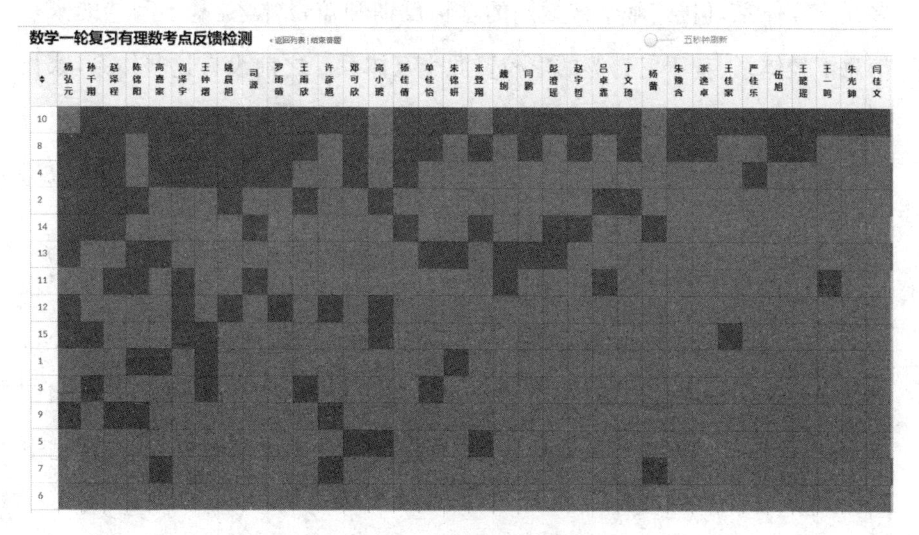

图 3－18　学生检测情况反馈

（三）智慧体育系统助力学生体质健康

学校与体育专业院校合作，在国家体质健康测试中，运用体育软件对学生情况进行分析。具体如下：首先测试结果出来后，家长可通过绑定公众号，查看自己孩子的身高、体重指数，以及体育成绩等信息。其次，该软件系统会根据孩子的薄弱环节给出对应建议，比如学生跳绳较差，软件系统就会推送在家跳绳的作业。最后，软件系统科学地推送后续训练，如当进行第二次测试后，学生跳绳成绩提高了，软件就会推送耐力等其他方面的一些练习，进一步提高学生的心肺功能等，从而实现了对于学生体育锻炼的个性化指导。

（四）多元交互系统实现家校协同育人

在国家“五项管理”和“双减”政策落地的大背景下，家校协同育人既是迫切的需求，也是发展的必然。学校依靠信息技术搭建了家校互联互通的多元交互体系，包括：基于智学网的学情反馈和监督体系、基于问卷的家校信息汇集体系、基于钉钉等的家校资源交互体系。之前没有这些体系，家长对孩子学习的监控只能停留在观察和监督的层面，即使是看到了问题也只能干着急，无法参与干预。有了这些信息化的交互体系之后，家长就可以深度参与到对孩子学习的监管和引导中来。

以作业管理为例，利用信息化平台，作业的分层设计、精准投送及家长协助下的动态管理就能轻松实现。家长可以随时依靠信息交互系统掌控自己孩子的实际学情，适时对孩子的作业量和作业重点进行精准的把控和调节，有效避免低效作业和无效作业，最大程度提升作业的综合效益，详见下图 3－19。

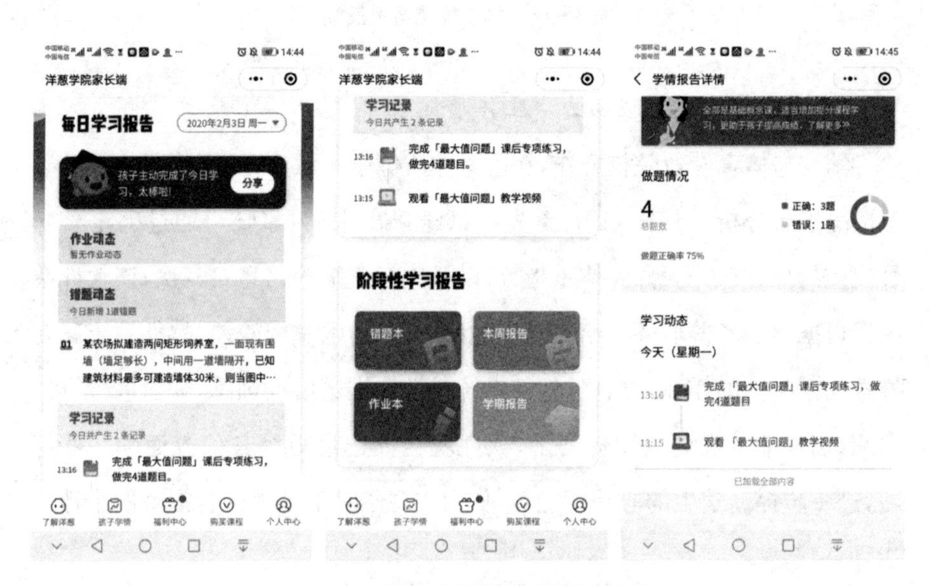

图 3－19　学习数据在家长端的呈现

以学生为中心的线上线下融合、课内课外一体的智慧教育实践，实现了从“以教为主”向“以学为主”的教学行为转变。参与的教师得以从繁重的重复性劳动中解脱，创造性劳动的时间进一步得到保障，学科组教师之间的合作研究越来越紧密，课堂效果也得到明显提升。学生有机会按照个人节奏开展自主学习，拥有自己的学习轨道，更好地助力个性化发展，学生的作业量也得以减少，学生学习越发自信，逐渐形成了互相追赶、自我超越的趋势。

第四章　开展有特色的学科教学融合

引言：线上线下融合需基于学科性质和特点，培养学生核心素养

（田爱丽）

2022年义务教育新课程方案与课程标准特别强调发展学生的核心素养。而学生核心素养的发展是需要通过各门课程来具体落实的，每门课程或者说学科都有其独特的性质和教学方式，对发展学生核心素养具有独特价值。线上线下融合教学的方式，需要基于每门课程的独特性质及这门课程对核心素养发展的独到价值即课程的培养目标，而不是反之。大体而言，基础教育阶段的课程分为如下几大领域：语言与文学（包括语文、外语）；数学；人文与社会（包括思想政治、历史和地理的一部分）；科学（包括物理、化学、生物和地理的一部分）；技术（包括通用技术、信息技术）；艺术（包括音乐、美术）；体育与健康；综合实践活动（包括研究性学习、社区服务、社会实践）。接下来将概述不同性质的课程需要怎样的线上线下融合的方式与做法：

（一）语文、历史、道德与法治等人文社科类课程的线上线下融合与学生核心素养培养

纵观课程标准对语文、外语、历史、道德与法治以及思想政治等课程的

规定，政治性、思想性、综合性、实践性、基础性是这些学科的共同性质；在教学目标方面，这些学科尤为注重让学生掌握学科的基础知识与方法，培养学生的家国情怀、政治认同、道德修养、法治观念、健全人格、责任意识等核心素养。教学时，从学生生活实际出发、遵循唯物史观、注重创新意识和实践能力的培养、培养学生独立思考的习惯、鼓励学生提出自己的看法、为学生自主学习营造宽松的氛围，是这些课程教学的共同要求。

如义务教育阶段的“历史”这门课程，2022 年版全国课程标准中提出了“体现学生在教学中的主体地位。提倡多样化的教学资源，探索多样化的教学方式和方法，鼓励将现代信息技术与历史教学深度融合”等要求，并鼓励学生能够在理解和辨析史料的基础上，有理有据地表达自己的看法，尝试发现和提出新的问题，加以论证，形成自己的历史认识；语文课程标准在教学方面则要求“从学生生活实际出发，创设丰富多样的学习情景，设计富有挑战性的学习任务，激发学生的好奇心、想象力、求知欲；鼓励自主阅读、自由表达；充分发挥现代信息技术的支持作用，拓展语文学习空间，提高语文学习能力”。基于此，我们认为，上述人文社科类学科教学的重要特点之一是“有史(事)有论，史(事)论结合”，一方面强调对史(事)的把握，另一方面注重在此基础上学生本人对史(事)的理解。教学中，在把握和理解事实的基础上，鼓励学生发表自己的主张与见解。上述教学思路或策略可称为“基于文本，合理建构”——“基于文本”是一个阅读文本的过程，是信息吸收的过程，强调对事实的了解与把握；“合理建构”则指在此基础上学生形成自己观点和看法的过程，是学生主动思考的过程。从布卢姆认知目标分类学的角度来看，“基于文本”更多的是指知识的理解和识记，处于认知目标分类的底端；“合理建构”是知识的分析、综合、应用和评价，处于认知目标分类的顶端。合理建构的过程加入了学生自身的经历与体验，加入了其对社会和人生的感悟。

纵观以往历史、社会等人文社科类学科的教学，由于教育教学理念、教学环境与条件、教学时间等方面的限制，课堂上的教学多以老师讲授为主，而教学内容多为事实的传递，学生学习的重点也是记住这些事实。课堂教学枯燥乏味，学生提不起精神，老师缺乏教学热情和激情。除了记住一些事实外，学生的高级思维能力没有得到很好的发展。因而，如何激发学生的学习兴趣和动力，发展学生的高级思维能力，是这些学科老师共同关注的话题。在现代信息技术的支持下，采用线上线下融合的模式，遵循“基于文本，合理建构”的教学思路，课前由学生自主开展线上学习，提出阅读的困惑或问题，不懂的地方先通过学习平台与老师或其他学生进行初步讨论与交流；课堂上老师会有更多的时间，与学生一起深入讨论交流，鼓励学生合理想象、大胆假设，形成并发表自己的观点与看法，进而深化对知识的理解——不难看出，该教学模式比较有利于改善传统人文社科等学科教学的不足，实现新课程改革的要求，提升课堂教学的效益。

（二）以物理、化学、生物为代表的自然学科课程的线上线下融合与学生核心素养培养

从当前我国中小学教学的要求来看，物理、化学、生物等学科以及科学课程的重要目标之一，就是培养学生的探究精神和实践能力，而探究精神和实践能力培养的最佳方式就是通过探究和实践的方式来进行。我国2022年版的《义务教育科学课程标准》规定了培养学生的“科学观念、科学思维、探究实践、态度责任”核心素养。在教学过程中，倡导以探究和实践为主的多样化学习方式，强调让学生主动参与、动手动脑、积极体验，经历科学探究以及技术与工程实践的过程；重视师生互动和生生互动，引导学生对所学知识和方法进行总结、反思、应用和迁移，促进学生自主学习和合作学习。在

评价方面，要关注学生在探究和实践过程中的真实表现与思维活动。

2022年版的《义务教育物理课程标准》要求：物理课程的教学要注重科学探究，突出问题导向，强调真实问题情景，引导学生不断探索，提高分析问题、解决问题的实践本领和科学思维能力，发展核心素养。倡导教学方式多样化，鼓励教师根据教学目标、教学内容、教学对象以及教学的实际情况，灵活运用教学方式，合理运用信息技术。

2022年版的《义务教育生物课程标准》规定：生物学课程高度关注学习过程中的实践经历，强调学生的学习过程是主动参与的过程，选择恰当的真实情景，设计学习任务，让学生积极参与动手和动脑的活动。通过实验、探究类学习活动或跨学科实践活动，使学生加深对生物学概念的理解，提升应用知识的能力，激发探究生命奥秘的乐趣，进而能用科学的观点、知识、思路和方法探究或解决现实生活中的某些问题，从而引领教与学方式的变革。

可以说，上述诸门课程对教学方式的规定和要求，体现了对探究式教学以及让学生亲自参与科学实验、探究过程的高度重视。那么，如何在教学中落实好学科实践教学，让学生在探究体验中发展核心素养，是今天中小学课堂教学改革的一项重要任务。在传统的教学模式下，课堂内的教学时间是固定的，若学生探究实验的时间多了，教师讲授的时间就少了；若教师讲授的时间多了，学生实验探究的时间就少了。在高利害的纸笔测试背景下，为了应付考试，师生不得不压缩实验探究的时间。这种以讲授知识为主的教学方式，短期内有利于提升学生的考试成绩，但从长远来看，对学生科学精神和科学方法等核心素养的培养是不利的。

今天，在现代信息技术背景下应运而生的线上线下教学形式，则为增加学生课内实验探究的时间和机会提供了难得的条件和机遇。

一是线上学习丰富生活案例，增强学生体验。《义务教育物理课程标准》规定，要从生活走向物理，学生学习物理知识时需要和自身的生活世界密切联系。但在以往的课堂上，教师在讲解相关概念时，很难在概念学习和学生生活之间建立有机联系，以致部分学生理解费力，学习过程枯燥无味。在现代信息技术的支持下，通过微视频以及虚拟仿真技术等呈现方式可以将宏观宇宙缩小呈现，把微观世界放大呈现，把静态现象进行动态展示等。例如信息技术可以清楚地呈现星球的分布及其运动轨迹，分子、原子的特征及其运动轨迹，乃至一些有毒气体、液体的性状等。这可以极大地丰富学生的感性认识，增强学生的直观体验。再譬如，高中物理课中有关磁场分布的内容，学生看不见摸不着，较为抽象，教学微视频则可以将磁场受电流影响而分布的轨迹清晰地呈现出来，再借助教师的讲解，学生就很容易理解该现象。在此基础上，教师再提出恰当问题引发学生的思考，激发学生探究的兴趣。

二是互联网让自主获取知识和交流成为现实。世界本来是综合的，解决问题所需的知识也是多方面的。学生在跨学科的项目设计或跨学科创新课程的探究过程中，解决一个问题或设计一个方案，同样需要以跨学科的知识作为支持。这些知识当中有的知识学生已经学习过，有的并没有学习过。在这种情况下，通过移动互联网学习的优势就得以显现，学生可以随时随地在网上查找解决问题所需要的知识或实践操作的思路和方法。与此同时，网上的交流与研讨也超越了时空和人的局限。针对一个研究专题，当学生在研究过程中遇到困难时，可以随时随地在线和全球的同伴交流，向专家请教，寻求解决问题的思路和对策。斯坦福大学教授达芙妮·科勒(Daphne Koller)在 2012 年 TED 大会上演讲《我们从在线教育学到了什么》时谈到，学生在线学习并提出问题以后，得到回应的时间平均是 28 分钟。这也是慕课的倡导者基于连通主义思想设计慕课学习的初衷，针对一个主题，全世界有兴趣者可以随时在线交流和研讨。

三是师生/生生课堂内的实验探究更为深入。针对一个项目或问题，学生线上已经学习了基础概念和基本原理，在线下课堂上，学生有更多的时间交流研讨实验假设，有更多的机会动手操作和实验探究，能更深入地反思实验和项目设计中出现的问题等。教师对学生实验或设计过程的指导也更深入、更具体、更有针对性。在此过程中，师生一起体会科学探究的艰辛，体验新发现新发明的愉悦，养成科学的精神和态度，学会科学探究的方法。

其他诸如体育、艺术类课程的线上线下融合同样需要基于课程的性质和特点，结合新课程改革对核心素养培养与教学实施的要求来展开，如线上教学可以更多让教师围绕技能操作的要点进行讲解，并做出相应技能技巧的演示。学生在线上学习的基础上，线下课堂内师生就有更多时间进行技能练习和艺术赏析，教师也可针对每个学生练习的情况进行更多个性化的矫正和指导。并且线上观看相关技能的操作或演示，会比在线下的室内教学中看到的更为清晰，没有看清的地方可以暂停或重播，这也是单纯线下课堂上进行技能演示所不具备的优势。

接下来我们具体分享一线教师在各门课程教学中实施线上线下融合教学的经验和做法。

一、 如何运用线上线下融合的方式培育学生语文核心素养（罗晓彤）

编者：语文教学面临着由大众化向个性化，从知识灌输向发展素养的转变，需要更加凸显学生作为学习的主体地位。与传统的课堂教学相比，线上线下融合的教学方式可以改善学生的学习环境，扩大知识内容的获取渠道，改善学习方式，进一步强化学生与学生之间、教师与学生之间的交流互动，深化研讨的层次和内涵，进而提高学生的语文素养。

成都市武侯高级中学的罗晓彤老师遵循全国智慧教育示范区成都市武侯区倡导的“学生个性化学习、教师差异化教学”教育思想，在语文课堂中有效培育学生的核心素养，具体的实践举措如下。

（一）确定“三段式”和“三平台”的课堂教学模式

如表4－1所示，我们把双线融合教学课堂的基本模式确定为“课前预学、课中智学、课后促学”的三段式课堂模式。

表4－1　双线融合的“三段式”课堂模式

时段	课前	课中	课后
教学场景	线上线下结合	线下为主	线上线下结合
教师行为	布置预学任务，提供预学资源	根据预学情况，进行面对面教学	通过微视频答疑与辅导
学生活动	自主预学	深度学习	巩固扩展

如图4－1所示，双线融合教学的操作流程包括：(1)课前借助预学平台，通过预学单的形式，学生在教师的指导下进行前置性学习；(2)课中借助智学平台，通过智学单，进行问题探讨与活动开展；(3)课后借助促学平台，通过促学单，进行“固学”与“拓学”，即巩固学和拓展学。

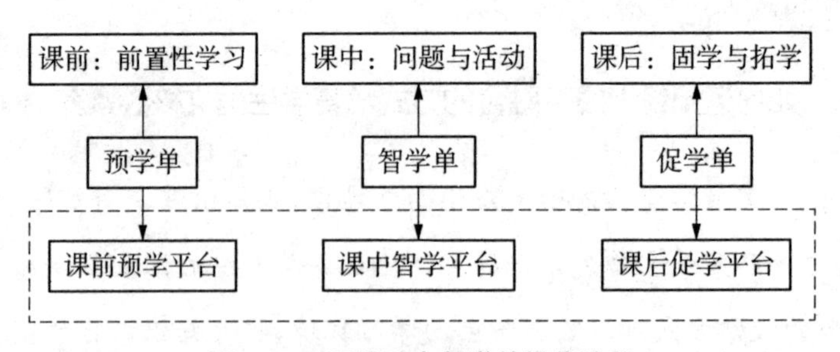

图4－1　双线融合教学的操作流程

（二）明起点，定终点，选择合适的教学内容与教学方式

在双线融合的“三段式”课堂教学模式中，需要结合实际情况确定适合的教学内容。首先，结合学情明确教学的起点；其次，根据教学目标和单元目标明确教学的终点；最后，依据文本特点和线上、线下教学的优缺点，匹配合适的教学内容，保障线上线下的有效衔接。

（三）创新线上教学做法，提升线上学习成效

1. 强化学情报告。线上的前置性学习利用导学单或者预习单，检测学生对成语、文学常识、谦敬词、病句等基础知识掌握情况，生成个性化的学情报告和相应题单。老师在线下教学中集中突破，课后检测学习情况，再次更新个性化的学习报告。

2. 加强线上提问与讨论。以往要求学生课前预习课文，效果往往不佳。现在要求学生针对课文在线上平台提出问题，同学看到彼此的提问，有利于相互之间的交流讨论，增加学生的参与度与积极性。例如《祝福》一文，学生共提出 18 个问题。针对不同的课文，教师也会视情况参与讨论，保证线上讨论质量。老师将学生的问题整理归纳，在课堂上将学生的共性问题进行集中突破和深度指导。课后学生在线上预习的基础上再提出疑问，并完成类似文体的阅读与检测。因此，课前线上学习、课中线下学习、课后线上学习三个部分有机地结合起来。

3. 线上设置通关任务。不同于以往老师在线上推送精选作文，学生接收阅读的形式，改革后的前置性学习，需要学生层层通关才能完成任务，如图 4－2、4－3 所示。线上预习不再是个走形式，而是为课堂学习奠定基础，方便学生之间互相学习。例如，老师在线上给学生推送日本舞鹤市政府捐赠给大连的防疫物资上写着“青山一道同云雨，明月何曾是两乡”“山川异域，风月同天”等诗作，学生需要点评诗作优点才能通过关卡进入下一关。

课堂上重点引导学生从语言角度分析这些诗作打动人心的原因，并与“加油，中国加油”等集体式口号对比，分析诗词的魅力。课后在线上要求学生尝试着给日本友人回一首诗表达自己的感谢，大家在线上欣赏彼此的诗作，激发学习动力。

图 4－2　线上通关任务(一)

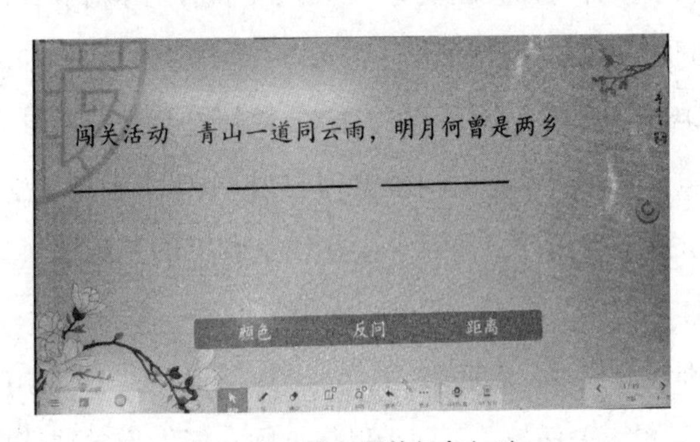

图 4－3　线上通关任务(二)

4. 巧用微课视频。得益于微课短小精悍、不限时空、选择性回放等特点，线上课程可以照顾不同学生的学习需求。明确微课使用的时机、处理微课与线下学习的前后关系是日常教学的重点。

如果视频使用不当，有时甚至会干扰正式教学的效果，例如在《祝福》课堂上播放改编的电影，讲戏剧时播放《雷雨》同名戏剧，讲诗词时对其进行配乐朗诵等做法，只能提高学生在预习阶段的学习兴趣，在理解文本方面的作用微乎其微，有时甚至会让学生对所学内容产生先入为主的印象，干扰对文本的认知。那么应该怎么办呢？应在学生初步把握情节和人物后再播放改编的电影视频。词的配乐朗诵同样如此，必须在学生对诗词的情感有了一定的理解之后再播放，还可以在微课中进行几种风格的配乐切换，便于学生对诗词本身进行辨析。例如《登高》一课，通常的操作是在开始授课时播放《登高》有关的场景，引导学生进入诗境，或者直接问学生"渚清沙白鸟飞回"营造的意境。笔者在微课中故意设置了错误的场景，即鸟悠闲地飞翔在洁白美丽的沙滩上，在课堂上让学生结合《登高》诗句点评以上的视频。学生兴趣大增，讨论非常热烈，且能够准确结合诗句发现视频中的问题。

5. 开拓线上互动平台。学生可以通过线上平台发表自己的疑惑或感想，例如以编辑朋友圈的形式表达对作品的看法，随后同学之间互相留言点评点赞。这个过程，老师也可以加入互动，评选出最佳感想者。此外，通过给诗配乐、编写诗集与散文集等方式来拓展学生的学习。毕竟，线下学习时间紧，资源相对紧张，而课后学生可以根据自己时间灵活讨论诗集选取哪些诗人，并在网上获取资料，结合老师上课所讲的诗人的特点和写景抒情散文的特点来斟酌筛选。线上拓展学习不仅能够激发学生的学习兴趣，同时更大程度发挥学生的自主性。

（四）利用线下实践活动促进语言建构与运用

线下教学有利于教师抓住重难点进行集中突破，而且更加聚焦于学生思维品质的提升。根据线上学习的精准测评，老师将问题进行整合归纳，在课堂上进行集中研讨与交流，辅之以教师的针对性辅导，让学生在语言文字的运用过程中提升思维品质。语文课程中要提高语言建构能力，就要安排数量足够多又能切实操作的实践活动，让学生在自我实践中学习和积累。仅有语言学教条不能转化为必备的能力，运用才是建构的重要途径。因此，课堂教学不是灌输式的传授，而是要基于大量语言经验，让学生在实践活动中总结与归纳。举例如下：

1. 绘制名人地图。老师在讲解当代文化时采取了“为成都绘制名人地图”的活动形式，学生在线下参观名人故居，线上结合主题及情境需求查找名人资料；课上针对材料和所学知识初步设计路线，然后小组合作设计名人地图，宣传海报等，最后在全班进行交流展示，选出最佳设计组、最佳名人表现组、最佳表演组等等。

2. 制作手抄报。在讲完古诗词和文言文单元后，让学生评选出我最喜欢的传统文化进行赏析，将文字鉴赏和自绘插图相结合，呈现出不同风格的学习海报。如图 4－4、4－5、4－6 所示。

3. 设计小说封面。在教《变形记》时采取“设计小说封面及腰封”的活动形式，线上要求学生预习《变形记》小说内容以及关于书本设计、腰封设计的基本知识（老师精选推送），课堂上要求学生结合小说内容设计合适的封

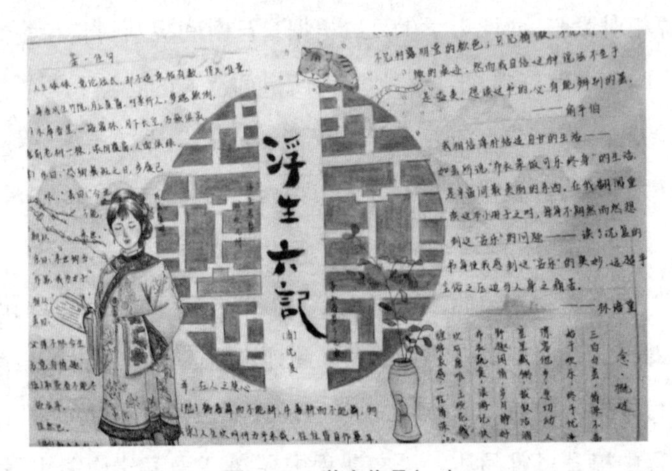

图 4－4　学生作品(一)

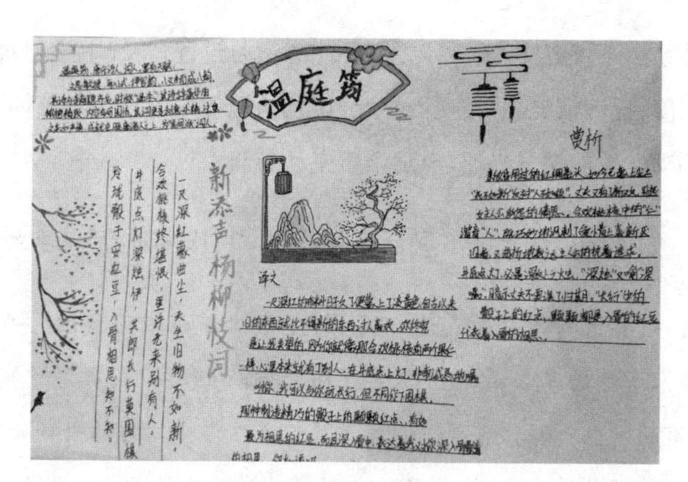

图 4-5　学生作品(二)

图 4-6　学生作品(三)

面以及腰封上的推荐语。

（五）构建立体化的过程性教学评价体系

为了避免线上学习与线下学习脱节，还需要构建多元化、立体化的过程性评价体系。不仅要注意结果，更需要注意学习过程，将线上学习过程中学生的参与度、提问情况、总结交流情况、做题情况等纳入评价考核体系，如此才更能调动学生的学习兴趣，激励学生主动参与。

二、 如何运用线上线下融合克服语文“写作困难症”（卓鲜维）

编者：准确清晰的书面表达即写作，是语文课程应培养的学生核心素养。而令人遗憾的是当前不少学生存在“写作困难症”或对写作提不起兴趣，甚至有的学生对写作有恐惧心理。如何激发学生写作的兴趣，增强写作的信心，提高写作的能力，就成了语文教学改革的难点之一，而线上线下教育融合的方式则能够提供改善的路径。

为了全面提高学生的语文素养，西安高新区第九初级中学的卓鲜维老师将线上线下融合的方式运用在语文综合性学习中，创新地开展作文指导暨“班级播报”实践活动，充分调动学生的写作积极性，在培养学生观察、写作、表达等综合能力的同时，也提高了学生间的沟通和合作能力。

（一）创新作文暨“班级播报”实践活动的设计思路

班级播报实践活动每周进行一次，前半周学生准备、积累写作素材，后半周着手写作，在组内同伴互助互改的基础上形成初稿，再交由老师修改定稿，最后由学生录制形成“班级播报”作品。周末以音频或者视频的形式在班级平台进行播报(3 分钟内)，用于记录生活，分享感动。教师在“班级播报”微信群中指导学生写作、修改播报初稿和播报语音指导，小组成员针对播报素材、写作内容和播报技巧，进行点评，并相互借鉴和学习。班级播报的实施重在活动设计即实施思路与预期成果两个方面：

1. 实施思路。(1)宣传动员，吸引学生报名参加；(2)以自愿组合的形式结成两人互助合作小组；(3)前几期班级播报作品在老师的引导下，从构思、起草、修改、定稿到播报，由小组成员合作完成；(4)在小组成员熟练“班级播报”的流程并具备独立完成播报的能力后，各期的班级播报作品轮流由个人独立完成。

2. 预期成果。(1)每一期都能形成一定质量的班级播报作文稿；(2)每一期都形成音频或视频形式的班级播报作品；(3)班级播报作品在微信群里形成良好的反响；(4)提高学生的观察、写作、表达、沟通和合作等能力，进一步提升语文核心素养。

(二) 创新作文暨“班级播报”实践活动的实施过程

1. 印发告家长书，征求家长意见。通过“告家长书”让家长了解班级播报的性质，活动的安排以及家长需要支持和配合的内容等，如下图 4－7 所示。

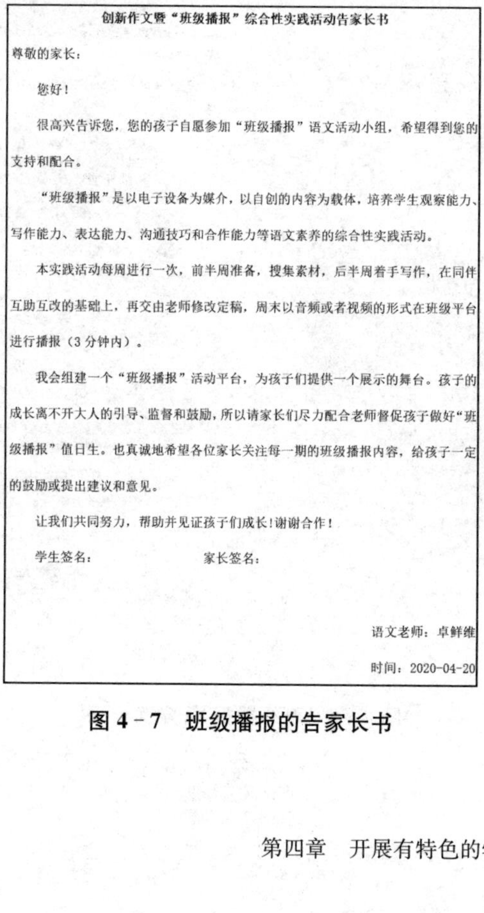

创新作文暨“班级播报”综合性实践活动告家长书

尊敬的家长：

您好！

很高兴告诉您，您的孩子自愿参加“班级播报”语文活动小组，希望得到您的支持和配合。

“班级播报”是以电子设备为媒介，以自创的内容为载体，培养学生观察能力、写作能力、表达能力、沟通技巧和合作能力等语文素养的综合性实践活动。

本实践活动每周进行一次，前半周准备，搜集素材，后半周着手写作，在同伴互助互改的基础上，再交由老师修改定稿，周末以音频或者视频的形式在班级平台进行播报（3 分钟内）。

我会组建一个“班级播报”活动平台，为孩子们提供一个展示的舞台。孩子的成长离不开大人的引导、监督和鼓励，所以请家长们尽力配合老师督促孩子做好“班级播报”值日生。也真诚地希望各位家长关注每一期的班级播报内容，给孩子一定的鼓励或提出建议和意见。

让我们共同努力，帮助并见证孩子们成长！谢谢合作！

学生签名：　　　　　　家长签名：

语文老师：卓鲜维

时间：2020-04-20

图 4－7　班级播报的告家长书

2.“班级播报”的内容撰写及发布。征得家长同意之后，同学在老师的指导下完成写作，并制作成“班级播报”作品发布在班级微信群，如图 4－8、4－9、4－10 所示。

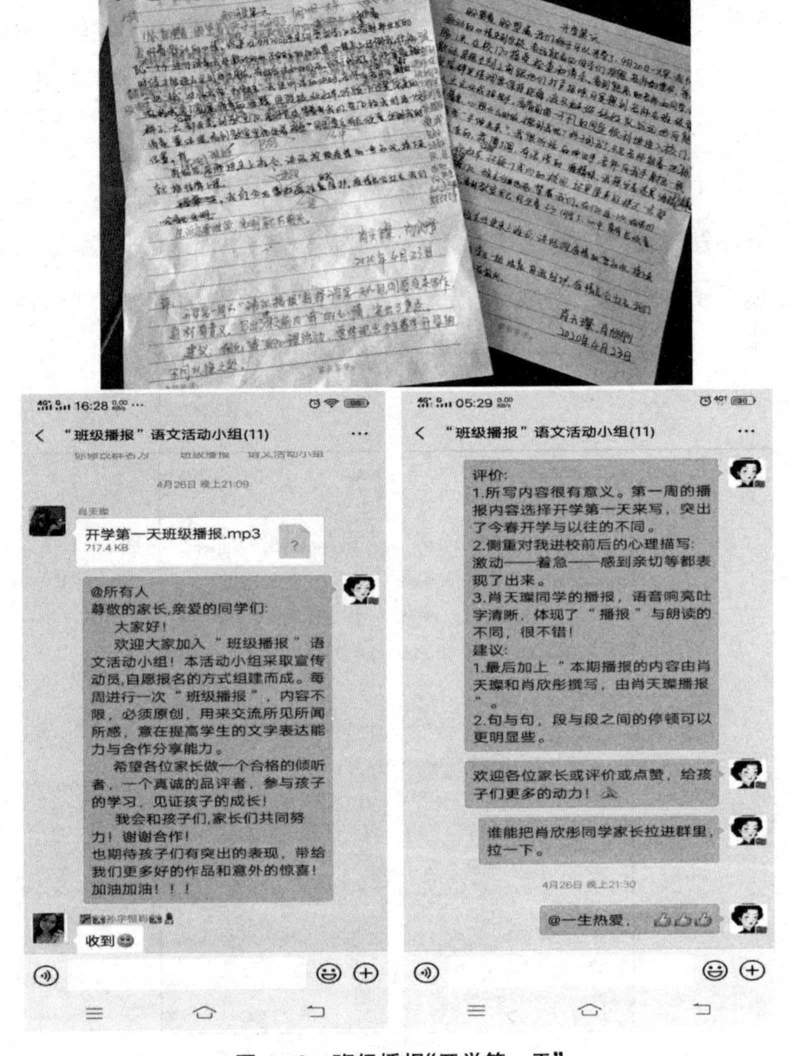

图 4－8　班级播报“开学第一天”

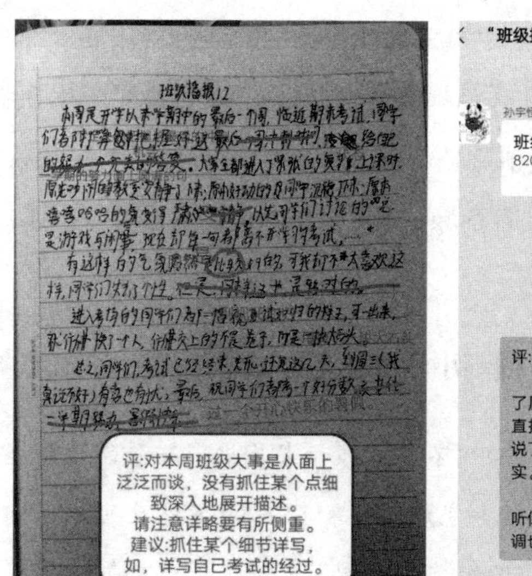

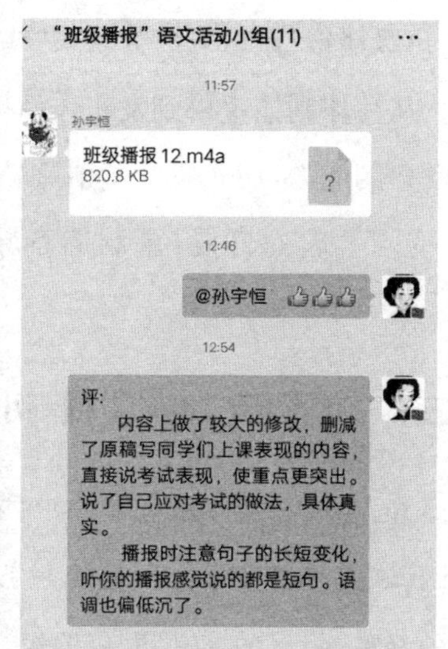

图 4-9　班级播报“期末考前大复习”

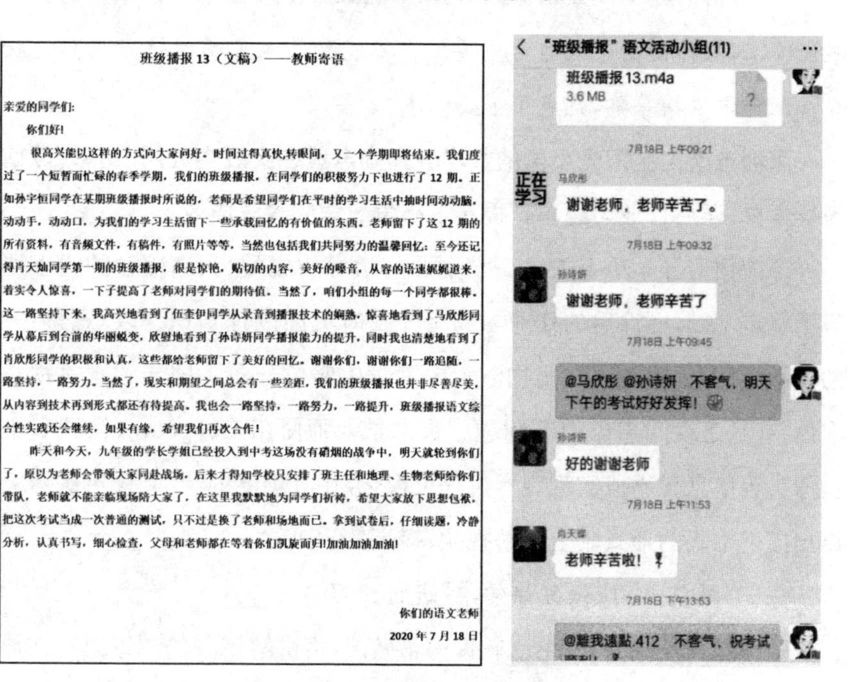

班级播报 13（文稿）——教师寄语

亲爱的同学们:

你们好!

很高兴能以这样的方式向大家问好。时间过得真快,转眼间，又一个学期即将结束。我们度过了一个短暂而忙碌的春季学期，我们的班级播报，在同学们的积极努力下也进行了 12 期。正如孙宇恒同学在某期班级播报时所说的，老师是希望同学们在平时的学习生活中抽时间动动脑，动动手，动动口，为我们的学习生活留下一些承载回忆的有价值的东西。老师留下了这 12 期的所有资料，有音频文件，有稿件，有照片等等，当然也包括我们共同努力的温馨回忆：至今还记得肖天灿同学第一期的班级播报，很是惊艳，贴切的内容，美好的嗓音，从容的语速娓娓道来，着实令人惊喜，一下子提高了老师对同学们的期待值。当然了，咱们小组的每一个同学都很棒。这一路坚持下来，我高兴地看到了伍奎伊同学从录音到播报技术的娴熟，惊喜地看到了马欣彤同学从幕后到台前的华丽蜕变，欣慰地看到了孙诗妍同学播报能力的提升，同时我也清楚地看到了肖欣彤同学的积极和认真，这些都给老师留下了美好的回忆。谢谢你们，谢谢你们一路追随，一路坚持，一路努力。当然了，现实和期望之间总会有一些差距，我们的班级播报也并非尽善尽美，从内容到技术再到形式都还有待提高。我也会一路坚持，一路努力，一路提升，班级播报语文综合性实践还会继续，如果有缘，希望我们再次合作！

昨天和今天，九年级的学长学姐已经投入到中考这场没有硝烟的战争中，明天就轮到你们了，原以为老师会带领大家同赴战场，后来才得知学校只安排了班主任和地理、生物老师给你们带队，老师就不能亲临现场陪大家了，在这里我默默地为同学们祈祷，希望大家放下思想包袱，把这次考试当成一次普通的测试，只不过是换了老师和场地而已。拿到试卷后，仔细读题，冷静分析，认真书写，细心检查，父母和老师都在等着你们凯旋而归!加油加油加油!

你们的语文老师

2020 年 7 月 18 日

图 4-10　班级播报“教师寄语”

“班级播报”微信群成为联系“线下写作指导”和“线上交流展示”的桥梁纽带。从写作到播报再到发布作品都由学生自主完成，促进了学生动脑、动手和动口的能力，切实提升了语文核心素养。由于选材源于学生的校园生活，深受同学们的喜爱，录制的音频、视频资料，也成为师生共同的美好回忆。

三、如何利用“两单”提高小学数学融合教学的成效（张志景）

编者：在线上线下融合教学中，不少老师和家长觉得孩子的自学能力不强，往往课前布置的线上预习任务完成的效果不一，有的学生可以达到完全掌握的程度，而有的学生甚至不知道怎么学习；而课后的巩固任务同样如此，学生巩固的效果参差不齐。那么，如何让每个学生都达到基本的预习和巩固要求，教师的指导就非常重要。在不能和学生见面的情况下如何指导呢？制作学习指导单，就成了重要抓手。

深圳市南山区阳光小学的数学教师张志景在实践中利用“两单（课前预习导学单、课后作业习题单）”提高了小学数学的教学成效。

课前预习导学单有效提高学生课前学习的成效，为高效益的线下课堂教学奠定基础，而课后的作业习题单能及时巩固课程知识。以“观察物体”的教学为例，为了解决在实物演示中因学生座位分布不同导致观察视角存在偏差、缺乏空间想象力等问题。张志景老师使用 Geogebra、微课和平板摄像头等信息化手段实现观察过程可视化，在有难度的课前、课后练习旁边以扫描二维码的形式附上讲解视频，提高教学成效。

（一）课前使用“预习导学单”进行预习

教师提前使用 Camtasia 软件剪辑微课，将讲解视频的二维码附在导学单的对应位置，学生扫描旁边的二维码观看，如图 4－11 所示。通过完成导学单上的任务，学生自主学习将立体图形转化为平面图形的过程，同时补充必要的前期知识，为课堂深度学习做准备。

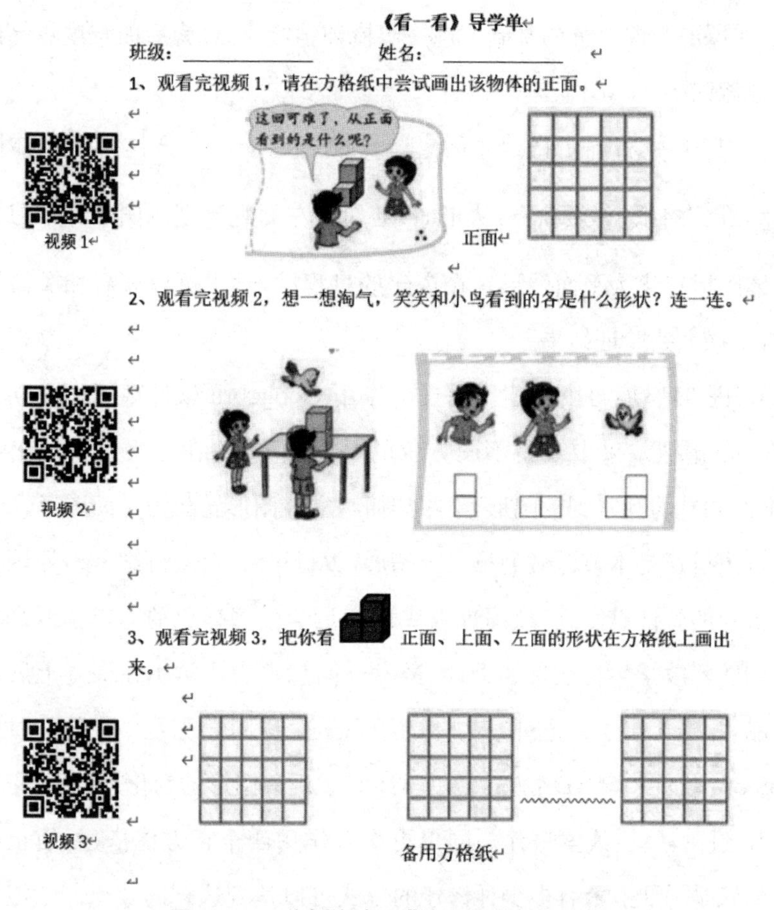

《看一看》导学单

班级：＿＿＿＿＿＿　姓名：＿＿＿＿＿＿

1、观看完视频1，请在方格纸中尝试画出该物体的正面。

这回可难了，从正面看到的是什么呢？

视频1　　正面

2、观看完视频2，想一想淘气，笑笑和小鸟看到的各是什么形状？连一连。

视频2

3、观看完视频3，把你看　正面、上面、左面的形状在方格纸上画出来。

视频3　　备用方格纸

图4－11　附有“视频码”的课前学习指导单

（二）课上梳理导学单，完成进阶练习

1. 梳理导学单，检查自学情况。在线下课堂，师生就导学单的3个问题展开进一步讨论，分别为：（1）正确的观察方式和基本作图方法；（2）不同方位观察同一个物体，看到的形状可能不同。在某一方位观察时，如果存在视野的遮挡，我们会看不到一些物体；(3)画出从某方位观察物体的形状，想象在物体的某方位进行观察。设计这个环节的目的是检查学生自主学习的情况，在课前微课讲解的基础上进一步梳理学习要点，为后面难度更高的学习内容做铺垫。

2. 进阶活动：固定搭建。同桌合作使用四个小正方体搭建立体图形，在方格纸上分别画出从正面、上面和左面观察到的图形。学习如何将立体图形转化为平面图形。在搭建的过程中，学生可以观看相关微课视频，自主探究并验证结果。

3. 进阶活动：自由搭建。同桌合作用 Geogebra 软件现场搭建立体图形，在 3D 虚拟效果中观察不同方位的平面图形，并在方格纸上画出从正面、上面和左面观察到的图形，学习如何将立体图形转化为平面图形。

自由搭建是本节课做的第一个拓展，教材里没有设计此环节，原因在于自由搭建的验证难度高，教师难以快速满足学生多样化的需求。但是自由搭建却能释放学生喜欢玩的天性，激发空间想象力。学生在课堂上展示搭建作品，相当于出了一道观察物体的题目给全班同学练习。在验证时使用 Geogebra 软件构建 3D 物体，帮助学生直观观察图形的变化过程。

4. 进阶活动：线索搭建。同桌再次合作用四个正方体搭建，使正面看到的形状是□□□，求有多少种搭建的方式可以达到这样的效果。学习如何将正面观察到的平面图形转换为 4 个小正方体搭建而成的立体图形。

这个教学环节设计的目的是让学生搭建不同的立体图形，获得这些立体图形从正面观察的形状可能完全相同的直接经验，进一步理解不能通过一个方位观察得到的形状判断这个立体图形的样子，为下一节课平面图形转化为立体图形的学习做铺垫。因为搭建方式繁多，学生展示的速度较快，所以教师验证的时候速度也要快，采用摄像头代替人的视角进行验证可以跟上学生展示反馈的速度。

（三）课后使用“练习作业单”进行巩固

线下的课堂教学结束时，教师通过“课后作业练习单”，如下图 4－12 所示，给有兴趣的学生布置课后任务。在有难度的两道例题旁边附上讲解视频，方便学生观看。

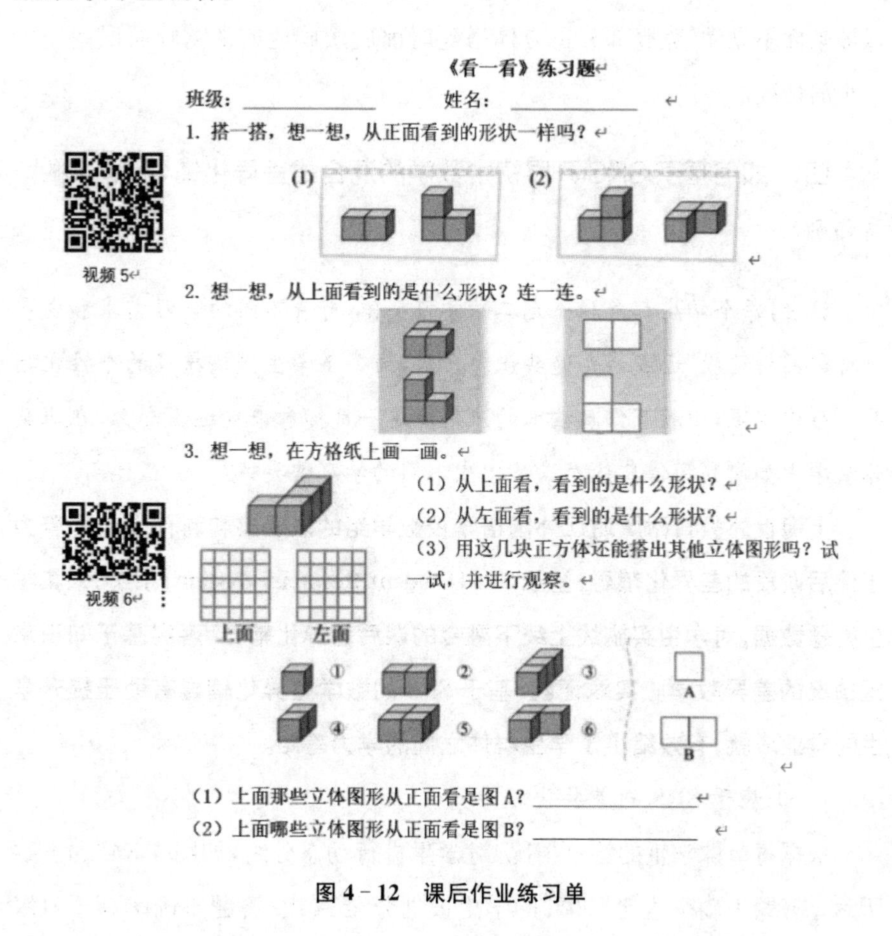
《看一看》练习题

班级：______ 姓名：______

1. 搭一搭，想一想，从正面看到的形状一样吗？

(1) (2)

视频 5

2. 想一想，从上面看到的是什么形状？连一连。

3. 想一想，在方格纸上画一画。

（1）从上面看，看到的是什么形状？

（2）从左面看，看到的是什么形状？

（3）用这几块正方体还能搭出其他立体图形吗？试一试，并进行观察。

视频 6

上面 左面

① ② ③ ④ ⑤ ⑥ A B

（1）上面那些立体图形从正面看是图 A？______

（2）上面哪些立体图形从正面看是图 B？______

图 4－12　课后作业练习单

本节课利用了教材配套的微课资源完成线上线下融合式学习，为方便观看将视频二维码附在学习材料旁边。相比传统学习而言，融合式学习方式的优势在于培养学生课前阶段的自主学习能力，为课堂中的深度学习奠定基础，同时为基础薄弱的同学提供课后辅导。此外，本节课基于实际情况采取不同的信息技术手段。比如，在进阶活动3：线索搭建环节中，采用平板摄像头可以加速验证学生的猜想。而进阶活动2：自由搭建环节中，教师只需要对2—3组学生进行猜想验证，Geogera验证便可以游刃有余，同时保证画面不晃动，克服部分正方体搭建时前后摆放造成视觉画面误差一大一小的情况。

四、如何基于SRS开展初中数学的混合式差异化辅导（朱涵盛　蒋伟刚）

编者：每个学生都是独一无二的学习个体，有着不同的学习需求和发展目标，“因材施教”已成为普遍共识。当前，为每个学生提供持续的个性化指导还难以实现，但教育信息技术的应用使这一目标愈来愈近。那么，在班集体教学中如何利用信息技术满足学生不同的学习需要呢？

上海世外教育附属浦江外国语学校数学组的朱涵盛和蒋伟刚老师着力于课后阶段的差异化辅导，基于SRS(Student Response System)系统，采集学生答题数据，对学生实施线上线下融合的课后差异化辅导，落实基于知识掌握情况的差异教学。实践证明：基于SRS的数学差异化辅导有助于提升学生的学业成就，有效缩小了学生群体之间的学力差距。

（一）基于SRS的差异化辅导策略

根据每节课学生的答题情况，对学生进行动态分组，如图4－13、4－14所示。答题正确率达到100%的学生被划分至A组；答题正确率高于班级平均正确率,但未达100%的学生,则被划分至B组;答题正确率低于班级平均正确率的学生,则划分至C组。

图4-13　学生答题现场

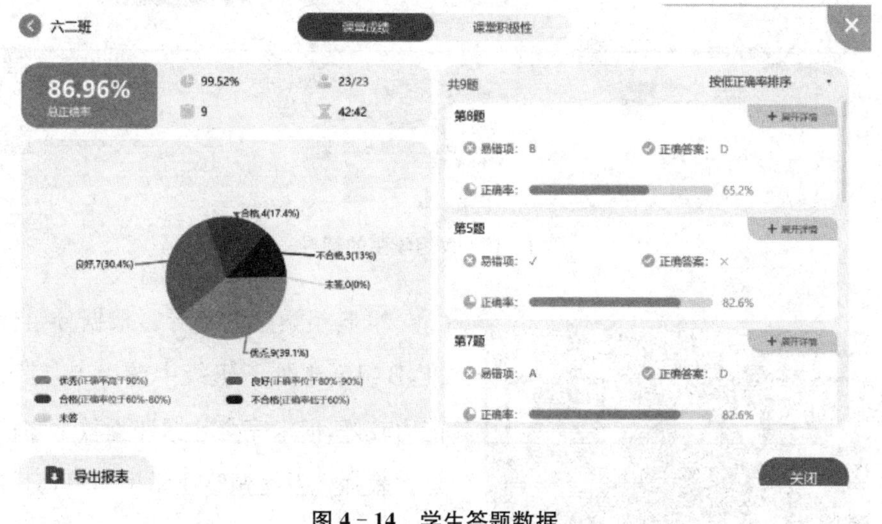

图4-14　学生答题数据

（二）对不同组别的学生进行差异化辅导

1. A组学生的辅导。在传统教学中,教师在备课时往往更多地照顾占据多数的"学中生",在课后辅导时将更多的精力聚焦于"学困生",类似A组的"资优生"反而成为可能会被忽略的群体。与传统教学相比,差异教学关注每个学生最大限度的发展。A组的学生已经掌握了课堂教学的基本知识，除常规作业外，无需提供更多地基础性训练，教师通过钉钉为学生推送拓展研修的内容，进行思维提升，并提供相应的提示，如图 4－15 所示。

图 4－15　A 组学生的辅导

2. B 组学生的辅导。根据分组标准，B 组学生处于班级中游以上，综合能力较好，但未完全掌握课堂教学知识点。教师查看答题错误学生名单，对错题原因进行归类，利用午自习时间将同一类型错误的学生聚集在一起，如图 4－16 所示，集中讲解学生的困惑，提高校内辅导效率，提升学生作业的正确率，保证班级中大多数学生的学习质量。

图 4－16　B 组学生的辅导

3. C 组学生的辅导。C 组学生处于班级的中后段，数学理解能力偏弱，存在一定的学习困难。因此，对C组的辅导需要具体化、专题化和分散化，如图4－17所示。教师检索系统中学生错题记录，将其分解为若干个知识点，逐一渗透，并单独布置简单的同类型练习题进行巩固训练；此外，教师为C组学生提供线上一对一答疑，避免学生产生习得性无助和厌学情绪。

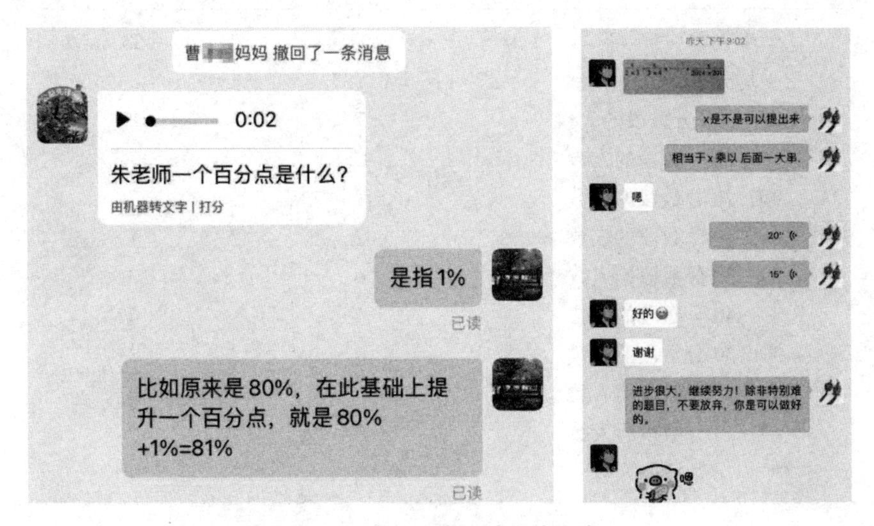

图4－17　C组学生辅导的实施

（三）基于SRS的差异化辅导成效

学校数学组以六年级两个自然班作为实验组和对照组开展实证研究，实验组实施基于SRS的差异化辅导策略模型，研究结果如下。

1. 基于SRS的数学差异化辅导能提升学业成就。研究者选取实验组初态联考成绩和期末区质量监控成绩进行配对样本T检验，发现实验组在实验前后的成绩差异显著（$p=0.000<0.01$），即基于SRS的初中数学差异化辅导策略能促进学生的学业成就。

2. 基于SRS的数学差异化辅导可以缩小学力差距。在此基础上，研究者进一步分析后测成绩，发现实验组学生成绩的离散程度变小，对照组学生成绩的离散程度趋于稳定、高于实验组，即说明基于 SRS 的差异化辅导策略能够缩小学生群体内部的学力差距，如表 4－2 所示。

表 4－2　实验组与对照组后测成绩分布情况

	实验组	对照组
学生人数	23	23
平均分值	83.83	84.17
100—90 分数段的人数	7	8
89—80 分数段的人数	12	7
79—70 分数段的人数	1	7
69—60 分数段的人数	2	1
59—50 分数段的人数	0	0
49—40 分数段的人数	1	0
39—30 分数段的人数	0	0
29—20 分数段的人数	0	0
19—10 分数段的人数	0	0
9—0 分数段的人数	0	0

研究者进一步梳理多次联考成绩，并绘制折线图。实施策略模型后实验组的期中联考(试卷 3)成绩超越了对照组。尽管试卷 4、试卷 5 的成绩有所下降，但与对照组基本上持平，缩小了入学初的差距，且优良率较入学时有明显增加，如图 4－18 所示。基于 SRS 的差异化辅导策略模型可以缩小群体之间的学力差距，具有实际的教学价值。

基于 SRS 支持的差异化辅导落实在课后阶段，是教学由经验化向数据化转型的尝试。当然，研究尚存在样本容量过小、变量控制不足等缺陷，有待后续进一步的改进。

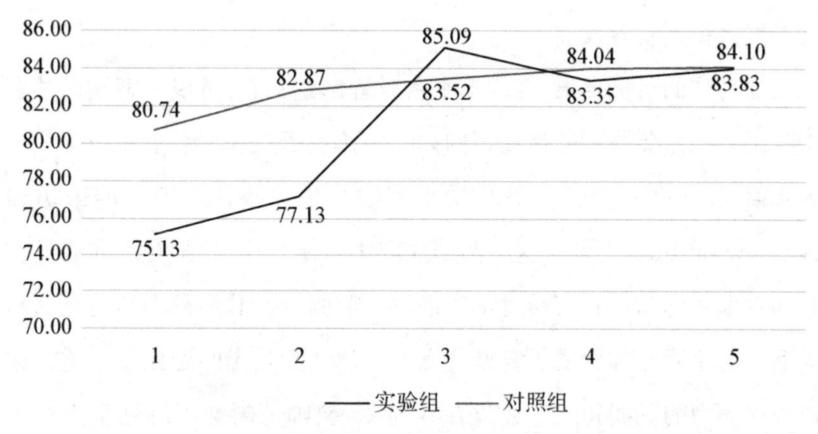

图 4-18　实验组与对照组联考成绩均值走势图

五、如何以线上线下融合的方式提升英语写作教学质量（高峰）

编者：英语写作是英语教学中的一个难点，单纯在线下的课堂教学中开展英语写作教学，效率不高且效果有待提升。如何利用线上线下结合的优势突破时空限制，提高英语写作教学的效益，是不少老师关注的重点。

来自上海市西南模范中学的英语教师高峰基于线上线下融合的教学方式，对英语的写作教学进行了有效的探索。具体如下：

（一）线上前测，精准把握学情

在传统的教学中，教师在确立教学目标、设计教学活动中往往根据自己对学生的了解和认识进行学情分析，包括学生已有的知识和技能。在写作教学中，教师的学情分析往往停留在学生对所写的话题是否有词汇积累，在过去的写作教学和训练中是否学习过写作策略等。教师的学情分析往往停留在较为主观的层面，尤其是出现一个新的写作话题时，教师很难把握学生对于该话题的认识程度，以至于难以判断学生的“最近发展区”，更不能使其最近发展区得到有效发展。

根据写作的目标要求，在线上平台设置调查问卷，可以了解到同学在写作中的困惑和需要得到的帮助。例如在牛津英语（上海版）七年级第一学期M2U4第二课时中，教学任务是学生完成一份关于他人职业的采访提纲(interview outline)。针对这一类型的应用文体写作，教师在课前通过在线调查问卷形式（问卷星平台）对学生进行了前测，例如，你是否知道什么是采访提纲？对于职业你想要了解哪些方面？你认为几个问题比较合适？你会选择哪些类型的疑问句式？通过在线前测，教师清晰地了解到学生对于采访提纲以及如何写采访提纲的知识储备情况，发现超过98%的同学了解什么是采访提纲，那教师在教学活动的设计中就不需要再花过多篇幅解释什么是采访提纲。同时，根据学生想要了解的职业，明确教师在教学中采取怎样的语言支架。此外，在六年级第一学期M1U3中，课时任务为描写一张你和家人外出活动的照片(my photo album)，为了更好地提升课堂效率，防止学生在实际写作中思考“到底选用哪个照片”导致课堂本末倒置，教师借助在线平台，在课前请同学选择自己在本学期节假日中和家人活动的照片。收集照片后，教师将学生的活动照片大致分为几类，户外活动包括野餐、远足、乐园、运动等，室内活动包括观看表演，桌游，棋类活动等。在授课过程中，教师分别设计一个室内活动和一个户外活动的教学情境，在实际情境中传授如何开展写作。通过线上的测评，老师能够精准把握学生的知识储备，了解学生的课程需求，结合教师已有的教学经验，确立学生的“最近发展区”，进而优化教学设计。

（二）线上确立分级评价标准，线下因材施教

评价量表(checklist)是英语写作教学中常用的一种教学评价工作，写作量表的制定聚焦于两个问题：写作量表何时确定？写作量表怎么确定？

大家往往会因为要设置一个评价表而设计评价表。其实评价表的设定应当是以教师希望学生最后写出一个什么样的作文为基础的。Checklist 的功能是帮助同学在写作的时候有所依据和有所提示，以及写完之后在评价时能够更客观地自查或点评同伴的文章。所以，checklist 的设定不应该是在设计完这堂课后，而是在设计具体的教学环节之前。从教学设计上来讲，教以评为依；从教学进程上来讲，教以评为先。基于线上的课前测评，教师能依据学生的已知、未知和想知，以及班级中对不同能力层级的同学制定有较强针对性的分级制的写作评价量表。例如在前面所提到的牛津英语（上海版）六年级上 M1U3 My photo album 这一写作任务中，教师根据自己对于这篇作文的优秀认定，确立了一个写作标准：1. Did he/she write about the setting, activity? 2. Did he/she show his/her feelings? 3. Did he/she use the tenses（时态）correctly? 这份评价量表从内容和时态角度出发，对于学习基础较差的同学有较高的适应性，但是对于学习能力较好的同学则较为轻松，写作能力并没有在其已有的知识经验上得以提升。因此，基于课前的线上前测和线下的课堂观察，教师根据同学互动的表现，对于能力更强的孩子提出更高的评价纬度，例如 1. Did he/she describe the activity in a detailed（详细的）and vivid（生动的）way? 2. Did he/she show his/her feelings from different aspects? 从而使得每一个同学都能得到自我层级基础上的发展。

（三）线下示范评价过程，线上自主操作

常规的写作课堂中，教师往往在课后利用投影仪展示评价结果。由于课堂时间有限，仓促的点评经常让学生摸不着头脑，评价对学生产生的教育效果也微乎其微。此外，一对全班的评价模式不能使所有同学的作品都得到评价，也不能使一位同学受到其他同学的评价。借助线上线下相融合的形式，将评价转变为指导学生如何评价和学生展开评价两个维度展开。线下的授课模式具有直观性，教师与学生的互动真实可见，教师可以通过学生的反馈，即时调整授课语言，实时引导，以达到最佳效果。借助线下授课的优势，以一位学生的写作为例，带着学生们一同进行评价，从内容剖析和写作修改等方面，手把手地教会孩子如何借助评价工具，展开合理评价。但是线下教学由于时间和空间的限制，难以做到一对多或多对一的有效评价。因此，借助小小签到、微博、朋友圈等线上平台，以小组为单位，对组内成员的文章进行交叉评价。借助线上平台的即时性和直观性，学生能立刻看到其他同学的评价意见，并综合大家的意见开展修改工作。结合线上和线下各自优势的评价模式，能让学生发挥自主学习的主动性和激励性，提高英文写作的教学成效。写作评价量表（线上）的设计，如图 4－19 所示。

Activity 4 Peer Review

① Grammatical Check : underline the mistakes and correct it in the column

② Checklist

❖ Does my writing include seasonal features and activities ?	Yes ☐ No ☐
❖ Do I describe my writing in a detailed way to make it more vivid ?	Yes ☐ No ☐ ☐ ☐
❖ Is my writing organized in proper(恰当的) order ?	Yes ☐ No ☐
❖ Are there any grammar mistakes in my writing ?	Yes ☐ No ☐

③ Find the phrase(s) and sentence(s) you like and explain your reasons.

Phrases ______________________

Sentences ______________________

Reason for good sentences ______________________

④ Give your advice on the writing

It's better for you to ______________________

For example, you can ______________________

图 4－19　写作评价量表（线上）

六、如何运用线上线下融合方式创新思政课教学方式（高杨）

编者：当前，中小学思政课教学亟待提质创新。面对世界百年未有之大变局，我国意识形态领域面临着许多新情况与新挑战，着力推进网络思政课程成为巩固主流意识形态、维护网络安全、筑牢青少年思想防线的必然要求。近年来，无论是教育政策抑或是教育实践，均强调“协同育人”的重要作用，对于思政课教学而言，促进多主体统一认识、共享资源、有效互动，对于达到人才培养目标具有重要意义。

西安高新第二学校的高杨等思政组教师围绕“线上线下协同育人的思政课教学”开展了一系列实践探索，具体如下：

（一）实践举措

1. 教育主体高效协作。首先，教师要确立“五育并举”的教育理念，要全员、全过程、全方位参与到学生思想政治教育过程中，争取以思政课为主阵地，结合德育处、少先队的活动，如尊师活动、国庆活动、感恩活动等，使思政与德育紧密结合。在线上开展活动方案的初拟与讨论，线下则以学生为主体、以中队为核心开展活动，激发学生参与活动的积极性和主动性。与此同时，学校要大力促进思政课各教育主体之间的协同配合，并通过线上方式与历史、地理、物理等学科专业课教师合作，加强课程思政建设，拓宽学生学科视野。此外，充分利用社会资源、家校资源拓展实践教学，为学生的实践活动寻求新的发展空间。

2. 教学内容优化整合。小学思政课教材内容以学校生活和家庭生活为中心，既涵盖社交、家庭，又涉及时事热点、特色文化资源等。以“大美陕西”的“厚德”版块为例，开展线上线下融合的思政课教学实践，重在充分挖掘陕西历史文化资源和红色旅游资源，发挥其在培育学生家国情怀方面的育人价值。

一是深耕思政课教材，挖掘和巧用教材中的实践内容，寻找它与特定模块的结合点。如《请到我的家乡来》一课重在寻求教材内容与陕西文化、科技、美食之间的契合点，通过线上微课教学，引导学生开展实践活动，再以分组的形式展开调查，最后以研究报告、手绘、表演等形式汇报交流，提升学生的资料整合能力和实践调查能力，加强了学生对家乡的了解。

二是整合课堂教学与社会实践。根据实践特点，将思政课与社会实践深度融合，在社会实践中加强专业知识学习的同时，引入专业领域中的典型人物和先进事迹培养学生的爱国情、强国志和报国行。学生在《可亲可敬的家乡人》实践调查中，对感动陕西的历史人物如杨虎城、石光银等，以分组的方式展开调查，在搜集资料进行深入了解的过程中，实现自发的爱国教育和榜样教育。

三是紧跟时代步伐，把社会、国际等热点问题融入思政课教学当中。深入解读时事热点，适度选择学生关注的重要问题，通过专题报告、课堂讨论、汇报演讲等方式实施教学，引导学生理性思考。

四是善用区域优秀文化资源，积极融入实践教学，形成具有区域特色的教学内容。

3. 教学方式线上线下融合。随着社会信息化步伐的加快，教师除了可以开展现场参与的、真实可感的、体验丰富的线下实践活动，还可以利用互联网开展线上实践和虚拟仿真实践。首先，优化现场实践教学，延续传统实践教学模式的优势，促进课内实践、校园实践和社会实践的有机结合。其次，完善网络实践教学，积极利用学校与学院官网、微博、微信公众号，慕课、微课等多种网络和学习平台，推送内容丰富的实践教学资料，组织学生在线开展答疑、讨论、调研等实践活动。最后，利用 VR 技术开展虚拟实践教学，设计一些适合道德与法治课堂的 VR 小游戏，如“重走长征路”“延安深度游”“道德两难情境”等，让学生设身处地去感受，以增强课程的感染力，如图 4－20、4－21、4－22 所示。

图 4 - 20 VR 小游戏的路线图

图 4 - 21 小游戏进行中

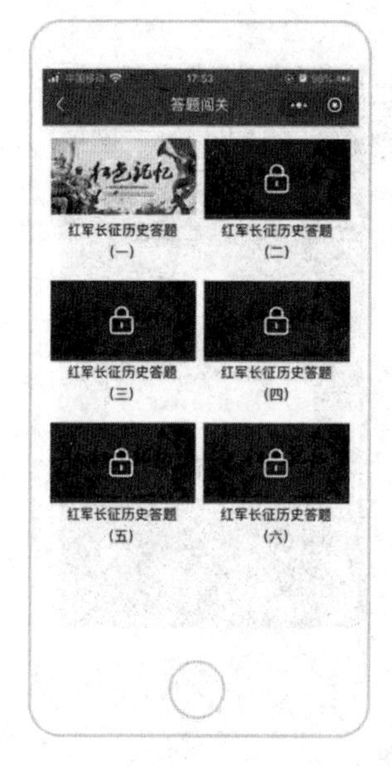

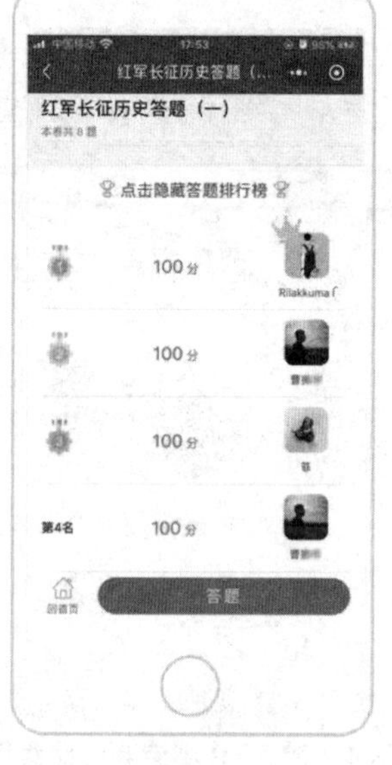

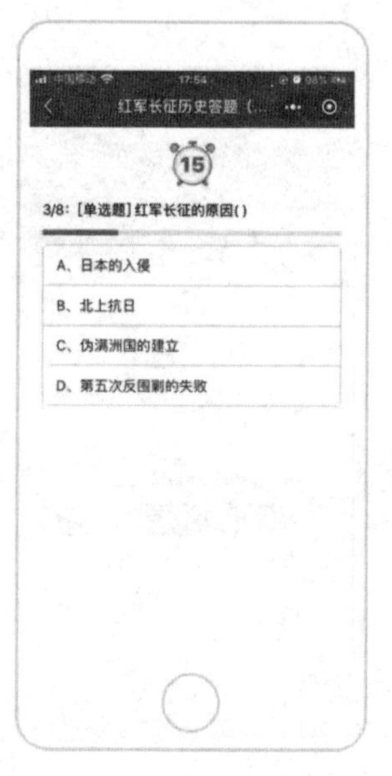

图 4－22　答题闯关小练习

4. 教学评价灵活多样。一是多元化的评价主体。以思政课教师评价为主导，同时将多元化的教育主体纳入评价体系，形成学校、社会等多主体的综合评价体系。

二是多样化的评价指标。采用定量分析与定性分析相结合的方式，既考查学生的参与程度、实践过程、思想状况等定性表现，又把学生的汇报、微视频、实践心得、调研报告等丰富的实践结果适度量化。

三是双向化的考核方式。教师评价与学生评教相结合，在考核学生学习状态的同时，注重学生对实践教学情况的反馈，及时总结教学经验，改善教学中的不足，体现教师主导、学生主体的地位，真正提升教学效果。

（二）实践案例

线上线下融合的思政课教学实践大大提高了学生自主学习的效益，同时线上与线下教学的有机融合突破了传统教学的边界，让学习变得更加方便、自主与高效。此种教学模式对教师、对学生都将是新的挑战，需要教师和学生不断学习，与时俱进，才能适应时代的发展。基于上述理念，我校思政课教师对原有课程进行了一系列创新，接下来结合案例进行具体阐述。

1. 案例一“请到我的家乡来”。该案例是小学三年级下册《道德与法治》教材中的课题，该课设置的教学目标是让学生了解并熟悉家乡的风土人情，培养学生有目的地搜集、整理资料的能力，能向别人介绍家乡。杨娟娟老师以此课为蓝本，根据教学实际进行改编，加深孩子们对家乡的认识，让每个学生明白家乡的意义。整节课依托“知行”文化，知中有行，行中有知，环节流畅，形式新颖，通过网上收集资料和线下展示分享，让学生了解家乡历史演进，介绍推广家乡，树立正确的乡土观念，激发学生作为一个陕西人的骄傲与自豪之情，培育学生的家国情怀，如图 4－23、4－24 所示。

图 4－23 《请到我的家乡来》线下课堂

图 4－24 “请到我的家乡来”课程活动展示

2. 案例二“家乡新变化”。二年级的道法课“家乡新变化”同样依托陕西本土资源，落实立德树人根本任务。吴锦宇老师通过“祖孙三代话童年”情景剧、丰富的课前调查单、新奇有趣的乘车小游戏、合辙押韵的快板说唱等形式，引导学生发现家乡日新月异的变化，感受家乡的蓬勃发展，激发学生对家乡的悦纳与对未来的憧憬。体现了“从生活中来，又回归生活、引领学生热爱家乡、建设家乡”的课程理念，助力学生树立公民的责任意识，如图 4－25、4－26 所示。

3. 案例三“可亲可敬的家乡人”。“可亲可敬的家乡人”同样是二年级的道法课内容，陈玥圆老师整合课内与课外资源，邀请到专业课教师、学校门卫、支援武汉的医生家长等人共同参与，实现教育主体的协同联动。同时紧扣大美陕西的“厚德”版块内容，课前线上指导学生开展分组活动，调查身边的家乡人，同时拓展到陕西本土历史文化资源，寻找感动陕西的历史人

图 4－25 “家乡新变化”课堂活动

图 4－26 学生作品

物。通过专题报告、课堂讨论、快板表演等方式开展实践教学，引导学生理性思考，树立“我为家乡而自豪”和“我为家乡树新风”的良好风貌和理想志向，如图 4－27、4－28、4－29 所示。

图 4-27 “可亲可敬的家乡人”课堂活动

图 4-28 学生致敬“最可爱的人”

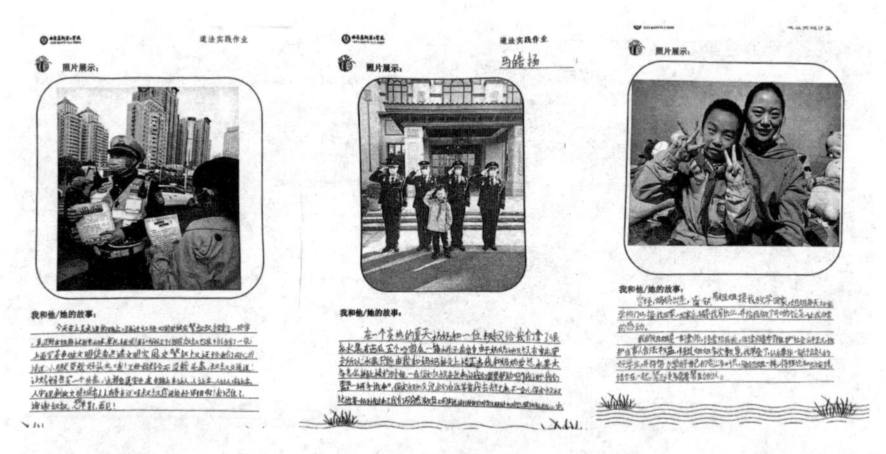

图 4-29　学生作业展示

七、如何依托线上线下融合教学培育历史课程的核心素养(李李)

编者:对于历史学科而言,立足史料实证,聚焦历史解释,培养学生认识历史事件、理解核心问题的能力,形成唯物史观、涵育家国情怀,是教学所要实现的重要目标。然而在实践中,由于课时有限、课堂容量不足等问题,限制了核心素养的培育,而利用现代信息技术的便利,开展线上线下融合的教学,则更能助力学生核心素养的发展。

西安高新第二学校的李李老师将线上线下教学融合作为实现历史核心素养培育目标的突破口,以问题驱动学生线上自学,在线下课堂中充分发掘、解构、重整教学内容,将史料实证、时空观念、历史解释等核心素养贯穿整个教学过程,并且创新课后作业,实现多元化的学习效果评价,有效达成了核心素养的培养目标。具体措施如下:

(一)立足学情编写学案,通过问题驱动自学

"一切景语皆情语",思维来源于周围情境和自身体验。通过自主学习

活动获得的情感体验最为生动而深刻。学案是教师依据学生的认知水平和知识经验，指导学生主动进行知识构建而编制的学习方案，是帮助学生掌握学习内容、自主学习和知识构建的一种媒介，具有“导读”“导听”“导思”“导做”的作用。以“太平天国运动”为例，根据课程标准，本节课程有两大教学任务：一是了解太平天国运动的过程，二是理解太平天国运动兴起和失败的根源，认识《天朝田亩制度》和太平天国运动的历史地位。教师在学案中根据课标和学情设计了三个课前问题，如图 4－30 所示。引导学生登录智学网或智慧课堂平台学习微课内容，完成第一阶段的课前自主学习。

★课前自主学习★

问题一：太平天国运动为什么会爆发？

1、根本原因：腐败的封建统治和沉重剥削，统治阶级与劳动群众之间的矛盾尖锐。

2、鸦片战争后列强侵略加剧，________加深，人民灾难深重。

3、自然灾害严重。

4、西方宗教的影响，洪秀全创立________，组织号召人民群众。

问题二：太平天国运动兴起和发展的大致情况如何？

1、兴起：1851 年 1 月，洪秀全集合拜上帝教群众在广西桂平县______村发动起义。

2、壮大：永安建制后，于 1853 年攻克_______，改名天京，作为国都。

3、全盛

①北伐：北伐军曾逼近天津，最后全军覆没。

②西征：西征军控制了清朝半壁江山，军事上进入全盛时期。

4、由盛转衰 ：天京变乱

①原因

A. 领导者进取心减退，腐朽思想滋长。B. 领导集团内部矛盾日益尖锐。

②表现：_______杀掉杨秀清后被处死。_______遭猜忌出走，全军覆没。

5、后期防御

① 重建领导核心：提拔陈玉成、李秀成指挥军事，_______总理朝政。

②开展防御战

6、运动失败：1864 年，_______，标志着太平天国运动失败。

问题三：如何认识太平天国的两个革命纲领？

1、《天朝田亩制度》

①内容：土地分配制度——以户为单位，不分男女，按________和年龄平分土地；产品分配制度——每户留足口粮，其余归圣库。

②评价：反映了农民要求获得土地的强烈愿望；但其主张的在小生产的基础上废除私有制、平均社会财富，是_______实现的。

2、《资政新篇》

①内容：提出________，________等一系列政治、经济、文化、外交主张。

②评价：是先进的中国人最早提出的发展 **资本主义**的设想；但迫于当时形势，未能实行。

图 4－30 “太平天国运动”学案

（二）突出中心回归课堂，核心素养融入教学

美国心理学家奥苏伯尔认为："如果将所有的教育心理学归纳成一句话，就是影响学习最主要的因素是学生已经知道了什么。教育者要明白这一点，并由此开展教学活动。"这说明，任何有效的教学都是从充分挖掘和利用学生已有经验开始的。线下课堂教学中，教师在创设教学情境时，要特别注意挖掘学生感兴趣、符合学生认知规律的情境资源，学生对学习情境产生有效认知，才能深刻理解课程知识。

课堂伊始，学生观看微课视频（如图 4－31）了解洪秀全的一生，认识到"天国梦"最终破灭的根本原因。

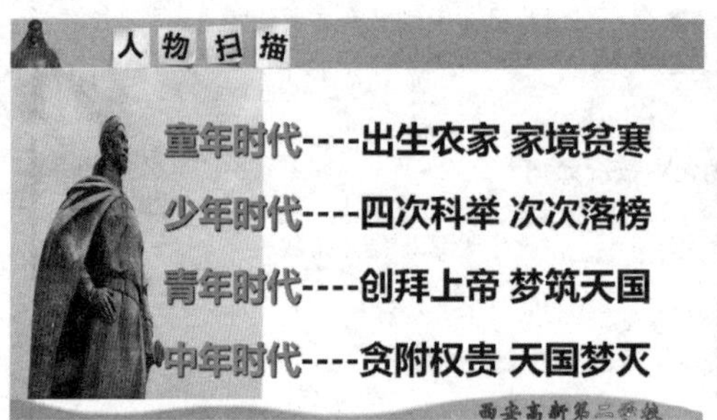

图 4－31　介绍洪秀全的微课视频

针对《天朝田亩制度》和《资政新篇》这两个重点内容时，选取了以下两段史料，如图 4－32 所示。

针对上述问题，学生通过阅读史料可以作答。但关于"新特点"和"能否实施"两个问题，就会出现答案不全面、没有逻辑等问题。表面上看起来，老师在教学活动中提供了文字材料，并设计问题引导学生解答，符合史料教学的要求，但对学生而言，由于史料比较简单，能直接得出答案，不利于学习能力和思维能力的培养。为此，教师对本课内容进行了如下的处理：根据学生

探究二　近景————和风细雨谈重点

天国档案卷宗：天国史书记录展示

《天朝田亩制度》：凡分田，照人口，不论男妇，算其家人口多寡，人多则分多，人寡则分寡，……凡天下田，天下人同耕。

每人所食可接新谷外，余则归国库，……各物及银钱亦然。……天下人人不受私，物物归上主，则主有所运用，天下大家处处平匀，人人饱暖矣。

《资政新篇》的主要内容是：向西方学习，以法治国，官吏由公众选举；发展工商业，奖励技术发明；开设新式学堂等。

——部编版·历史八年级上

问题：《天朝田亩制度》中土地分配的方法、产品分配的方法？《资政新篇》中洪仁玕的主张有哪些？具有怎样的新特点？它们能实施吗？

图 4－32　《天朝田亩制度》和《资政新篇》的史料及问题

线上自学基础，结合学生的特点，编写两个短小的情景剧，让学生在角色体验中切身感受《天朝田亩制度》和《资政新篇》在当时的社会环境中无法实施的根本原因，如图 4－33 所示。将第一手史料与学生学习特点相结合，不仅突破了教学难点，还锻炼了学生的语言表达能力和分析解决问题能力，将唯物史观核心素养渗透到学生心中。

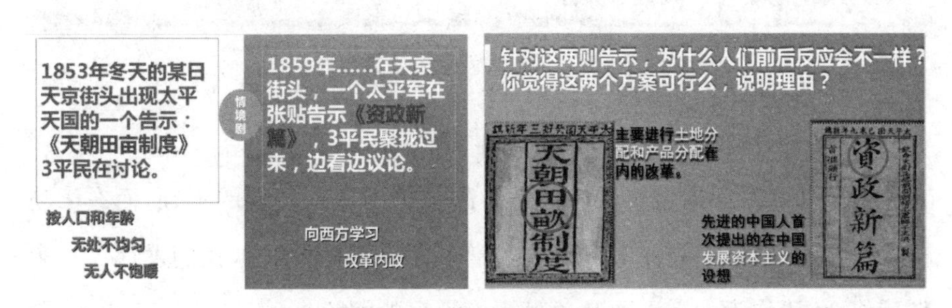

图 4－33　情景剧设置

（三）在深刻的讨论中涵育学生家国情怀

课堂教学中，教师是教学内容的建构者和学生思维情感的引领者；学生则是思想的领悟者和情感的体验者。两者相辅相成、不可或缺。在线上线下教育融合过程中，教学设计都紧紧围绕着立德树人的根本任务，自始至终突出涵育历史学科的核心价值观——家国情怀。

在课堂的尾声，老师设置一个开放性的问题：太平天国运动是推进了中国近代化还是阻碍了中国的近代化？学生通过小组讨论，逐渐完善自己的观点，如图 4-34 所示。在点评学生讨论结果的同时，老师展示评价历史事件的三种方法，分别是：(1)历史的方法——把历史事件放在特定的历史环境下，不能脱离当时的社会现实；(2)发展的方法——将历史事件放社会的发展中，以动态的眼光进行评价；(3)辩证的方法——树立唯物史观，不仅仅是一分为二，还要具体、全面、客观地看待事情发展。

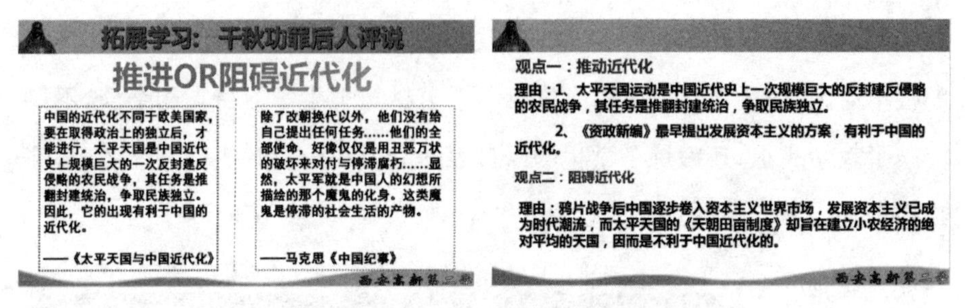

图 4-34　开放性问题的设置与讨论

(四) 创新课后作业，多元评价学习效果

德国教育家第斯多惠认为："教学的精髓不在于传授的本领，而在于唤醒、鼓舞和激励。"在完成本节内容的学习之后，基于学情，我们设计了一个课后作业：请你为太平天国运动写一篇简短的解说词，如图 4-35 所示，既能锻炼学生的能力，也能对学习内容的掌握程度、线上线下融合教学的效果进行整体性的评价。

综上，《太平天国运动》一课的设计立足于史料实证，聚焦于历史解释，以新颖的主题向学生诠释了太平天国运动这一历史事实，用充满温度的讲

图 4－35　课后作业布置

述融化了时间隔阂，深化了学生认识历史事件的能力，将核心素养润物细无声地渗透进课堂的每一个环节。

（五）经验反思

与线下教学相比，线上教学有着无可比拟的优势，学生能够突破时空限制，随时随地通过手机或电脑进行知识的学习和复习；直播课具有回放功能，能解决学生因各种原因不能准时听课，或重难点知识不能一次性突破的问题。学生可以反复观看教师的讲解视频，自主地完成学习任务。此外，线上教学还能帮助学生充分利用网络上的优质资源，加深对知识的理解，将概念性的知识具体化，拓展学生的视野和知识面，落实素质教育。

如图 4－36 所示，实际教学过程中，线上线下教学融合可划分为四个主要的环节：(1)教师课前准备：设计导学任务单、录制微课、制作 PPT、准备作业题和检测习题；(2)学生课前自学：学生按照自学任务单，登录智学网教育平台，自学教师录制的微课，完成任务单知识点测试习题；(3)课堂导学阶段：教师按照教学环节，实施线下师生面对面课堂授课；(4)课后拓展阶段：线上线下实施均可，主要是对课堂重点内容的升华。

需要注意的是，线上线下教学融合，并不是简单的“线上教学＋线下教

图 4-36　线上线下教学融合的主要环节

学”，而是需要发挥线上线下教学各自的优势，取长避短，产生“1+1大于2”的效应。

八、 线上线下融合如何提升美术教学成效（张晓彬）

编者：之前对于线上线下教学融合的探索及介绍更多聚焦在语文、数学、英语等所谓的“主科”方面，而艺术类的课程如体育、音乐等如何利用现代信息技术的便利来开展融合教学，无论是实践探索还是相关研究都较少。随着教育信息化实践的深入推进，这方面的探索日益增多。

上海市实验学校东校的张晓彬老师建立线上美术学习资料包，制作特定年龄段（7—11岁）学生的彩色铅笔素描课程，开拓了美术课程的线上线下融合之路，不断提升美术课程的教学实效。

（一）素描课程的融合教学思路

1. 线下教学。儿童彩色铅笔素描课程的线下教学能够促进师生之间的情感交流，教师能够体会到学生在上课过程中的情绪变化和对知识点的掌握情况。在线下教学中，教师的任务是选择正确的材料，以适当的教学方法，安排合理的教学过程，提高学生的学习能力。教师在课堂中的示范可以让学生更直观地学习素描的技能和方法。用彩色铅笔进行线下基础教学，有助于提高学生对绘画的兴趣，避免了单色素描的枯燥感，如图 4－37 所示。教师对作品的质量，以学生自评、互评和教师点评相结合的方式进行多元评价。

图 4－37　线下教学课堂掠影

2. 线上教学。线上教学模式能够为学生提供开放的学习环境，是实现个性化教学的重要抓手。彩色铅笔素描课程的线上课堂是对线下课堂的有效补充，学生在课堂上学习基本技能，回家后实践练习并通过线上平台反馈学习情况，与老师形成良性互动。每一位学生都有学校平台的账号和密码，凡是报名该课程的学生就会进入线上班级，教师通过平台管理学生的课后学习情况，还借助微信群发布课堂教学视频和照片，与学生及时交流、沟通，如图 4－38、4－39 所示。线上教学的模式，能够扩充课堂教学容量，拓宽信息获取渠道，最大限度满足学生需求。

图 4－38　微信群反馈学生作品

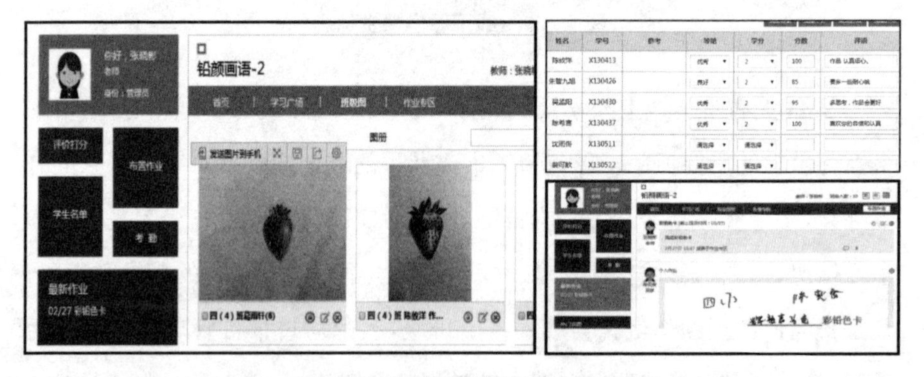

图 4－39　老师通过绿蜻蜓平台点评学生作品

（二）素描课程的融合教学实践

1. 学情分析。法国教育家卢梭说过："大自然希望儿童在成人以前就要像儿童的样子。如果我们打乱这个次序，就会造成一些果实早熟，他们长得既不丰满也不甜美，而且很快就会腐烂。"所以，超越生理和心理发育水平的教育会妨碍孩子的成长。彩色铅笔素描社团由学生自主报名，大多来自三、四、五年级，随着认知能力的发展，他们在绘画方面产生初步的写实倾向，称之为"萌芽写实阶段"。这一阶段的学生能运用一些造型表现观察对象，教师在教学过程中应该特别注重表现方法的传授。

2. 教学内容。儿童彩色铅笔素描课程，不似素描只有单一色彩，不似油画需要扎实的美术功底，也不似水彩需要敏锐的色彩感，它简单、易学、成本低。老师根据课程教学内容和学生学习进度，归纳出既能独立实施、又可融会贯通的课程教学模式，即欣赏课、基础训练课、创作课和拓展课。欣赏课主要包括老师带领学生欣赏国内外绘画大师的作品并讲解其中意涵，开拓学生的眼界；基础训练课主要是老师带领学生学习彩色铅笔素描的基本技能以及美术色彩方面的专业知识；创作课主要以创作写生为主，带领学生收集绘画素材，帮助学生完成创意作品；拓展课是指导学生发挥自我特长，鼓励学生自由创作，体现个性。

3. 教学方法。在传统的美术教学基础上，我们更注重开发有趣的课堂教学方法，比如："游戏法"创设情境，让学生从被动转化为主动参与；"探索发现法"培养学生兴趣，提高创造能力；"讨论式教学法"促进学生主动发展；"多元评价法"激励学生打开创作思路；"线上教学法"及时点评学生作品，形成良性循环。

4. 教学评价。重视学生的主体地位，采取学生自评、互评和教师评价的方式，从线上、线下两个维度展开及时性、阶段性的教学评价工作，尤为注重发挥评价的正面激励效果，根据学生的年龄特征和学习风格采取差异化评价方式，如表 4－3 所示。

表 4－3　教学评价表

<table>
<tr><th></th><th>线上评价</th><th>线下评价</th><th>线下阶段性评价</th></tr>
<tr><td>学生自评</td><td>学生分享满意的作品</td><td>以口头或书面的方式进行自我评价</td><td rowspan="3">◇ 挑选出色作品
◇ 不定期在校园美术长廊、美术教室等展示出色作品
◇ 制作展板反馈学习情况</td></tr>
<tr><td>学生互评</td><td>同学之间相互欣赏，各抒己见</td><td>以口头的方式评价其他同学的作品</td></tr>
<tr><td>教师评价</td><td>教师及时反馈学生作品中的优点和不足</td><td>以口头或者书面的方式点评学生作品</td></tr>
</table>

5. 教学案例。以“红红的苹果”课堂为例，教师在线上平台分享微课“怎样用彩铅画苹果”，如图 4－40 所示。学生进行线下实操，并在线上分享作品，与同学、老师互动讨论，如图 4－41 所示。

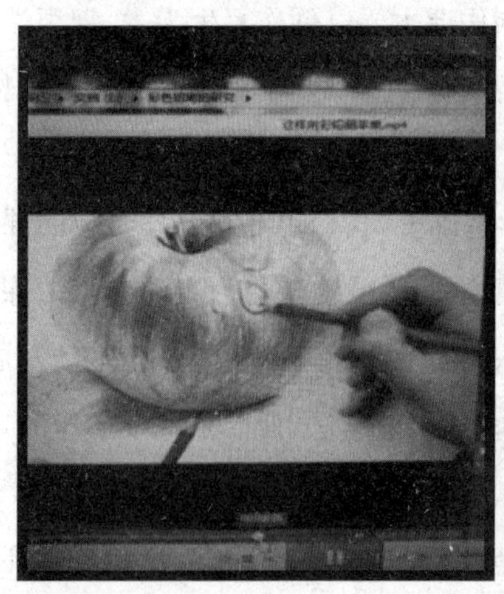

图 4－40　“怎样用彩铅画苹果”的视频与实践

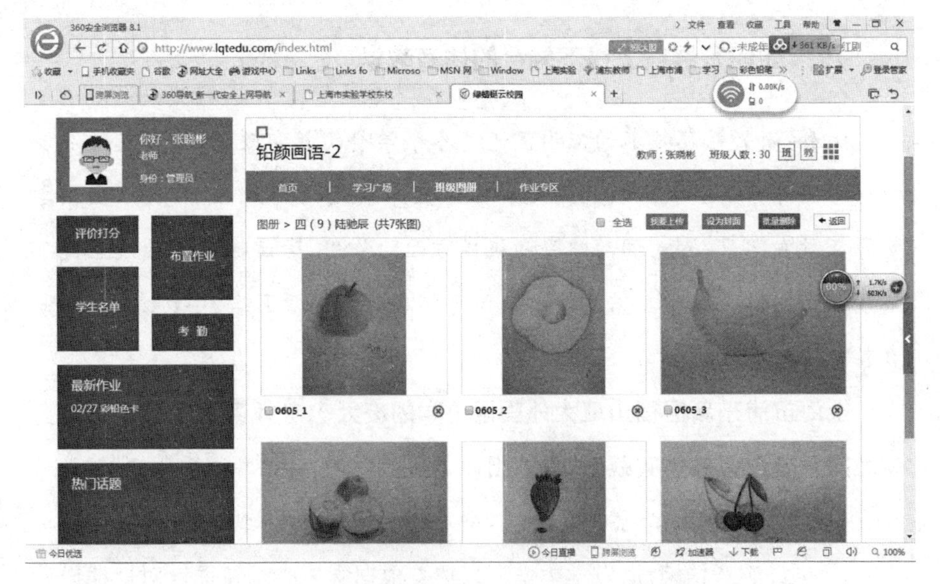

图 4-41 学生在线上分享作品并相互评价

(三) 素描课程的教学融合经验

为有效达成美术课程的教学目标，激发学生的学习兴趣，教师需要从课堂各个环节抓起，设计符合学生年龄和当前流行题材的内容，经过反复的推敲，对彩色铅笔手绘课程的各个环节进行如下设计：1. 创设情境，激发兴趣，自主探究——变无意注意为有意注意；2. 尝试体验，开阔眼界，手绘生活——变知识传授为人文渗透；3. 引导创新，鼓励求新，动手动脑——变简单作业为自我表现；4. 多元评价，多种形式，激励进取——变等级评价为全面综合评价；5. 有效拓展，升华课题，巩固知识——变单一拓展练习为知识的推陈出新。

此外，我们还建立了彩色铅笔素描课程学习的成长记录袋，记录学生的学习的全过程。将“校园快乐活动日”的相关课程和日常美术教学深度融合，进而促进课程的整合。

九、如何开展线上线下融合的体育教学(凌云志)

编者:新兴信息技术的应用促进了各个学科的教学改革,体育与健身学科也不例外。不少教师认识到传统体育教学模式的局限性,以及线上教学资源在激发学习兴趣、调动学习积极性方面的作用,尝试探索基于线上线下融合模式的体育教学。信息技术与体育学科如何深度融合?线上与线下体育教学如何有效融合?

上海市浦东新区福山证大外国语小学的凌云志老师带领学校体育组全体教师开展创新教学实践,并总结出以下经验。

(一)利用线上资源创设情境,引导学生从"乐学"到"善学"

1. 创设游戏情境,激发学生学习兴趣。根据学生心理特征针对性地设计体育情境,采用游戏等方式开展活动,提升体育课堂的乐趣和学生的学习兴趣。

2. 创设表演情境,深化学生对练习的理解。结合教材要求设计有情节的情境,鼓励角色扮演和角色转换,深化学生对练习的理解和把握,实现锻炼身心的目的。

3. 创设练习情境,提升练习的有效性。利用多媒体手段在课堂练习中"捕捉"练习画面,学生可以直观看到动作偏差并及时作出调整,既节省教师纠正错误动作的时间,又大大提高学生自主学习的有效性。

(二)利用线上资源纠正技术动作,提升技能教学的科学性

掌握规范的运动技巧是保证学生健康、安全的前提。多数课堂注重形式上的"花架子",而忽略了最根本的运动技巧。以掌握"站立式起跑"的技术动作为例,如图4-42所示,微视频中设置了"指出常见错误动作、帮助纠正错误动作、展示正确站立式起跑动作"的重点内容,不仅让学生掌握了正确的站立式起跑动作,还教会学生如何对错误动作予以纠正。

图 4-42 “站立式起跑”的微课程

（三）利用线上资源开展课后练习

任何技能、技巧的习得都需要练习来实现，老师应该鼓励学生在课后充分利用线上便利进行练习，号召家长帮忙录像，通过回放观察孩子们的动作有没有变形、要领是否掌握。以低年级击剑为例，很多孩子通过课后录像练习，提高了动作的协调性，如图 4-43 所示。

（四）创新体育教学评价，树立终身体育的观念

以往对学生的评价主要看体育考核成绩是否达标，忽略了学生在学习过程中的表现以及学生与学生之间的交流互动。不同的学生在体能、兴趣、个性等方面存在个性化差异，忽视个体独特性的单一评价，往往会挫伤学生的自信心和自尊心，降低学生对体育学习的积极性。

图 4-43　课后录制并分享练习视频

新课程要求教学评价兼具鉴定和发展双重功效，特别是将参与、互动、自评和他评相结合，对学生进行综合评价，以促进学生的进步和发展。总体而言，评价要求将定性和定量、过程和结果、绝对和相对相结合，对学生开展多元评价，引导学生树立终身体育的观念。

十、线上线下教学融合如何提升心理课的教学质量（刘玥）

中小学生的心理健康教育必须紧抓“以人为本”的关键点，线上线下融合的教学，可以将线上丰富的资源和线下的课堂体验有机结合，引导学生提升对心理知识的兴趣，丰富学生的心理健康的知识，形成人人重视心理健康的氛围，有效促进学生心理和人格的健康发展。

上海市海南中学的刘玥老师借助丰富的网络资源，将线上推文与线下课堂相结合，进一步丰富了学生的心理健康知识，提高了对心理知识学习的兴趣，优化了课堂的体验。接下来以“生命教育”课题为例展开详细介绍。

“生命教育”是初中心理学科较为关键的一个话题，特别是在新冠肺炎疫情期间，与学生一起探讨有关生命的话题就显得尤为重要。教学中，我们通过“心灵奇旅”这部电影串联了线上线下的教学实践，具体举措如下：

（一）线上推文——增加知识储备，营造健康氛围

暑假期间，教师在学校公众号上发布推文“心理云课堂之心理电影赏析——心灵奇旅”，这部电影讲述了主人公寻找生命意义的故事。推文首先对电影情节进行了简要介绍，其次结合电影片段讲解其中关涉的心理学小知识，如“心流状态”“生命的火花”，让同学们对心理学词汇形成初步理解，为之后的课堂活动奠定一定的知识基础。同时，也在暑假期间营造良好的心理健康教育氛围。具体推文扫描以下二维码（图 4 - 44）可看：

图 4 - 44　公众号推文的二维码

（二）线下课堂——收获深刻感悟，达成心态成长

基于假期的知识积累，开学后老师为同学们准备了“寻找人生的火花”的主题课程。在课堂中，对接线上推文内容，让同学们回顾推文中的心理知识，然后观看电影片段，感悟电影主人公找寻到的生命意义，并借此深入回忆、思考在自己的生命历程中，有哪些“火花”时刻，以更好地探寻个人生命的意义。本节课教学过程如下：

1. 课程导入。老师向同学展示漫画“人生的意义与甜甜圈”，如图 4 -

45 所示，并引导同学思考两个问题：如果是你，既然甜甜圈吃几口就没了，为什么还要吃呢？如果我们早晚都会死去，那人生的意义是什么呢？

图 4－45 “人生的意义与甜甜圈”漫画

2. 观看电影《心灵奇旅》片段，思考“火花”是什么。电影《心灵奇旅》中每个人在出生前都是一个小小的灵魂，这些灵魂只有寻找到生命的意义——“火花”，才能得到飞往地球的通行卡，投胎成为人类。电影的主人公是一个名叫 22 号的灵魂，它不愿意来到地球，就像漫画中的小男孩一样，他认为在地球上活着没有意义。当他尝试了音乐家、消防员、舞蹈家、甚至总统等各种身份后并没有点亮自己的火花。而阴差阳错之下，22 号灵魂来到了地球上别人的身体里，在别人的身体里它体验到了“火花”。引导学生思考：22 号的“火花”是什么？

3. 回忆、体验生命中的“火花”。以“刘老师的火花时刻”进行举例，引导学生回忆自己的“火花”时刻，并画出能代表“火花”的形象，并进行展示介绍。该活动旨在让同学明白：每个人都有自己的“火花”，就如电影中所说，“火花”不是目标，而是当你想要生活的那一刻，“火花”就已经被点亮。

4. 续写漫画。引导学生思考并让学生续写如下漫画中(图 4－46)的姐姐会如何对弟弟说？

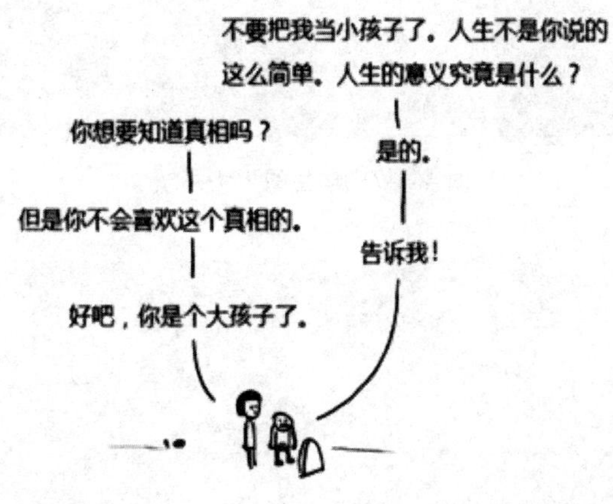

图 4－46　姐姐与弟弟探讨人生意义的漫画

5. 总结与练习。老师给同学展示“人生的意义与甜甜圈”漫画的后半段，即姐姐对于人生意义的解释。指导同学从现在开始，试着拥有美好的一天，每天在睡前回忆三个一天中让你感受到“火花”的时刻。

通过线上推文和线下课堂，学生对电影“心灵奇旅”和“生命意义”的话题有了基础性的理解，通过体验与思考，学生们产生了更深刻的感悟，也将课堂注意力倾注在深度思考层面，有效规避了浅表式观看视频的弊端。图 4－47、4－48 是部分同学在课堂中的思考感悟。

因此，在线上线下融合的心理健康教育模式中，学生借助线上渠道提前了解相关知识，奠定学科认知基础，形成一定的学习心理准备，在线下课堂

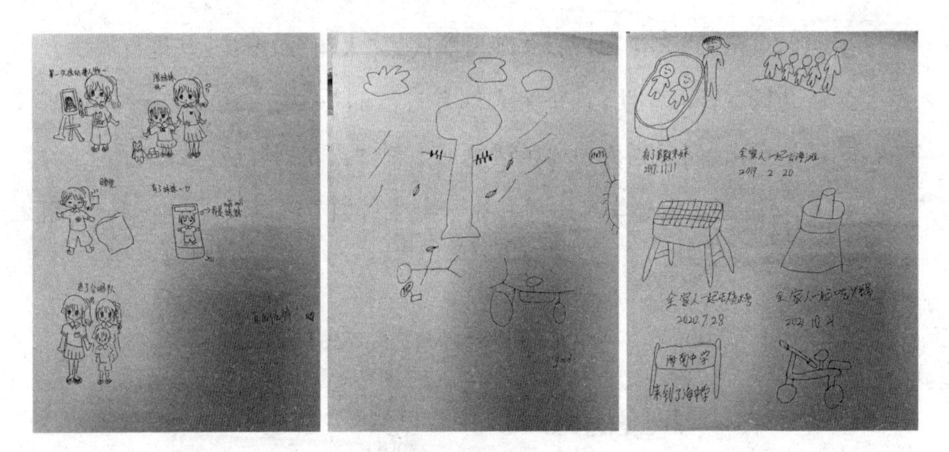

图 4－47　学生的思考感悟

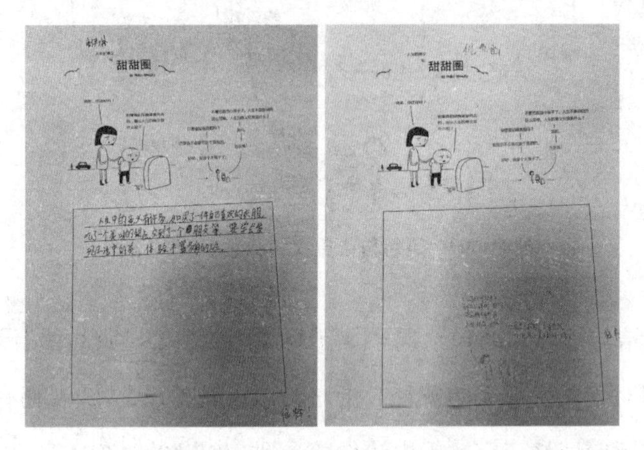

图 4－48　学生对漫画的续写

中以感悟、体验、深层思考和交流为主，线上线下的融合有效促进了学生心理健康的成长与发展。

第五章　线上线下教育融合助力项目化教学

引言：积极推进线上线下融合的项目化教学，发展学生核心素养

（田爱丽）

在当今以及未来快速变化的社会中，培养学生具备适应社会发展和终身可持续发展必备的正确价值观、良好品格与关键能力，是基础教育阶段最为重要的任务。2022 年新颁布的国家义务教育课程方案与课程标准明确提出了要将学生培养成为“有理想、有本领、有担当”的时代新人，教育教学过程即是落实学生核心素养培养的过程，每门科目、每节课堂教学、每项活动都要从不同侧面培养学生的正确价值观、必备品格与关键能力。在新一轮课程教学改革中，尤为强调坚持素养导向、强化学科实践、增强课程的综合性，着力推进表现型评价，进而整体推动育人方式变革。

从上可以看出，培养目标的素养导向，课程内容的跨学科、实践性，教学过程强调实践、体验，做中学、用中学、创中学，是本次课程方案和课程标准改革的重点。我们知道，相对于知识的接受和消化吸收，核心素养的培养离不开学生实践，离不开学生的行动，离不开学生在真实情境中解决问题，否则素养便无法培养。诚如课程教学研究的专家余文森所言:“没有个体真实、完整、深刻的活动及体验,相应的素养就无法形成。活动是素养形成的必经路径、程序、过程、环节,所以对‘活动’也必须提升到与内容标准一样的高度来对待,即提升到‘刚性’和原则性的高度来定位。把各门课程重要的基本的学习活动和经历提升到国家标准的高度来规定,而不是一般性的建议。就像理科的必做实验一样。”强调教学过程中凸显“学科实践”的开展,即学生需要像学科专家一样思考和行动,以实践的方式进行学习,就是在情境中、在活动中、在操作中、在应用中、在体验中学习,学习是学生的一段真实、现实、切实的行动过程和生命历程。以实践的方式,学习得以基于生活世界、回归生活世界,使学科大观念应用和服务生活世界、改善和提升生活世界。

然而,在传统单纯的线下课堂教学过程中培养学生的核心素养,很大程度上存在着课堂时间不够、教学资源不够、活动空间不足等的现实制约。很多时候,老师讲解完基本的学科概念与核心知识,学生稍加练习,课堂教学的时间就用完了,根本没有时间让学生开展实践、实验和调查类的学科活动。因而就出现了“英语课学生大部分时间在听、很少时间说”“物理化学课上大部分时间在听、没有时间或很少做实验”“思想品德课大部分时间在听、很少时间从事调查或实践”的现象,即课程教学专家崔允漷教授所言的“用不言语的方法学语言,不着地的方法学地理,不艺术的方法学艺术,不科学的方法学科学”。学科活动和实践难以开展,学生核心素养的培养就无从落地。

那么,如何破解核心素养培养既需要知识、技能的基础,又要进行更多实践之间,时间、资源、空间不平衡不匹配不充分的棘手问题呢? 这里给出的答案即是:利用现代信息技术的便利,利用互联网、人工智能等技术拓展学生学习的时空，丰富学生学习的资源，充分利用线上线下教学的差别优势，在教师的指导和引导下，让学生在线上掌握扎实学科基础知识的基础上，在线下有更多的时间、空间和精力从事学科的活动。幸运的是，新课程标准也关注并强调了深化教学改革要“发挥新技术的优势，探索线上线下深度融合的教学，服务个性化学习。”

利用线上线下融合的优势培养学生的核心素养，大体而言线上线下的做法如下：针对真实的实践问题或任务，基于线上的资源（导学案、教学微视频、习题，以及其他教学资料和活动），学生在教师的指导下完成学科知识的理解、消化与吸收；线下的教学，则有更多的时间和空间让学生和老师一起更多开展实践实验以及社会调查与考察的活动，即从事“做中学”“用中学”“创中学”的活动。需要特别指出的是，在整个线上线下教学实践中，需要一体化设计基于核心素养培养的学习目标与评价标准，具体分工线上线下教学的任务与活动，不断对照目标达成的程度即评价标准来校准教学活动的具体实施与展开。还有，在整个线上线下教学过程中，就同学间的小组交流与合作而言，线上有线上的便利与优势，线下有线下的便利与优势，线上交流的优势是信息交流效率高，线下交流的优势是活动中的交流效益高。在素养导向的教学中，线上和线下的小组合作与交流二者分别有自身优势，实践中基于需要择之。接下来分享来自实践的做法与智慧：

一、“在线教学平台”如何助力跨学科教学（高燕）

编者：相对于之前的“双基”“三维”目标，新一轮课程与教学改革要求着力培养学生的核心素养，而学生核心素养的养成与发展既离不开分科教学的开展，更离不开跨学科教学的有效实施。如何借助在线平台助力跨学科教学实施，让跨学科教学通过线上线下融合的方式有效开展，对于不少教师和学校而言，是一个全新的实践课题。

上海市静安区教育学院附属学校在校长的带领下进行了长达10余年的实践探索，取得了显著的成效，该校副校长高燕总结梳理的"在线教学平台如何助力跨学科教学（PBL）"为例，具体呈现了学校的思路与实践。

（一）跨学科教学的特点与平台需求

跨学科项目化学习的特点在于：打破学科壁垒，基于两个或两个以上学科的核心知识与素养，创设真实情境和问题，引导学生开展深度思考与探究，并综合运用两个及以上学科的知识来阐述情境、解决问题、创造作品，从而提升学生对学科知识的综合运用，强化认知、合作、创新和职业等关键能力，帮助学生积淀集探究、创新、归纳、撰写等能力为一体的综合素养。

与传统单一学科教学相比，跨学科项目化学习的显著变化在于：其一，教学的逻辑结构发生了根本变化。即从一开始的在教师帮助下让学生自己建构，到在遵循学生认知规律的前提下，让学生自主实践探究。其二，教学的评价发生了根本变化，现在更多关注的是过程、实践和探究，即使遇到探究中的失败，也可能得到过程的赞赏和探究的肯定。

基于上述差异可以看出，支持单一学科学习的传统信息化教学平台，其教学规划更多的是遵照教材目录进行编排，教学的组织方式基于固定的结构和活动流程，教学过程中的评价更多是对或错的客观评价。而面对跨学科项目化学习，信息化教学平台则需要支持更灵活的教学组织方式、更便捷的互动探究方式、更高效的成果展示方式和更多元的教学评价方式。

那么，面对实施跨学科教学的要求，如何建设新型的信息化平台来帮助教师开展跨学科项目化学习高效备课，如何通过信息平台反映跨学科项目化学习学科知识体系的完备性，如何精准记录学生开展跨学科项目化学习全过程，呈现学生在跨学科项目化学习过程中关键能力的发展情况，形成对每位学生的个性化评价，最终形成学生特色档案，就成了新型教学实践的迫切需求。

（二）跨学科教学平台的功能与建设

常规的教学平台已经无法满足跨学科项目化学习的需要，因而必须构建一个全新的教、学、评融为一体的信息化教学平台。经过多年的实践探索，学校建设了支持如下功能实现的新型在线平台：

1. 支持全新的教学准备路径。单一学科传统的教学平台，教师的教学准备主要依照现成的教材和纲要按部就班组织，知识选择既不能超前，也不能延后，学科知识点是在预设范围内精确覆盖，教师准备的内容有确切的指示方向，学生的学习成果是可预知的。而在跨学科项目化学习中，很多时候需要教师拟定一个大方向或大主题让学生自主探索，因而需要建立与之前学科教学不同结构和功能的平台，并且能够在平台中便捷规划跨学科教学的实施，创建相应的教学活动和任务。

在跨学科项目化学习教学准备阶段，借助全新的信息化教学平台，教师设置项目，建立规划（如涉及的学科及相应知识、关键能力类型、使用的研究方法等），拟定方向，如下图 5－1 所示。然后在平台中创建项目化学习指导册（类似于学科教材目录），教师有计划地安排每个学习阶段，为每个学习阶段选择合适的活动方式，并根据实际教学需要，组织学习资源，设计多种活动（平台支持“思维导图”“资源下载”“微视频”“讨论”“作品”等十余种教学活动）以帮助学生开展探索，制作项目导学包。

2. 支持全新的教学实施记录。单一学科传统的教学平台，主要记录学

教学准备		
教	学	评
1. 在系统中建立项目学习知识图谱,拟定跨学科学习范围,并根据模板上传学期项目规划。 2. 在备课中心创建一个项目,设置项目教学环节,并根据所设计的教学活动需要选择系统提供的活动类型来创建活动任务。	接收老师发布的项目化学习驱动性问题,并根据要求在课前开展必要的探究学习准备。	教师根据跨学科的关键概念,预设评价内容和方式。

图 5-1 教师的教学准备

生参与的课堂活动,如课堂练习、课堂讨论、课堂举手等,而缺乏对学生任务分工、问卷调查、探究尝试、作品加工等的过程性数据记录。而跨学科项目化学习格外注重探究过程的记录,学生与学生之间需要能够方便快捷地进行资料交换和信息互通,探究过程也需要教师的即时关注和引导。

因此,在教学实施阶段,学生在全新的信息化教学平台上进行讨论和交流(可以是文字,也可以是语音),开展各类小组活动(如团队组建、项目选取、任务分工、合作探究……),撰写研究计划,进行资料收集与加工,完善活动日志,撰写研究报告,制作交流展示成果汇报等。学生的项目学习过程资料会自动汇入个人学习空间,作品自动收录进作品库(包括 Word、PPT、图片、视频等)。平台会自动收集学生项目学习的过程性资源、数据和成果,如项目方案、项目进展、项目报告、项目评价和成果展示等,充分记录每个项目的探究性学习过程,形成学生的个性化“学历包”(图 5-2)。

3. 支持全新的教育评价方式。单一学科传统的教学平台,平台给予的评价方式往往是简单的对错评价、分数评价、结果评价,缺乏对学生的过程性评价和表现性评价。跨学科项目化学习不但关注学科知识,更关注能力

教学实施		
教	学	评
1. 教师推送跨学科 PBL 任务和帮助文件。 2. 教师帮助学生拟定项目的研究方向，组织分组学习。 3. 在平台上及时、便捷地跟踪各组任务进度，把控课堂节奏，对知识与能力建构过程中学生遇到的问题给予必要的帮助和解答。 4. 组织学生开展项目成果展示和评价。	1. 接收和查阅教师推送的跨学科 PBL 任务和帮助文件。 2. 根据老师确定的项目，借助平台确定感兴趣的研究方向，并通过平台召集小组成员。 3. 成立小组，并协调分工，填写分工任务单。依据分工完成相应任务，开展资料收集、产品方案设计、产品制作等。 4. 完成探究，归档学习资料，撰写探究报告，上传项目化学习学习成果，分小组展示。	1. 老师对学生做课堂即时评价（+1/-1）。 2. 老师对学生开展项目化学习过程性评价，采用评分加评语形式，将结果性评价和表现性评价相结合。 3. 学生开展自评、互评，采用评分加评语形式，将结果性评价和表现性评价相结合。

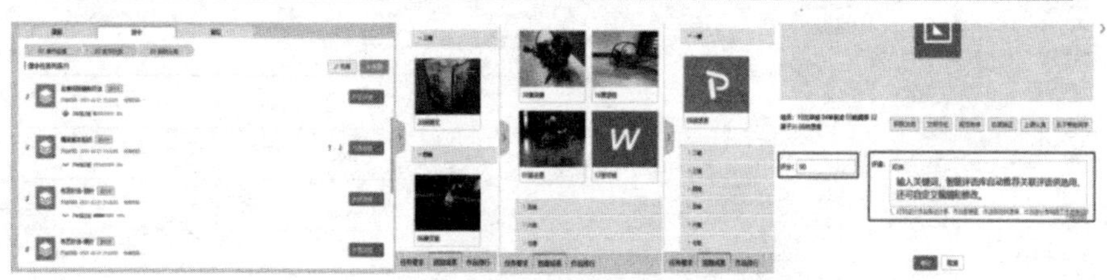

图 5-2　学生个性化的“学历包”

培养，因此，需要更多元的评价方式。

借助全新的信息化教学平台，教师从知识体系、关键能力等不同维度对学生进行评价，评价既有等第，还有评语，将量化评价和表现性评价相结合，过程性评价与结果性评价相结合，充分关注每一个学生的个性成长。此外，学生还可以开展自我评价和互相评价。评价结束后，系统为每个学生生成个性化的项目学习报告。根据这份项目学习报告，教师和学生可以清晰地了解各阶段学习的学科知识、实践活动、创新作品、发展的关键能力等情况；同时，帮助教师完善和调整后续项目，为今后跨学科项目化学习提供数据基础（图 5-3）。

教学评价		
教	学	评
1. 查看项目学习报告和项目评价结果，反思学习内容设计有效性、科学性，以便后续项目化学习的调整优化。 2. 查看基础型课程成绩汇总表。 3. 查看项目化学习成果，并进行点评。 4. 查看学生跨学科项目化学习整体报告。	1. 整理项目学习资料，查看项目学习评价结果，上传项目成果，形成“学历包”。 2. 查看整体项目学习评价，一人一报告。	系统自动生成项目学习报告、基础学科成绩报告、跨学科项目化学习整体报告。

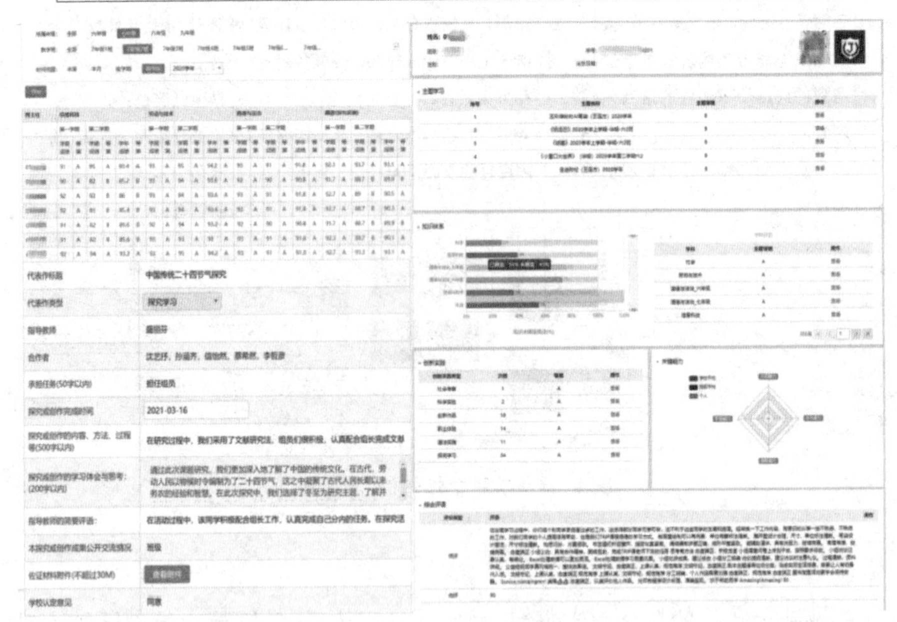

图 5－3　学生个性化项目学习报告

总之，全新的信息化教学平台能够支持教师进行跨学科项目学习任务的备课、梳理和发布，形成教学资料包；收集和沉淀学生在跨学科项目学习实践和探索中的过程性学习资料和成果，形成学生个性化学历包；评价学生在跨学科项目化学习过程中知识结构的完整性、关键能力的提升和实践探究的参与情况。课前、课中、课后三阶段的流程如图 5－4 所示。

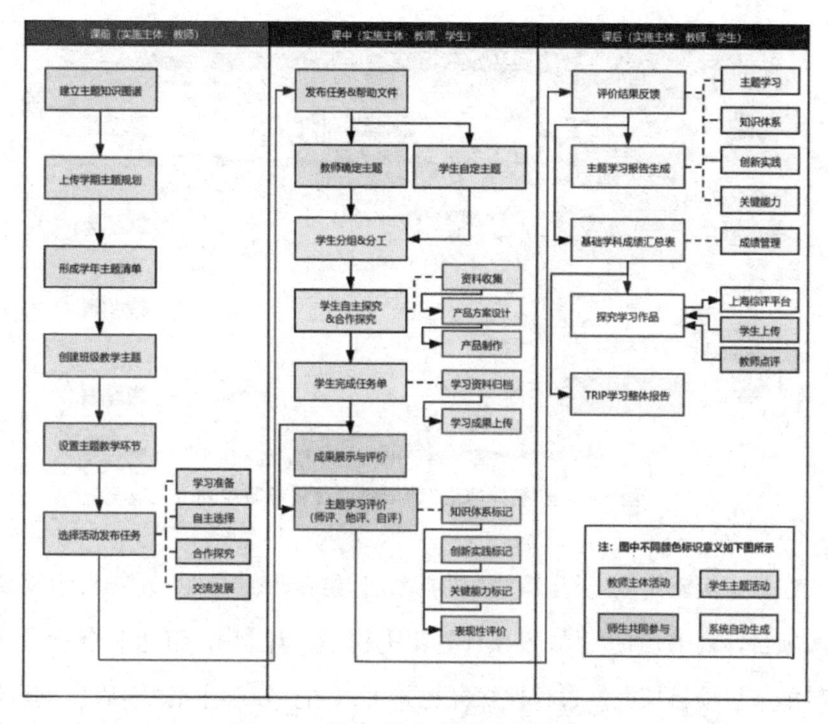

图 5-4　课前、课中、课后三阶段流程

（三）案例：以“智能家居”为例来阐释该平台如何支持 PBL？

下面，以“智能家居”跨学科项目化学习具体实施为例，详细阐述全新的信息化教学平台支持跨学科项目化学习的过程：

在教学准备阶段，教师制定“智能家居”跨学科项目化学习规划，建立学习的知识图谱。然后在平台的“备课中心”创建项目化学习主题，设置项目教学环节，包括学习准备、自主选择、合作探究、交流发展（图 5-5）。从而帮助学生快速了解室内设计理论，掌握制作智能家居需要的相关技能。学生可通过终端（平板或电脑）接收到教师所发布的内容并做好相应的学习准备。

图 5-5 “智能家居”跨学科项目化学习规划

在教学实施阶段，学生围绕“智能家居”绘制思维导图，开展头脑风暴，撰写项目计划书，通过系统投票评选出七份最优计划书，组建七个公司，开展智能家居项目探究。过程性探究材料可以储存在学生的“学历包”里，学生通过团队合作开展设计、完成方案并制作智能家居模型，并将成果提交到成果展示作品库中（图 5-6）。通过平台，教师可以跟进项目全程，及时、便捷地了解各组任务进度，利用计时、投影、投票等工具随时引导和把控课堂节奏，并适时通过平台为学生推送帮助文件，对探究学习过程中学生遇到的问题给予必要的帮助和解答。小组内部和小组之间也能通过平台实现资源传递和共享。

最后，在教学评价阶段，教师对学生个人课堂表现或小组合作进行实时评价，项目任务标识“知识体系”“关键能力”“探究实践”等指标，并对学生进行评价（图 5-7）。最终，系统自动为学生生成项目学习报告，学生查阅后能够明了自己当前的状况，为今后的学习指明方向。

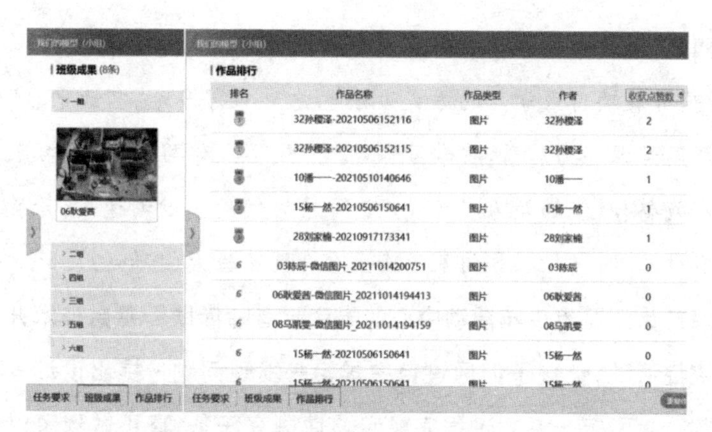

图 5－6　成果展示作品库

图 5－7　项目化学习评价体系

二、如何基于云平台开展项目式学习（吴彦君）

编者：项目式学习被认为是核心素养时代最为重要的学习方式之一，它以学生为中心，强调让学生通过“玩”的方式去解决一个真实或者虚拟融合真实的问题,以此来培养学生解决问题的能力。在教学与信息化深度融合的过程中,开展项目式学习的方式方法也更为丰富多元。"云平台"借助庞大的互联网资源库为后盾,将学习资源、学习平台、学习终端、学习服务和学习网络有效整合,能够助力实现教师与学生之间的高效沟通,是开展项目式学习的有效工具。那么,如何基于云平台开展项目式学习呢?

上海市徐汇区青少年活动中心的吴彦君老师借助云平台技术开展生态教育探究性活动,让孩子们通过自主学习—发现问题—提出设计—利用科学方法实践探索等一系列过程完成专题性探究任务,真正做到了以学生为中心,让学习真实发生。

(一) 活动流程设计

在生态教育活动中,活动设计是很重要的一个环节,需要兼具综合性、开放性、动态性、回归性、实践性、多样性等特征。在《探究生态系统中的"你,我,他"》项目活动中,学生通过线上云课堂项目化学习与互动,深入了解地球生态家园中的三大类生物群体,以"小小科学家"的身份进行课题的探究性学习。然后通过进入情境、完成任务,以发现问题—提出设计—利用科学方法实践探索这一系列过程去完成专题性的探究任务,学生可以在完成探究性任务后将探究方法、过程、结果以图片、数据、日志、报告的形式进行在线分享与交流。

(二) 活动内容介绍

该活动项目的主题为《探究生态系统中的"你,我,他"》,这是一项集科学普及、动手实践、问题探究、成果呈现、交流互动为一体的探究性活动项目。生态系统是由生物群落及其生存环境共同组成的动态平衡系统,包括无机环境与生物群落。本系列活动分为三个板块(见图 5-8):1. 生态系统中的成分与关系;2. 生态系统的功能;3. 生态平衡。

每个板块内的专题活动分为两个环节:1. 科普知识的了解;2. 专题性探

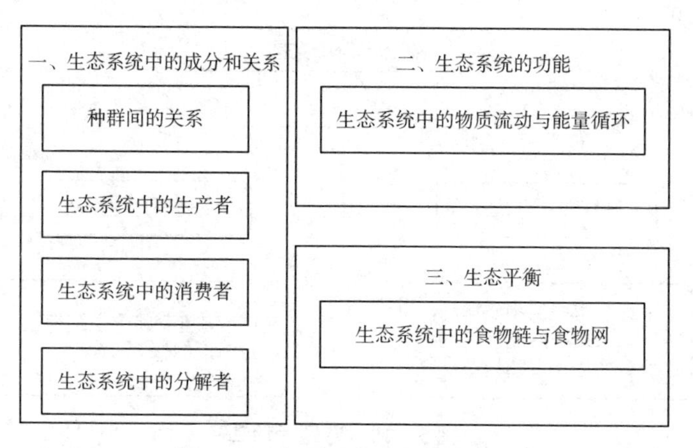

图 5-8 专题活动 3 大版块构成

究活动。通过云课堂中问题的引导,学生参与到专题性探究的活动中,并通过问题发现、探讨、实验、数据分析等多种学习方法,多维度地拓展、学习有关生态系统的知识体系,提高科学素养(见图 5-9、5-10、5-11)。

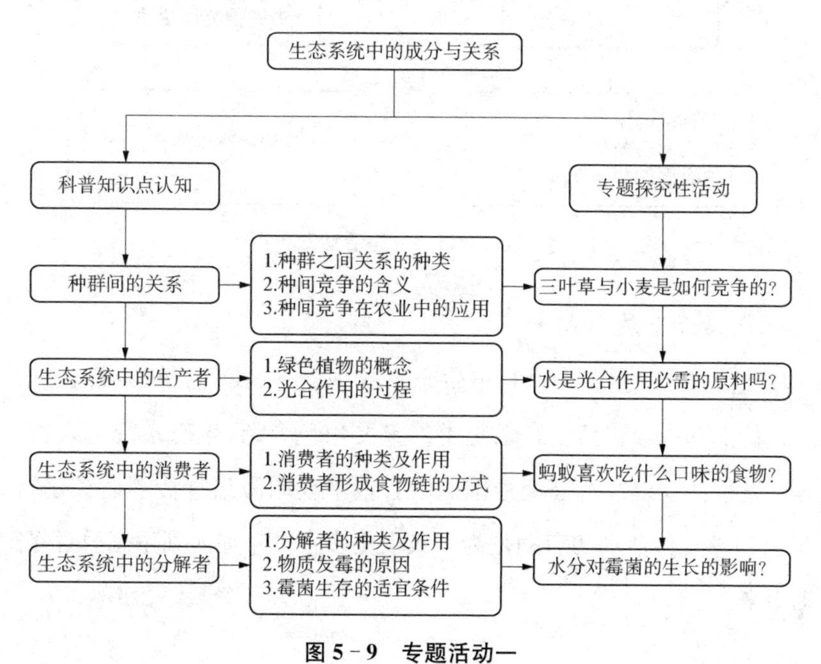

图 5-9 专题活动一

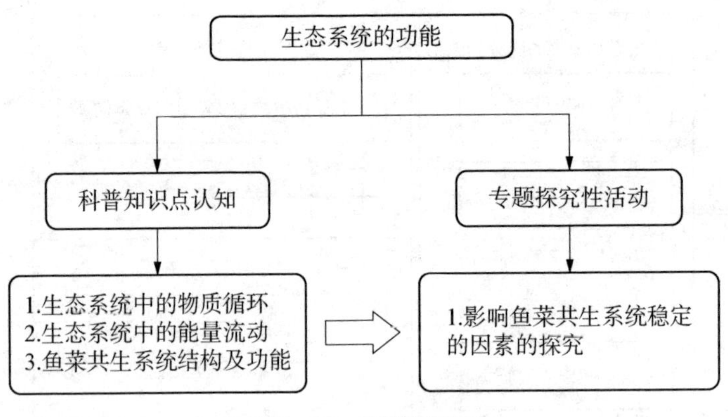

图 5-10　专题活动二

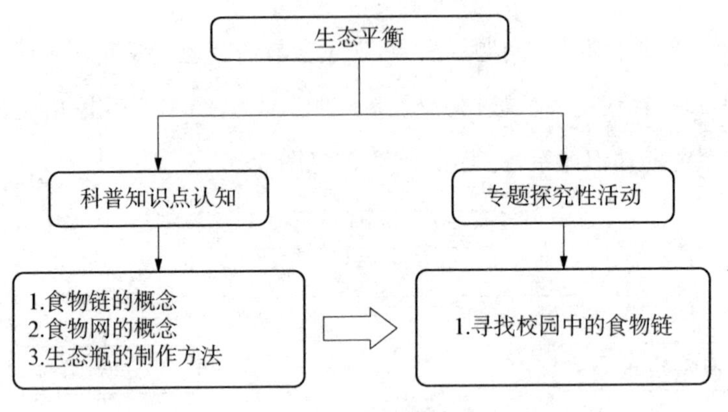

图 5-11　专题活动三

（三）活动开展形式

1. 组织开展“生态小百科—生态系统中的你、我、他”知识科普宣传活动。宣传活动内容包括生态系统中的重要角色介绍、生态系统与人类的关系等。宣传活动以线上公众号推送结合线下校园海报宣传等途径进行（见图 5-12）。宣传活动的启动是为了吸引更多青少年加入到生态教育探究性活动中来。

图 5－12　专题活动宣传海报

2. 组织开展“生态小百科—生态系统中的你、我、他”专题讲座活动。作为专题生态教育活动的重要环节，我们邀请了生态教育专家为青少年及广大群众讲解有关生物多样性及其保护的主题内容，进一步启发学生思考社会中的生态环境问题，从而为接下来的生态探究性活动做铺垫。

3. 组织全区青少年开展生态教育探究性专题活动。在每个专题的云课堂活动中，学员们深入地了解每个专题活动所涵盖的知识点结构与探究的问题，并在徐汇区青少年创智空中大课堂（微课公众号）所提供的参考材料中进行思考与设计，并最终以小组合作或者家庭亲子形式参与到专题探究性活动中，活动专题包括：（1）三叶草与小麦的竞争；（2）水是光合作用必需的原料；（3）蚂蚁喜欢吃什么？（4）霉菌的培养与观察；（5）鱼菜共生系统的制作；(6)寻找校园中的食物链(见图 5－13、5－14)。

图 5－13　云课堂——神奇的分解者(一)

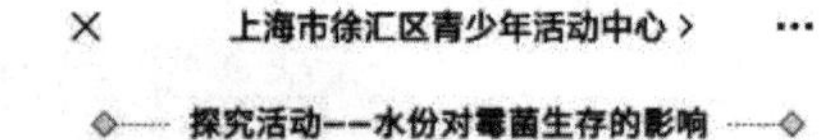

图 5－14　云课堂——神奇的分解者(二)

4. 组织开展线上作品及实验成果展示交流评比活动。充分利用云平台的展示交流功能，组织全区青少年参与专题活动的网上分享与交流活动，学员们可以通过网络终端将自己参与探究性活动的作品(包括实验设计、数据记录、观察图片、微视频)上传到云平台。这是学员们再次学习的机会，能够从已获得的结果中再寻找新问题进行思考与活动延伸(见图 5－15)。

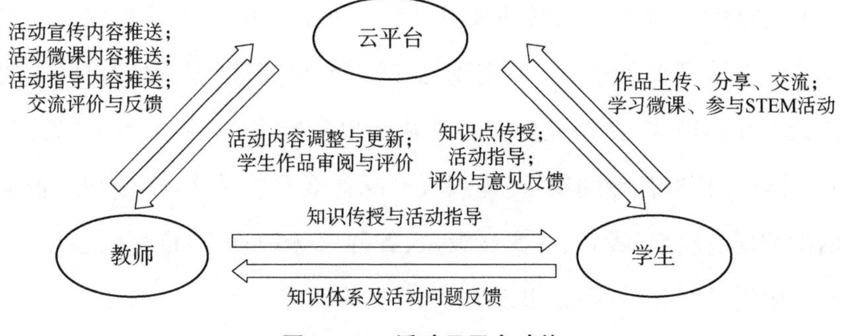

图 5－15　活动云平台功能

（四）基于云平台的项目式学习特征

1. 综合性。本次项目活动的设计主要围绕生态系统中的主要组成成分开展，课程内容多元化，涵盖科学（知识结构）、数学（数据计算）、技术（数据归纳与统计）、工程（实验装置的设计与组装）。教学方式多元化：线上主要运用微课及 MG 动画在云平台进行发布与教学，线下主要采取问题解决式模式，让学生思考微课中教师提出的探究性问题，并结合参考材料进行实验设计与实施，体现了教学方式的多元化特点（见图 5－16）。

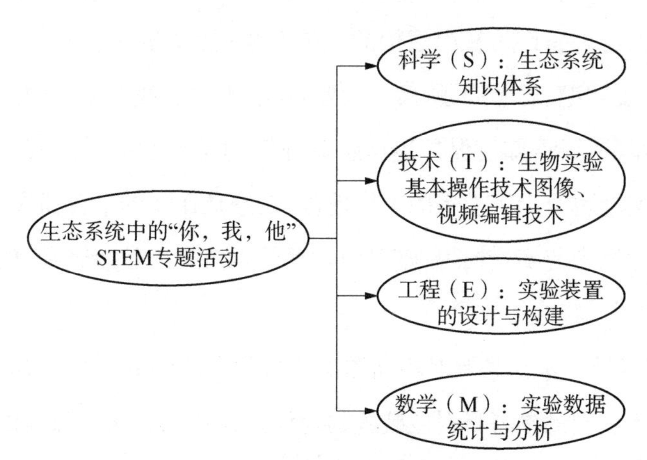

图 5－16　专题活动的功能体现

2. 动态性。本次项目活动采用云平台交互学习模式，将校内课堂教学转移至线上共享平台进行学习交流，而线下的探究性实验设计也将采用家庭式亲子互动模式，让探究性实验项目走出实验室，来到生活中（见图 5－17）。比如在探究性专题项目“蚂蚁喜欢吃什么食物?”中，学生和家长采用生活中的现有材料（吸管、一次性饭盒、各种口味的食物）进行实验设计，并在小区附近的绿化带（蚂蚁出没地）进行实验实施。

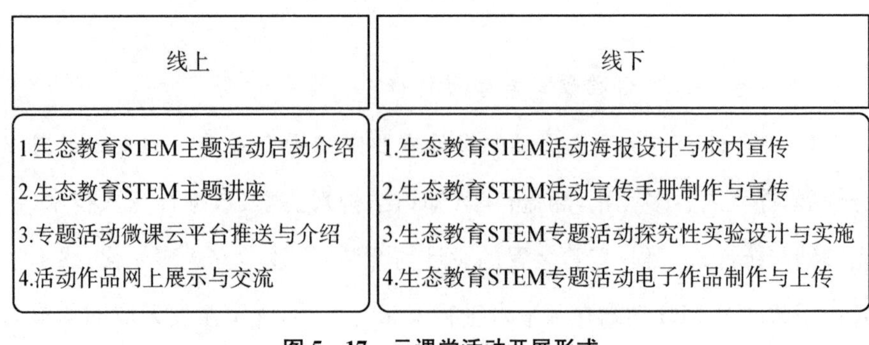

图 5－17　云课堂活动开展形式

3. 回归性。本次项目活动的内容选取贴近学生生活，采纳了学生身边的自然生物与现象作为知识建构的主体对象，使学生能够从身边的自然事物出发，发现问题、思考问题，解决问题，让学生对于我们生活的地球生物圈有更进一步的认识，知道保护地球生态环境的重要性并激发其责任感。整个活动的实施也突出了学生的主体地位，无论是在线的平台微课学习，还是后续的问题思考与实验构思，都可以由学生与家长（合作学习）独立完成与解决的。

4. 实践性。本活动针对不同知识点与预设的探究对象，在活动内容介绍中将给予配套的参考材料或装置的建议；另一方面，课程强调以活动为基础，基于问题解决的学习，同时获得实践的活动体验。此次项目活动设计的每一个专题都将在后半部分进行探究式学习与思考，由问题的引发到问题的思考，最终通过实践探究获得问题的答案与科学结论。图 5－18、5－19 展示了开展线下实验探究活动的场景以及学生实验记录观察自然的笔记。

图 5－18　开展线下实验探究活动

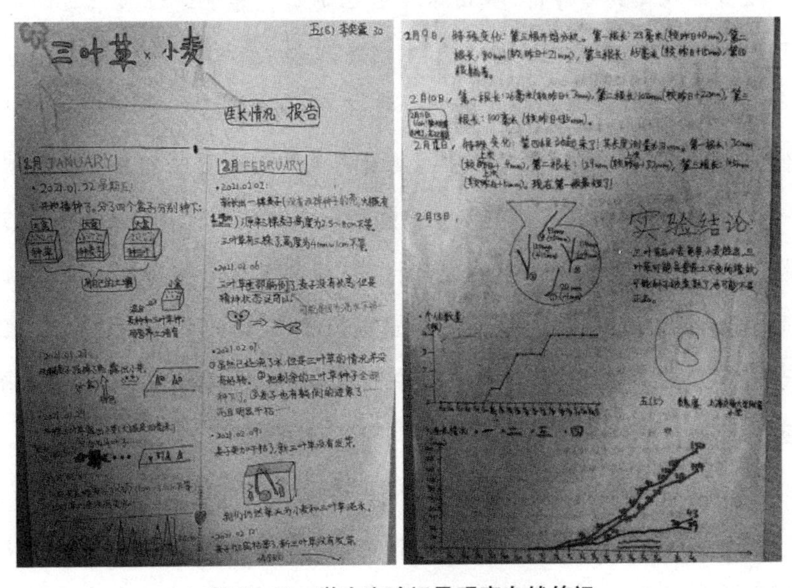

图 5－19　学生实验记录观察自然笔记

5. 针对性。本项目在设计专题活动评价标准时进行了难度与要求的划分与界定。比如在《生态系统中的生产者》专题活动中，对于水是否是光合作用所必需的原料，小学阶段只要求现象观察与判断，而中学阶段就要求设计变量因素与具体数据分析了。这也是为了实现不同年龄层次的青少年对于该项目活动学习不同目标的达成的需要。

三、如何利用线上线下融合模式推动项目式教学（刘健）

编者：化学课程中通常有一个单元是将化学知识与外部环境联系起来，内容涉及能源、环境等社会问题，突出化学在科技、社会、生活中的应用价值。这个单元的教学，对于学生认识化学，体会化学与人类的关系，增强化学观念具有重要作用。项目式教学是该单元常用的教学模式之一，即在教师指导下，将一个相对独立的项目交由学生自己处理，信息的收集、方案的设计、项目实施及最终评价，都由学生自己负责。学生通过该项目的进行，了解并把握整个过程及每一个环节中的基本要求，在此过程中发展核心素养。线上线下融合教育和项目式教学是现代化教育的两大利器，如何借助二者的优势，将化学的项目式教学效能发挥至最大化呢？

东北师大附中明珠学校的刘健老师利用线上线下教育融合和项目式学习模式，以安全矿灯的制作为主题，通过小组合作学习和讨论的方式，让学生利用所学到的燃烧、灭火以及爆炸的相关知识，通过讨论、实践、观察、反思、改进等方式，在解决问题的过程中引导学生感受化学知识与生活的联系，并在改进过程中发展其核心素养。实施思路如下：

（一）课前录制微课视频、整理阅读材料

为提升课堂内的有效性，课前我将本节课爆炸相关的知识内容录成微课视频，再将矿井中瓦斯气体易引起爆炸及戴维研发安全矿灯等的背景信

息内容，整理成了阅读材料。并将这两种材料提前下发给学生，要求学生在读完后，将材料内容精简整理成一篇关于安全矿灯研发的科技报道。这样既有利于教师掌握学生对材料的理解情况，也锻炼了学生科学阅读、从材料中获取关键信息及科学写作的能力，并初步了解到18世纪煤矿瓦斯爆炸的严峻性。

（二）课中创设情境，延伸研究问题

在创设情境、提出问题的引课环节，教师用一张维利奇卡盐矿照片背后的故事作为问题情境。首先提出问题："为什么矿工需要每隔一段时间去点燃矿洞顶部气体？"利用课前预习的爆炸相关知识及材料阅读后提取的信息，学生能够得知矿井内存在可燃性的瓦斯气体，且这种气体在浓度较高时易引发爆炸。通过这一问题的解决过程，促使学生对已有知识进行复习梳理，为后续探究活动进行了铺垫。接着，追问问题："如何避免矿洞中瓦斯爆炸事故的发生？"通过小组讨论，学生提出"严禁烟火，注意通风"这两条防止瓦斯爆炸的建议。但结合课前阅读材料，学生发现，在20世纪前，矿井中无法用电灯照明只能使用煤油矿灯，但使用原始煤油矿灯又容易引起爆炸，因而就引出了"安全矿灯"研制的必要性及重要性。通过阅读材料，学生已经知道，当时矿灯存在两大缺陷，即灯罩易碎裂和灯罩上方出气孔易窜出火苗。那么，如何解决这两个问题，就是本节课学生需要完成的任务，如下图5－20、5－21所示。

1. 合作实验，用知识解决实际问题。为解决玻璃灯罩易碎这一问题，学生提出了将灯罩材质更换为钢化玻璃或耐热塑料、在玻璃灯罩外缠绕金属网罩等多种方案，但考虑到戴维所处年代的科技水平，学生们最终选择了在灯罩外缠绕金属网罩的这一简单易行的方案。为解决火苗从灯罩出气孔

教学过程

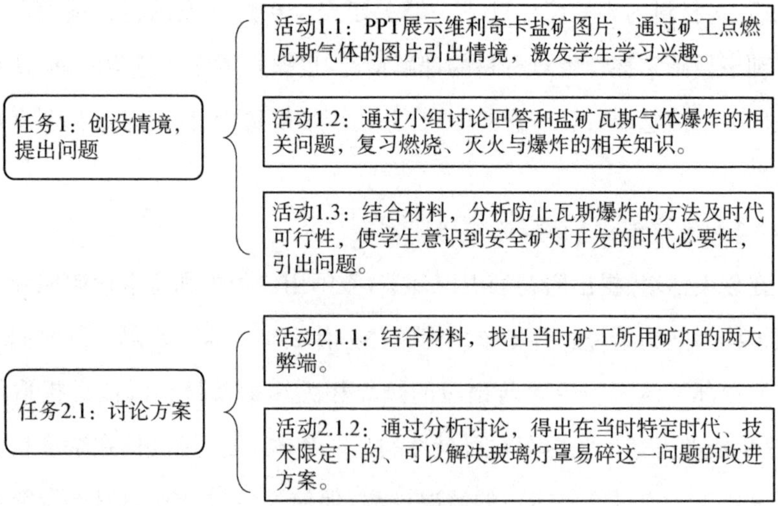

任务1：创设情境，提出问题

- 活动1.1：PPT展示维利奇卡盐矿图片，通过矿工点燃瓦斯气体的图片引出情境，激发学生学习兴趣。
- 活动1.2：通过小组讨论回答和盐矿瓦斯气体爆炸的相关问题，复习燃烧、灭火与爆炸的相关知识。
- 活动1.3：结合材料，分析防止瓦斯爆炸的方法及时代可行性，使学生意识到安全矿灯开发的时代必要性，引出问题。

任务2.1：讨论方案

- 活动2.1.1：结合材料，找出当时矿工所用矿灯的两大弊端。
- 活动2.1.2：通过分析讨论，得出在当时特定时代、技术限定下的、可以解决玻璃灯罩易碎这一问题的改进方案。

图 5-20　教学任务(1)

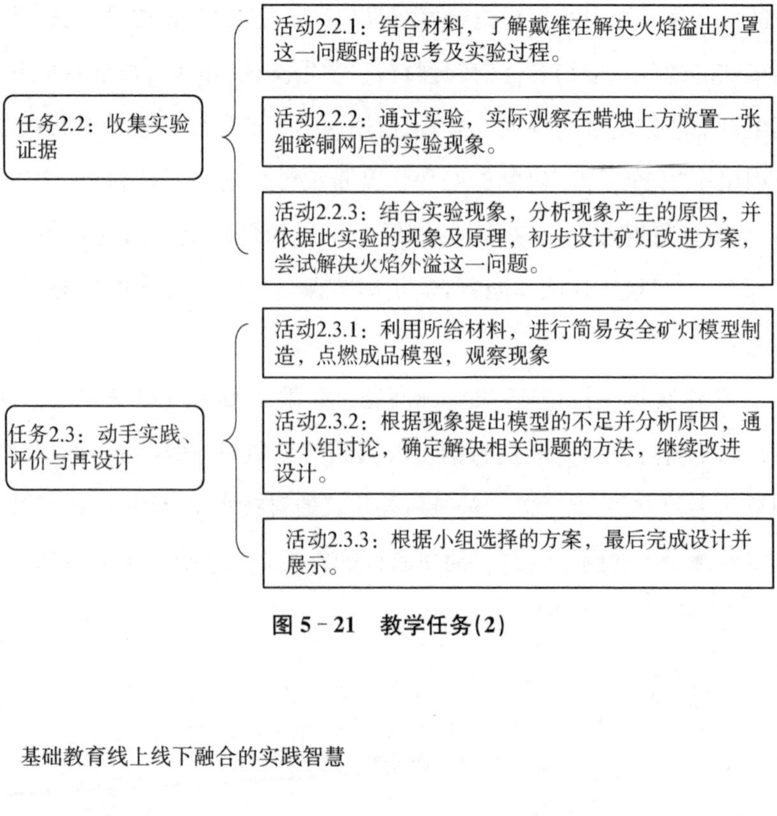

任务2.2：收集实验证据

- 活动2.2.1：结合材料，了解戴维在解决火焰溢出灯罩这一问题时的思考及实验过程。
- 活动2.2.2：通过实验，实际观察在蜡烛上方放置一张细密铜网后的实验现象。
- 活动2.2.3：结合实验现象，分析现象产生的原因，并依据此实验的现象及原理，初步设计矿灯改进方案，尝试解决火焰外溢这一问题。

任务2.3：动手实践、评价与再设计

- 活动2.3.1：利用所给材料，进行简易安全矿灯模型制造，点燃成品模型，观察现象
- 活动2.3.2：根据现象提出模型的不足并分析原因，通过小组讨论，确定解决相关问题的方法，继续改进设计。
- 活动2.3.3：根据小组选择的方案，最后完成设计并展示。

图 5-21　教学任务(2)

甯出这一问题，学生重新阅读材料，发现戴维通过观察到铜网将蜡烛火焰压低的现象想到了解决问题的方法。发现这一点后，老师组织了一个学生实验活动，让学生实验重现铜网将蜡烛火焰压低的现象，实验后，通过小组讨论，学生意识到这一现象的产生，是由于铜网有强导热性，使铜网上方的可燃气体温度低于其着火点，于是就出现了铜网下方有火苗而上方没有的现象。基于这一分析，多数同学提出了在灯罩出气孔覆盖铜丝网的这一解决矿灯火苗外溢的方案，并利用酒精灯、灯罩、铜网、棉线等实验用品，根据自己的设计，组装出一个简易的矿灯模型。

矿灯模型组装完毕后点燃酒精灯，学生意外发现了火焰亮度不够、火焰熄灭、一段时间后火苗依旧从铜网上方溢出等异常现象。面对新的问题，学生小组讨论发现，这些异常现象应该是铜网与火苗过于接近造成的，想要避免出现这些现象，需要调整铜网在灯罩上方的放置方式。基于这一想法，学生提出了将铜网由顶部覆盖式的放置方式，改为顶部缠绕式。得出新的设计方案后，借由教师提供的简易灯体，学生组装出了改进版的安全矿灯模型。模型组装完毕后，继续引导学生从功能性、美观性及宜人性等方面，对这一版矿灯模型继续进行完善。通过讨论，学生提出如缺少提手不方便悬挂、熄灭灯火操作复杂等问题，意识到了矿灯模型仍有完善改进的余地。

2. 感受科技进步对人类生活的影响。给出戴维设计的安全矿灯的实物图后，通过观察图片，学生发现本节课他们设计出来的矿灯模型与戴维的设计已非常接近，再通过强调安全矿灯这一发明的重要意义，肯定学生创新意识、动手能力的同时，让学生体会到利用知识解决实际问题、设计完善产品这一创造过程的巨大成就感。同时，补充介绍现代矿工使用的照明设备，让学生充分感受科技进步对人类生活的巨大影响。接着，结合板书，重新归纳整理利用已有知识进行创新发明的一般步骤,进一步加深学生对流程中各环节的理解认识,如图 5-22 所示。

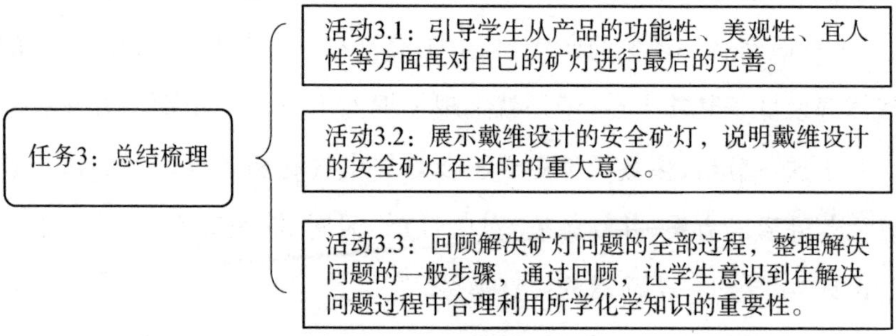

任务3:总结梳理

活动3.1:引导学生从产品的功能性、美观性、宜人性等方面再对自己的矿灯进行最后的完善。

活动3.2:展示戴维设计的安全矿灯,说明戴维设计的安全矿灯在当时的重大意义。

活动3.3:回顾解决矿灯问题的全部过程,整理解决问题的一般步骤,通过回顾,让学生意识到在解决问题过程中合理利用所学化学知识的重要性。

图 5-22 教学任务(3)

课程的最后,通过展示学生提交的文稿中的一句话,"灵感可能来自某一次的偶然,发明一定来源于亘古不变的科学原理",让学生进一步明确创新发明与所学知识之间的关系,并鼓励学生积极利用已有知识进行有意义的发明创新。

总之,对于《燃烧与灭火》这种课内知识内容相对简单易懂,学生理解难度不大的课程,比较适合采用线上自学、线下深度学习的线上线下融合教育模式。通过观看微课视频,在学生了解了基本知识内容后,创设出一个真实存在的、学生感兴趣的教学情境,采用项目教学法,将传统的学习知识过程转变为利用知识解决问题的过程,一方面可以加深学生对于知识内容的认识与理解、达成深度学习的目标,另一方面也可使学生切身体会到所学知识的价值和意义,一举多得,收效颇丰。

四、如何以项目为载体促进学生深度学习(刘佳宁)

编者:"深度学习"是指在教师的指导下,学生全身心参与到学习过程中，以深度体验和高阶思维发展为目标，以整合的知识为内容，积极主动地、批判性地学习新的知识和思想，能将新知识融入原有的认知结构中，并能将已有的知识迁移到新环境中的一种学习方式。如何利用线上线下融合的方式将传统教学中的浅层学习转化为深度学习，提升学生自主学习、解决复杂工程问题和创新应用能力？

东北师大附中明珠学校的刘佳宁老师及其教学团队在化学课中以项目为载体对之进行了有效的探索，实施步骤如下：

（一）课前：学生在线自主预习微视频

《若干知识点和化学实验相关的微视频集》的内容是自主选择课前预习的学习资源。优化课前线上学习资源（如图 5-23），学生根据自身情况进行自主预习，对于将要学习的内容形成初步了解，为线下的课堂学习奠定一定基础。

图 5-23 线上学习资源

学生习惯性地以娱乐体验心态利用碎片化时间进行学习。化学组内教师针对网络资源进行一定的筛选，给学生提供视频资源，在一定程度上解决学生学习化学动力不足的问题（如图 5-24）。

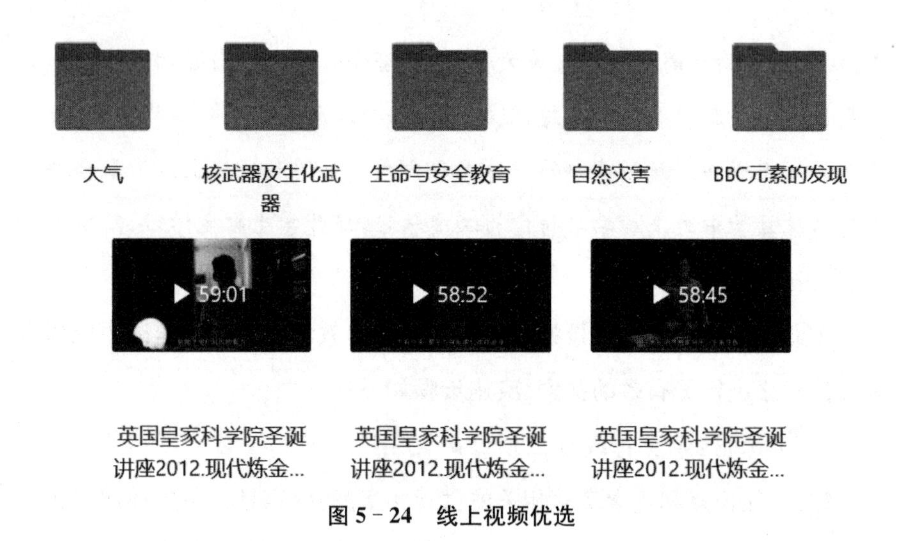

图 5-24　线上视频优选

（二）课中：以任务为导向开展项目式学习

以“照亮生命的发明——燃烧和灭火”为例，教师采用项目式学习的授课方式，借助项目学习优势，引导学生深入学习，包括布置问题任务→制定计划→活动探究→形成作品→评价反思→反思评价→问题任务，形成闭环的项目学习实施流程，不断帮助学生通过真实问题情境建立学科知识之间的联系，并对所学的知识与技能、过程与方法进行整合，促使学生深度学习。

（三）线上线下有机结合：建构深度学习的流程

经反思总结，学科教研组形成了深度学习的线上线下有机结合模式，拓展了课前、课中、课后的学习时间，模糊了课堂内外的界限，如下图 5-25 所示。

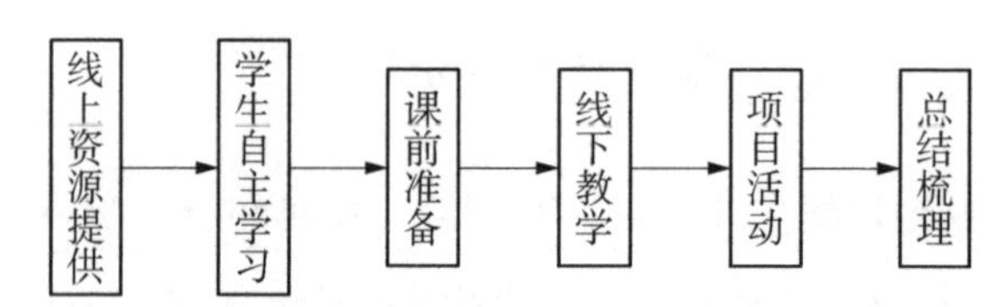

图 5-25　基于线上线下融合项目式学习的一般模式

以“瓦斯爆炸”为例，首先，课前提供线上资源，学生自主学习，课堂上通过 PPT 展示维利奇卡盐矿图片，通过矿工点燃瓦斯气体的图片激发学生兴趣；结合课前通过线上为主题的学习提供必要的文字、图片、视频等，分析防止瓦斯爆炸的方法及时代可行性，使学生意识到安全矿灯开发的时代必要性，引出问题；找出当时矿工所用矿灯的两大弊端。再通过分析讨论，得出在当时特定时代、技术限定下的、可以解决玻璃灯罩易碎这一问题的改进方案。

其次，利用所给材料，进行简易安全矿灯模型制造，试验成品模型，观察现象；根据现象提出模型的不足并分析原因，通过小组讨论，确定解决相关问题的方法，继续改进设计。

最后，引导学生从产品的功能性、美观性、宜人性等方面再对自己的矿灯进行最后的完善。

图 5－26　小组在问题解决后开展实验

整个教学过程恰到好处地利用了线上教学的优势，完成对于线下教学的信息支持不足的问题。学生学习的全过程如发现问题，制定任务，解决问题，不断分析讨论方案、收集实验证据、动手实践、评价与再设计，最终总结梳理，在此过程中教师引导学生深度参与，进行学习。

教学的线上线下融合，可以有效地突破时间和空间的限制，借鉴该案例可推广到新授课和复习课中，通过真实问题解决，引导学生深度学习，促进学生学习模式的转变。

以“再探金属”为例，开展基于深度学习的专题复习课，如图 5－27 所示。

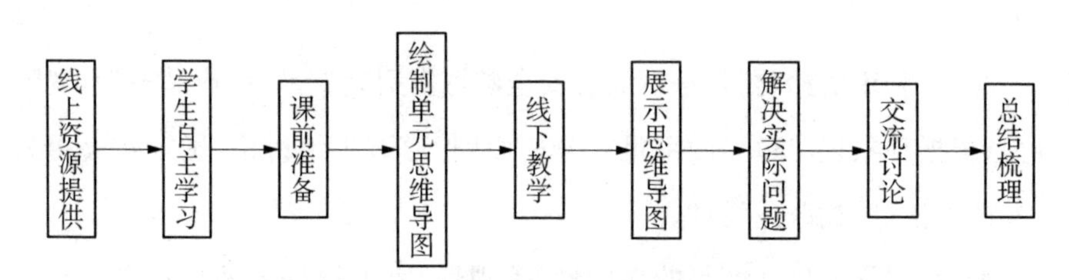

图 5－27　基于专题复习的一般模式

利用学生的深度学习，让学生自主构建知识网络，形成单元思维导图，展示并交流完善。教师将“碎片”化的知识通过构建思维导图和真实问题解决进行结构化；改变传统的单元复习课大多进行简单知识的堆砌，让学生体验化学与生产生活密切相关，如图 5－28 所示。

（四）课后：学生自主复习

“‘线上线下’融合模式下习题的讲解和拓展”是“双减”政策下作业研究的案例。对于相对复杂问题，学生在课堂上没有理解透彻或一段时间后遗忘，就可以到线上资源库进行查找学习，如图 5－29 所示。

“初中化学试卷讲评”是试卷讲评课。传统教学中一般包括导入、新课、总结、练习等，练习是针对学习的一次诊断，所以练习对于学生认识自己非常重要，而练习后的试卷评价是对学生自身学习的一次反馈。高效的讲评课可以帮助学生查漏补缺，提高审题解题能力，完善学生的知识和思维系

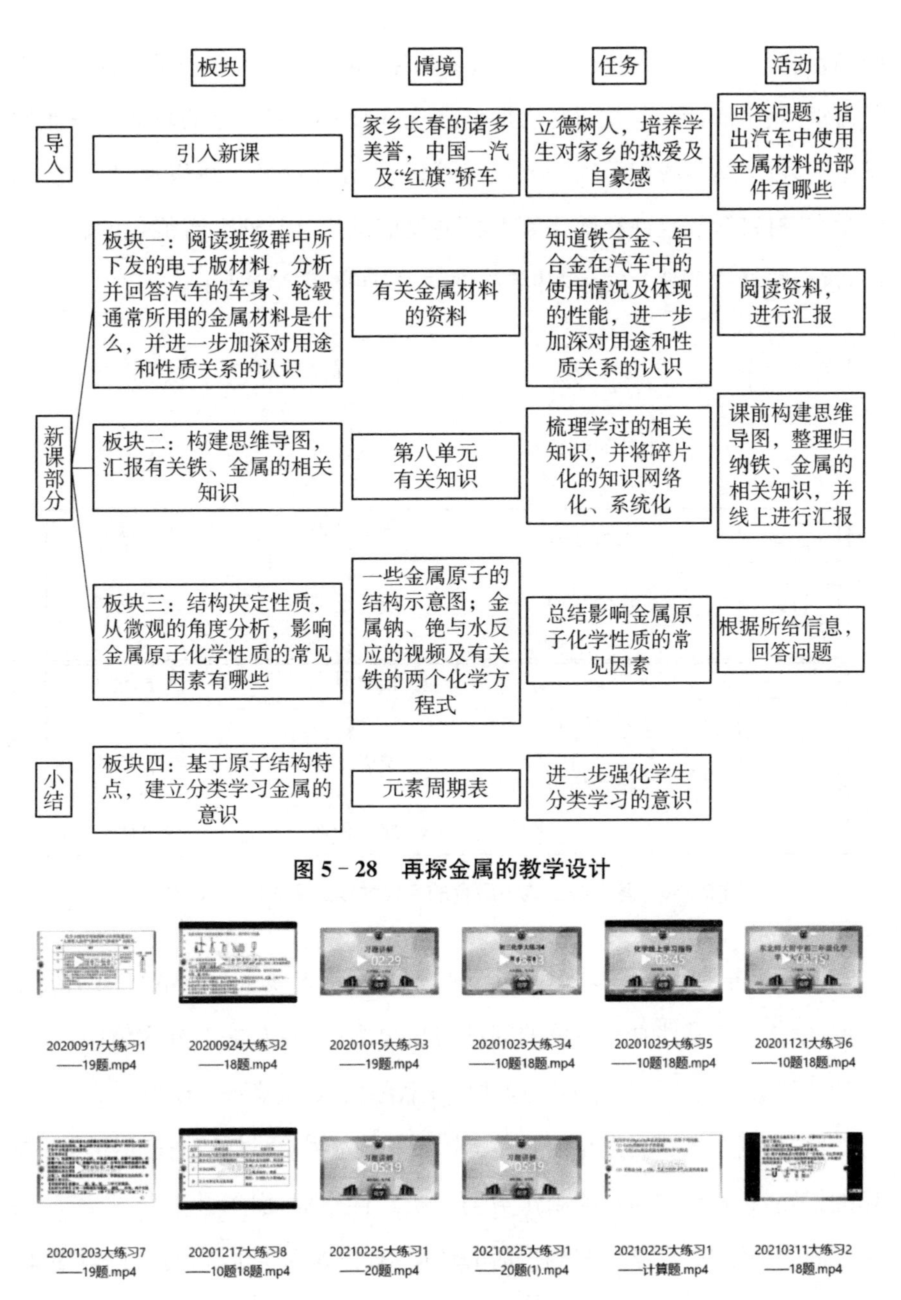

图 5－28　再探金属的教学设计

图 5－29　问题视频库

统，做到深度学习。传统的试卷讲评在有限的时间里，无法满足各层次学生的需求，效率低，因此，教师要借助信息化、网络化、智能化的教学手段激发学生的兴趣，精准找到学生的弱点，让每一个学生受益。可以通过问卷星、智学网、钉钉智能软件和微课等平台创设信息化、网络化、智能化的教学环境，进行线上线下教学融合，开展深度学习，如图 5－30 所示。

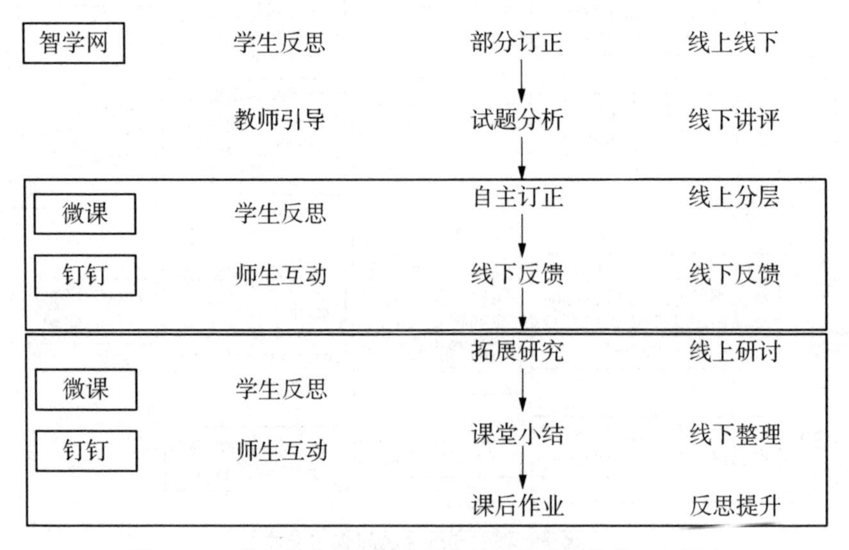

图 5－30　基于线上线下融合的实践性作业实施的一般模式

学科素养的培养是基于真实问题的解决，传统线下教学的场所主要是教室，学生对于某些真实情境的问题解决更多是模拟，缺乏真实体验，我们设计了基于线上线下融合的实践性作业教学模式，如图 5－31 所示。

以“自制净水器制作与创新”实践性课程为例，通过线上简易净水器制作的指导，布置自制净水器制作与创新实践性作业，引导学生深入学习，打破空间上的限制，让学生回到生活的环境中，找到真实水源，对其进行净化，经历水的净化，了解净水的常用方法，部分学生的实践作业如图 5－32 所示。

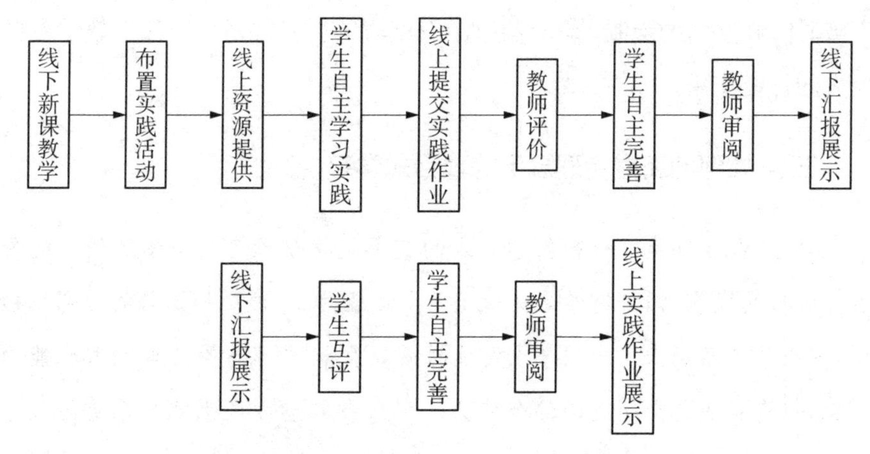

图 5－31　基于线上线下融合的实践性作业实施的一般模式

图 5－32　部分学生实践作业展示

线上教学资源，不受时间、空间因素影响，学生可以随时学习、观看和查询等，同时也给学生小组合作提供充分的时间和空间；通过线下教学为学生提供展示分享的机会，让学生能深度参与学习，并利用师生和生生等多元评价方式对作业成果进行反馈，帮助学生了解自身的学习状况，增强学习动力，明确进一步学习努力的方向。

通过课前、课中和课后三个阶段，我们不难看出线上线下融合教学能够突破时间和空间的限制，提升学生学习化学的动力，并对传统线下教学发挥极大的补充作用。

五、如何创新融合理念下的项目式学习（吴波）

编者：人才培养目标和教学方式的变革是推动教育改革的关键。随着智能时代的发展，国外有学者提出了学生发展的21世纪知识与能力彩虹模型，国内学者研制出了中国学生发展的核心素养，要求学生在学科知识能力之上，应有解决复杂问题的综合能力。那么在教学方式上就应注重将数字技术与学科教学进行有机融合，引导学生主动思考、积极提问、自主探究。在融合式教学理念的视角下，开展研究型、项目化、合作式的教学，将是促进学生核心素养发展的有效路径。

那么如何创新融合式理念下的项目式学习，促使学生成为学习主体，充分发挥主观能动性，在探究中发展学科核心素养，提高创新精神和实践探究能力？东北师大附中的吴波老师及其教学团队进行了有效的探索，具体思路如下。

（一）集体备课，设计主题

教研组内的教师通过交流，共同拟定了“生命系统的稳态与平衡”为实践主题。教师通过创设问题情境、进行案例教学等形式，帮助学生养成正确的生命观念、秉持严谨的科学思维、形成优良的科学探究能力、具备坚定的社会责任感，从而实现核心素养的扎实落地。教师要明确课堂教学中的主题，用目标来引导教学方向和教学内容，促进教师在课堂教学中做到有的放矢。教师通过集体备课的方式共同沟通，相互交流，开阔视野，在交流中深化认识，在沟通中强化理解，有利于学生从不同角度来探索所学内容要点，形成对知识的深刻性理解和认识。

（二）开发资源，准备教学

教师主动地进行教学分析，根据《普通高中生物学课程标准（2017 年版）》进行课程标准解读，了解“生命系统的稳态与平衡”在教学中的重要地位和相关知识。其次进行教材分析，认识到“生命系统的稳态与平衡”是人教版高中生物必修模块的重要内容，主要由“人体的内环境与稳态”“动物和人体生命活动的调节”“植物的激素调节”“种群和群落”“生态系统及其稳定性”五部分构成，其教学核心是围绕稳态、调节及环境等生物学核心概念的展开，使学生认识生命系统内部的调节机制以及与环境的关系，最终理解生命活动的本质及规律。同时对学情进行分析，通过对以往知识的学习，普遍能够从观察到的生命现象及相互关系或特性进行解释后的抽象，形成经过实证后的观点，得出理解或解释生物学相关事件和现象的意识、观念和思想方法。学生思维活跃，理解力强；学科基础知识较好，逻辑推理能力较强；学生能够通过观察、分析后作出科学判断，进而总结获得正确结论。不足之处在于：由于教学内容、教学计划等条件的限制，学生对于比较抽象的理性知识尚缺乏足够的领悟力；自主探究学习的机会较少，学生自主探究构建概念模型的能力亦有不逮。因而教师通过钉钉平台，运用直播的形式组织线上教学。

（三）分析目标，确定方向

教师明确线上线下融合教学的目标，用目标来引导学生的分析和探究，指引学生的学习方向，并在清晰目标的引导下获得知识，提高理解能力。在本课的学习中，教师要让学生：

1. 能够利用结构与功能观、物质与能量观、进化与适应观，阐明稳态与平衡是生命系统进行生命活动的必要条件（生命观念、科学思维）；

2. 能够利用稳态与平衡观，构建生命系统各个层次稳态与平衡的概念

模型(生命观念、科学思维);

3. 能够利用稳态与平衡观,解释胰岛素分泌、血糖平衡调节、种群数量波动、生命系统抵抗力稳定性等生命系统现象,形成"玄德"的道德思想(科学思维、社会责任)。清晰的教学目标会引导教师有效开展课堂教学。

(四)课堂导入,激发兴趣

结合"侏儒兔吃草"这一与日常生活息息相关的例证,学生直观地了解"内环境稳态"的真实含义,旨在学生从个体水平认识"内环境稳态与平衡"的生命观念。教师展示图片带领学生思考:侏儒兔吃草后,内环境的组成成分将如何变化?展示侏儒兔吃草后,胰岛素、胰高血糖素和血糖含量变化曲线,并鼓励学生思考这三条曲线分别代表哪种物质的变化?学生在探究中会认识到橘色代表胰岛素,蓝色代表血糖,绿色代表胰高血糖素。教师可以继续提问:侏儒兔吃草后,血糖浓度为何先增多、后减少,最后维持相对稳定的平衡状态?学生通过回答后,教师可以总结内环境稳态调节中的体液调节和神经-体液调节模型(如图 5-33 所示)。让学生理解动物内环境稳态的 4 种基本调节模型,即神经调节、体液调节、神经-体液调节以及分级调节。

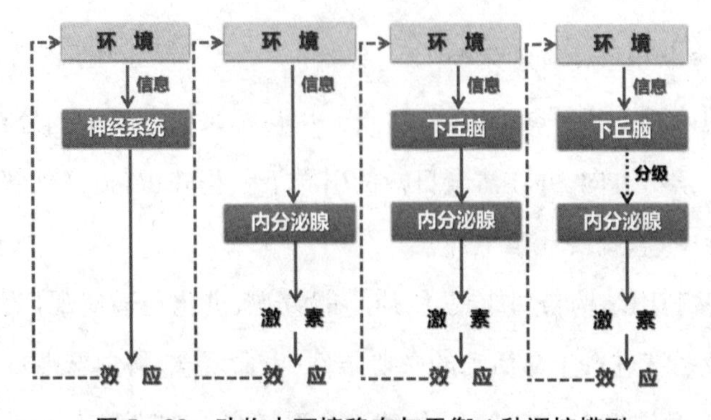

图 5-33 动物内环境稳态与平衡 4 种调控模型

(五) 探究问题,挖掘本质

教师为学生提出问题:血糖升高作为信息,是如何刺激胰岛 B 细胞分泌胰岛素的?教师鼓励学生描述葡萄糖促进胰岛 B 细胞分泌胰岛素的调节机制。学生在教师的带领下,并结合教师提供的图片进行描述,阐述葡萄糖促进胰岛素分泌的过程。教师提供血糖平衡调节的原理图(如图 5－34 所示),指导学生总结。教师要让学生在探究中认识到:葡萄糖进入细胞后氧化分解,产生 ATP。ATP 抑制 K^+ 外流,胰岛 B 细胞膜去极化,促进 Ca^{2+} 通道开放,Ca^{2+} 内流,促进囊泡分泌胰岛素。这与突触前膜释放神经递质的机制颇为相似。教师会进一步鼓励学生构建细胞维持其组成成分和理化性质相对稳定的概念模型。教师通过图 5－35 展示的方式来引导学生思考、总结,促进学生内化知识。在主动加工中认识到信号分子与特异性受体结合,形成信号分子-受体复合物,该复合物调控基因程序性表达,形成特定的效应物。通过效应物量增多或减少的调节,实现细胞内稳态与平衡的调节。

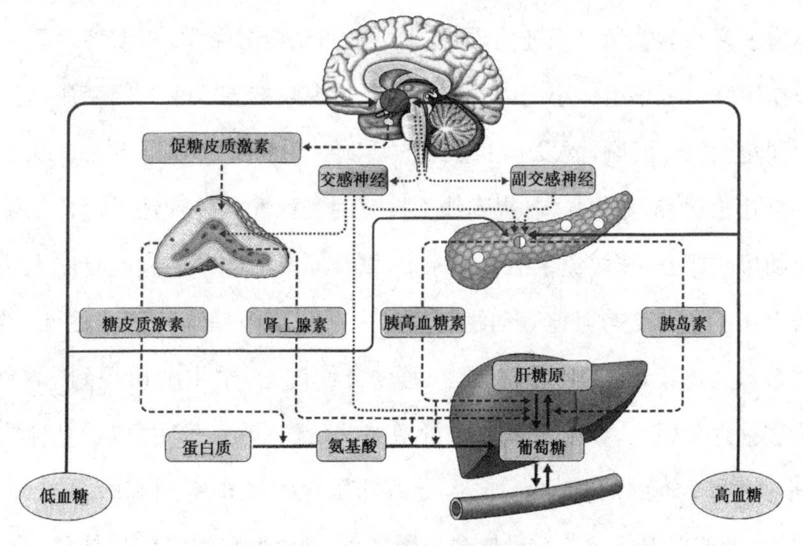

图 5－34　血糖平衡调节

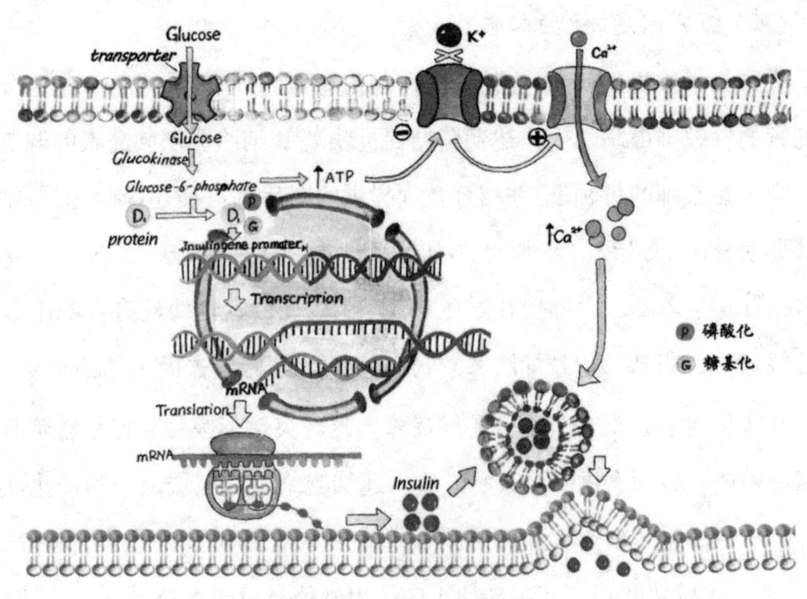

图 5－35 胰岛素分泌调节

（六）小组探究，居家实践

为了调动学生学习积极性，加强学生之间互相交流学习，教师组建了线上合作探究学习小组。小组内学生可以通过视频的方式来共同交流、讨论，从不同角度探究问题，激发学生思维的活跃。教师要引导学生通过线上学习小组互相学习，互相督促，提高线上探究的实效性。教师还可以让学生以小组的形式探究：侏儒兔生活在草原上，以草原上的牧草为食。草原上还生活着以侏儒兔为食的狐狸等动物。如果因某种原因导致侏儒兔过度繁殖，种群数量会持续增长吗？为什么？通过合作讨论，学生会认识到“不会”。因为在这片草原上，如果侏儒兔大量增加，草就会被大量啃食，于是侏儒兔之间对食物等资源的竞争会加剧，导致侏儒兔的生存空间和资源减少；同时，捕食者狐狸因侏儒兔数量增多而增多，它们会捕食更多的侏儒兔。这样经过一段时间后，兔的数量又会恢复或接近原来的水平。教师可以提供草原生物群落内负反馈调节的原理图(如图5－36所示)组织学生讨论：如果草原发生火灾，具有什么结构特点的草原生态系统能更有效地抵抗干扰，并使结构和功能保持原状？为什么？什么是生态系统的稳定性？学生通过合作会认识到：生态系统中的组成成分越多，食物网越复杂，其自我调节能力越强，抵抗力稳定性越高。生态系统维持或恢复自身结构与功能处于相对平衡状态的能力，就叫做生态系统的稳定性。

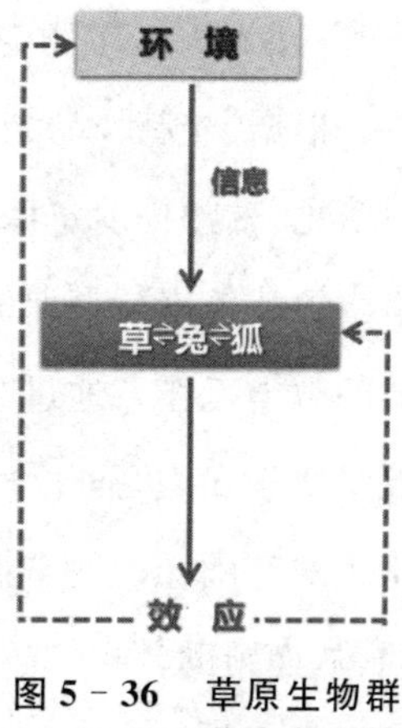

图5－36 草原生物群落内负反馈调节

（七）实践探究，社会参与

课堂教学中，教师要关注生物教学的核心素养，培养学生的社会责任，引导学生在探究中成为学习主体，结合生活进行实践和分析，提高学生的探究能力。在本环节中，教师可以结合古人经典话语，让学生分析《荀子·王制》中说："草木荣华滋硕之时，则斧斤不入山林，不夭其生，不绝其长也。"《齐民要术》中有"顺天时，量地利，则用力少而成功多"的记述。生命系统的各个层次都存在自我调节机制，请大家思考，为何古人还要把天地人统一起来？学生在探究中会认识到生命系统的自我调节能力是有限的。

（八）作品评议，反思总结

教师定期线上抽查学生的学习情况，并定时把学生的课堂笔记、课堂练习标准、规范的学生作业发到班级群中，供同学们参考。同时，引导学生反思自己的学习情况，主动总结知识，学生在反思中会形成对知识的客观性认识和理解。

（九）线上回顾，巩固强化

根据学校要求，结合学校的实际，利用网络、班级钉钉群、掌上通发布学习信息，教师提前备课，包括教学设计、教案、微课或视频，并且熟练利用网络教学装备进行授课的充分准备，认真研究如何通过网络空间进行更为有效的教学工作。通过“空中课堂”实现有效教学，带领学生共同复习和巩固课堂所学知识，强化学生对知识的理解和认识。线上和线下融合教学重视学生对基础知识的掌握和理解，教师应引导学生深入理解“稳态”概念的本质，从而帮助其理解生命本质，并从系统的角度来认识生命系统与环境的关系，如，“稳态”概念不仅包含了生命系统通过自我调节，适应内外环境变化，保持稳态，并通过自动调节作用在结构与功能上达到和谐与统一，而且它又以“生命系统”与其他相关生物学知识整合，既拓展了教学手段，又提升了学生的学习能力。学生通过线上和线下相结合的方式会成为学习主体，在主动沟通中内化知识，在交流中强化认识，在线上学习中主动探寻线下的困惑和不解，并围绕知识点进行深入加工和分析，以提高学习能力，实现对知识的深刻理解，落实核心素养。

六、线上线下融合方式如何助力项目化教学中的实验探究活动（吴乔乔）

编者：开展实验对科学问题进行探究，是项目化教学的重要形式。然而在现实中，由于课堂容量有限，无法为学生提供充分的探索时间；学生水平参差不齐，无法保证每位学生都能够有动手操作的机会。为完成教学目标，有些教师会以提供正确解法的方式代替学生思考探究的过程。因此，有必要采取措施，克服这些实践难点。而线上线下融合的教学方式，则为项目化教学的实施提供了良好的载体。

温州市鞋都第一小学的吴乔乔老师在“点亮小灯泡”一课中，基于项目化学习理念开展线上线下融合教学，利用线上教学为基础性知识的传授提供便利，进而把线下课堂创设成为一个自主、互动和实践的学习环境，让学生能够充分地思考和探索，真正实现了以学生为中心的课堂方式变革。

（一）课程教学目标

确定教学目标是有效教学的第一步。“点亮小灯泡”是小学四年级下册教科版科学第二单元第二课的内容，具体如下：

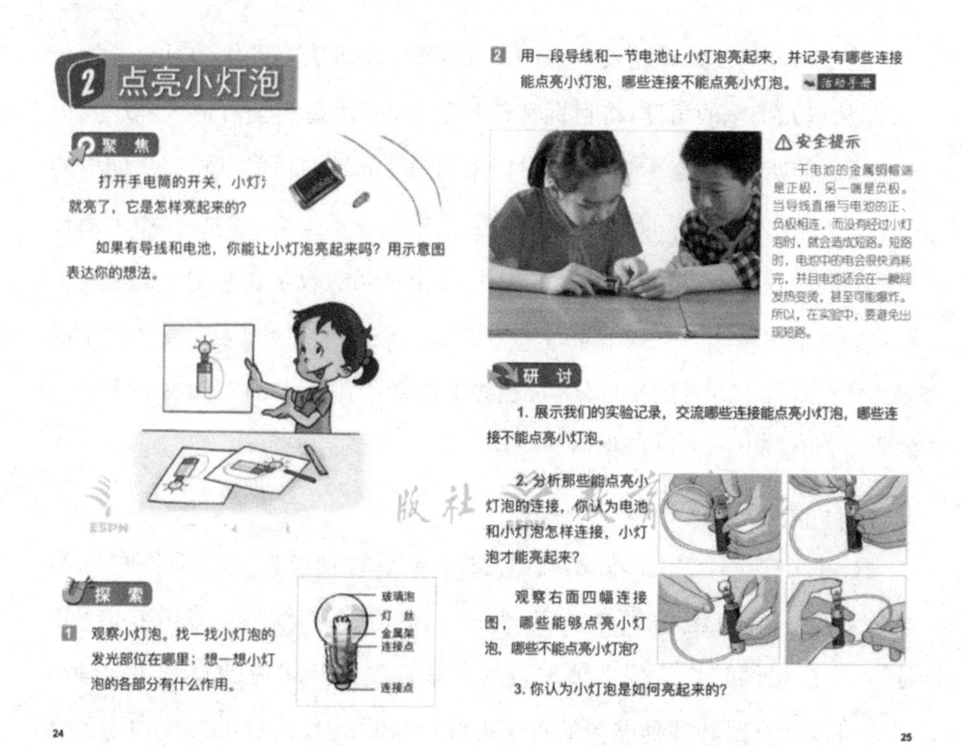

2 点亮小灯泡

聚焦

打开手电筒的开关，小灯泡就亮了，它是怎样亮起来的？

如果有导线和电池，你能让小灯泡亮起来吗？用示意图表达你的想法。

探索

1 观察小灯泡。找一找小灯泡的发光部位在哪里；想一想小灯泡的各部分有什么作用。

24

2 用一段导线和一节电池让小灯泡亮起来，并记录有哪些连接能点亮小灯泡，哪些连接不能点亮小灯泡。活动手册

安全提示

干电池的金属铜帽端是正极，另一端是负极。当导线直接与电池的正、负极相连，而没有经过小灯泡时，就会造成短路。短路时，电池中的电会很快消耗完，并且电池还会在一瞬间发热变烫，甚至可能爆炸。所以，在实验中，要避免出现短路。

研讨

1. 展示我们的实验记录，交流哪些连接能点亮小灯泡，哪些连接不能点亮小灯泡。

2. 分析那些能点亮小灯泡的连接，你认为电池和小灯泡怎样连接，小灯泡才能亮起来？

观察右面四幅连接图，哪些能够点亮小灯泡，哪些不能点亮小灯泡？

3. 你认为小灯泡是如何亮起来的？

25

图 5－37　教科版科学四下教科书截图

本节课的教学目标包括：

科学概念	• 只有电流流过灯丝时灯泡才会发光。 • 利用电来点亮一只小灯泡需要包括电池、导线在内的完整的闭合回路。 • 一个完整的电路可以使用相同材料、多种方法建立起来。 • 电池两端直接用导线连接在一起，就会发生短路。
科学探究目标	• 能用电源、导线和小灯泡连接简单电路，并描述和记录。 • 能根据实验现象对电流的流向做出大胆的想象和推测。
科学态度、技术、社会与环境目标	• 发展对工程制作的兴趣，激发创新精神。 • 体会要将所学知识运用到真实情景中解决问题。

基于以上的实践难题及本课的单元背景，教师从项目化学习中寻找新思路，从单元统整的角度，将目标和任务前置，创建真实学习情景，以"模拟安装家庭照明电路、至少点亮 2 盏灯"为驱动性问题，将"尝试点亮房间中的一个灯泡"设为本节课的子驱动性问题，让学生在真实情境的探索中不断提出新的问题，从而产生新的学习需求，使整个单元的教学在问题链的驱动下展开。本节课采用线上线下融合的方式来突破教学难点，运用线上教学的方式传授新课中涉及的基础知识，在线下课堂中用更多的时间突破本节课的难点，当场测评，并进行拓展和应用。

（二）线上教学部分

1. 自学视频，学生掌握基础识记性知识。课前准备：每生下发一个材料袋，内含 1 个灯泡、1 根导线、电池贴纸、灯泡贴纸，学生自备 1 节 5 号电池；为学生提供时长两分半钟左右的自学视频以及相应的自学单。学生在家可以反复回看教师准备的自学视频，巩固知识，这对识记性知识的掌握大有裨益。下图（图 5－38）主要展示了学生在线上学习后完成的自学单情况。

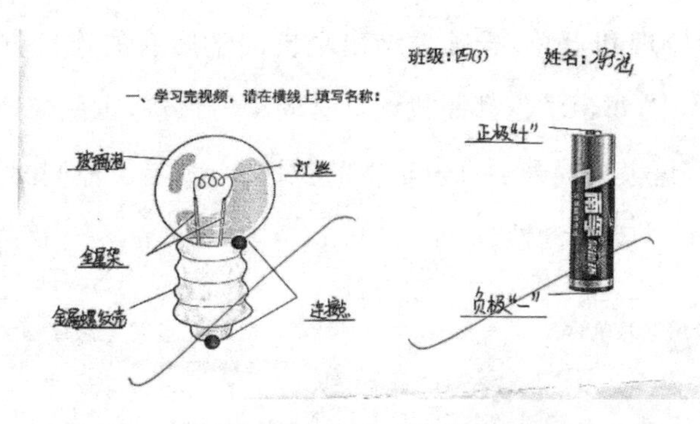

图 5－38　学生反馈的自学单

2. 下发材料，学生进行自主探究。利用下发的材料，学生可以用贴纸的形式记录下自己的连接方式，并用细线画出连接方式（图 5－39）。教师精心定制的灯泡贴纸符合小学生的学习特点，变抽象的画图为形象的粘贴符号，不仅为学生在家中自主探究提供了材料保证，而且极大地激发了他们动手和动脑的兴趣。

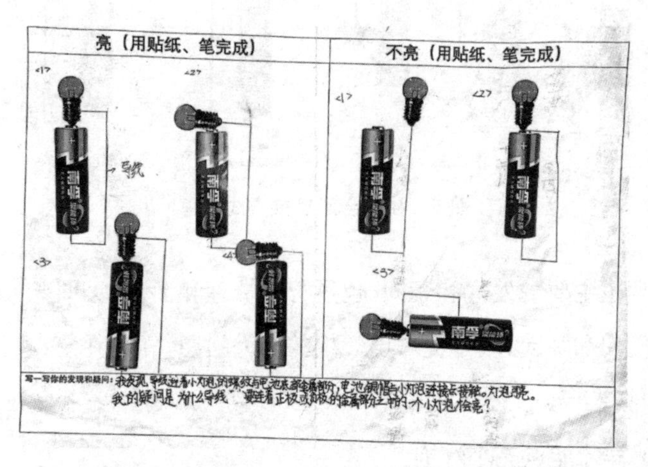

图 5－39　学生深入探究后的实验结果记录情况

3. 教师梳理，准备以生为本的线下教学。经过对全班将近 49 位同学的自学单进行梳理和汇总，教师总结出全班同学所有的连接方式（图 5-40）。在汇总单中，每个学生都能找到自己的学习痕迹，也能快速发现和借鉴他人的做法，这极大提升了每位学生的积极性，满足了他们的好奇心，真正激发了学生的主观能动性。

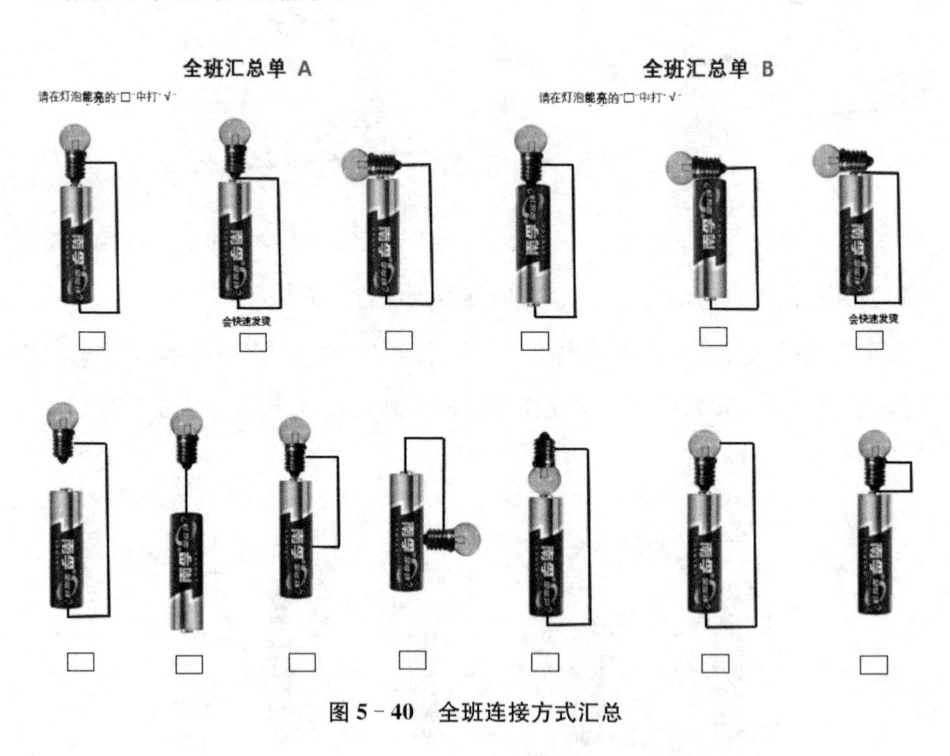

图 5-40　全班连接方式汇总

对于学生主要的发现和疑问，也进行了梳理和汇总（见图 5-41）。基于同学们的发现和疑问，教师提炼出学生的两大问题，并写在班级教室中的问题栏上，包括：

（1）怎样才能点亮小灯泡？

（2）为什么灯亮/不亮？

线上自学与探究的部分，不仅充分调动了学生的主观能动性，而且使教

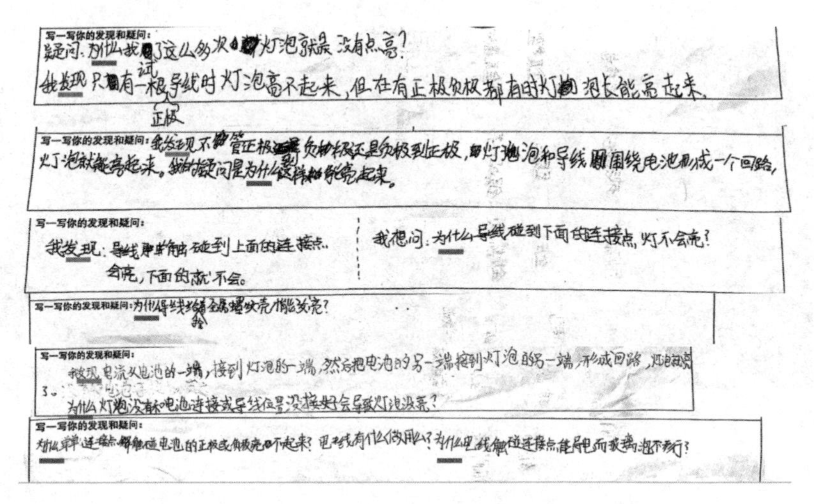

图 5-41　学生的发现和疑问

师能够基于学情来开展后续一系列教学活动，真正体现了“以生为本”的教学理念。

（三）线下教学部分

1. 创设问题情境，激发学生兴趣。利用鞋盒制作实验用的“房间”（图 5-42），教师展示自己房间的灯，提出这个单元的驱动性问题：模拟制作自己房间的电路。引导学生分解任务难度，并将本节课的目标确定为：用一个灯泡点亮我们的房间。教师出示自己房间的模型，在打开房门逐一点亮三盏灯时，极大地激发了学生的好奇心和内驱力，拉近了和学生的距离，有效地引导学生将所学知识运用到真实情境中来。

2. 清晰定位现状，精准突破重难点。教师组织全班同学合作验证汇总单 A、B（见图 5-40），能亮的打“√”。实验完成后将小组已验证的连接方式展示在黑板上（见图 5-43 板书）。教师再组织小组讨论，并引导学生思考：如何才能使小灯泡亮起来？点亮的背后是否有哪些共同点？通过小组

图 5-42　教师制作的简易房间电路模型

交流，学生达成共识：需要形成完整闭合的回路，灯丝处会有电流通过。

为了更好地巩固学生新建构的知识体系，学生需要解释这些灯泡不亮的连接方式不符合什么条件，尝试用电流的方法进行解释和说明，从而建构“断路”“短路”的概念。教师演示用铝箔纸短路在电池两端，迅速烧断，引出短路电路，让学生知晓其危害。

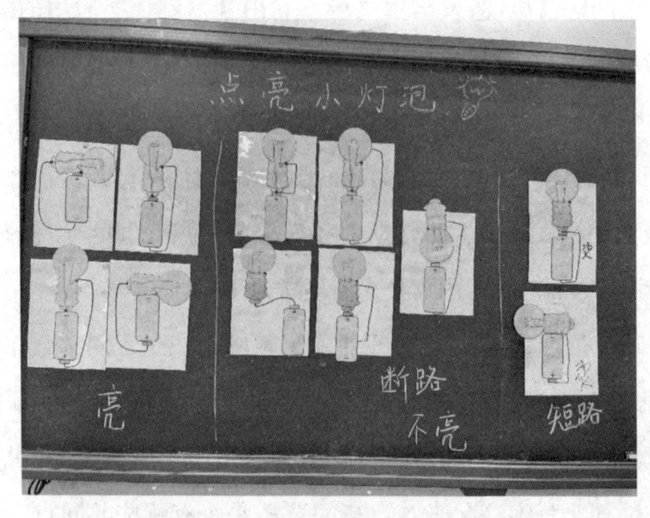

图 5-43　学生验证汇总单后粘贴的板书

3. 基础夯实，借助 Plickers（一款具有演示反馈功能的软件）实行精准测评（图 5 - 44）。借助 Plickers 软件，对本节课重难点进行当堂测评，并通过平台提供的信息及时邀请回答错误的同学说出选错的理由。课堂中回答正确的学生当小老师解答，教师再适时补充，在课堂中及时解决学生困惑。借助 Plickers 平台，教师通过扫描不同学号的二维码，将回答错误的学生数据进行可视化，这也是课堂评价非常有效的途径之一。运用该软件，可以帮助教师了解每一位学生的真实情况，从而实现精准教学，也能更好地帮助教师开展后续的课后跟进活动。

图 5 - 44　线下教学运用 Plickers 软件精准测评难点掌握情况

4. 拓展实践，在解决问题中延伸问题。让学生在模拟的房间（鞋盒）中点亮一盏灯，为学生提供灯泡、电池、长导线、美纹纸，要求将灯泡装在天花板上、电池装在地面上，不能靠手维持电路。学生需在限定的材料下，运用已学知识进行设计。在实施的过程中，学生会遇见一系列真实问题和困难（如图 5 - 45 所示），这些问题涉及了本单元不同课时的内容，也是不断推进本次项目过程中的真实问题链。

针对线上线下融合的项目化学习的多次探索实践，我们认为重在做好

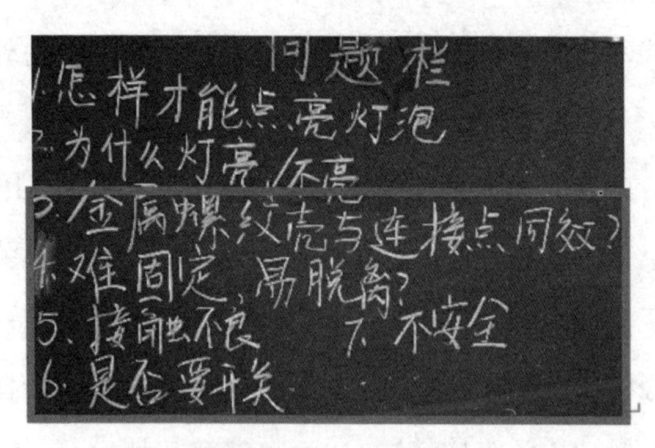

图 5-45　班级问题栏

如下几个方面：

一是要善用线上视频，切勿加重学业负担。课堂中宝贵的 40 分钟应该留给教师解决较难的问题，而基础知识的掌握和理解可以交由学生在线上学习完成。但是，教师不能因此加重课业负担而侵占学生课余时间，应该注意把握线上教学的时间和难度。建议小学线上视频最好控制在 4 分钟内，尽量简短，这样不会加重学生的心理负担；线上视频需要教师讲话精力充沛，视频中可嵌入一些要求学生回答的问题，这样会增强视频的互动性和趣味性；可适当围绕视频内容要求完成学习记录单，学生可以通过反复回看学习的内容来巩固基础知识。

二是鼓励学生提出问题，激发学生好奇心。在线上教学部分，除了基础知识的学习外，还需要鼓励学生记录他们遇到的问题，将产生的问题记录在学习单上，这样在课堂上就拥有更加强劲的学习动力，也能借此锻炼积极思考的能力。

三是教师要及时梳理，基于数据调整教学。教师需要及时梳理和反馈学生的学习情况，对于线上视频的学习单，教师需要及时收集并整理归纳，将这些数据作为教师授课的支撑。具体而言，通过收集到的信息，了解学生对学习内容的理解程度，把握学生的学习需求，锁定需要重点讲解的概念，以明确学生进步的空间和方向。

七、如何运用线上线下融合的方式开展"自主、合作、探究"的项目式学习（姜乔）

编者：倡导"自主、合作、探究"的学习方式，是深化教学改革、强化学科实践、推进育人方式变革的重要内容。线上线下融合方式在项目化学习中的运用，能够有效支持学生自主学习、小组合作和深度探究。

东北师范大学附属中学的姜乔老师在《新工业区——探寻温州乡镇企业发展》一课中，聚焦"线上线下教学相融合"和"项目式教学"两大关注点，通过线上与线下教学活动的优势互补，有力地推动了学习方式的变革，并充分落实学生学习的主体地位。

（一）实施步骤

1. 选择主题，确定目标，设计项目。项目教学的主题确定综合考虑了三方面内容：一是教师角色的转变，即教师要从学生角度思考问题；二是主题的意义，教师要以教材内容和学生兴趣为基础，并结合学生生活实际；三是确定的主题要便于学生开展活动。据此，本课确定了以下教学目标：

(1) 通过"壮阔东方潮，奋进新时代"视频导课，引导学生感受我国改革开放40年的辉煌成就，增强学生的民族自豪感；

(2) 通过项目一"搜集材料，提炼温州工业生产特点"，培养学生获取、提炼地理信息的能力，使学生地理区域认知核心素养得到初步落实；

(3) 通过项目二"温州乡镇企业区位条件分析"，着力培养学生综合思维素养；

(4) 通过项目三“温州乡镇企业发展困境”和项目四“温州乡镇企业发展策略”，培养学生发现问题、解决问题的能力，使学生地理实践力、人地协调等核心素养得到发展；

最后，通过“腾讯课堂”的举手、分享屏幕、答题等过程，自动生成数据和结果，实现对学生的过程性评价。

2. 组建小组，自行分工，制定方案。教师基于对学生的了解组建学习小组。学生自主推选组长，自行分工，明确各自的工作职责，共同制定详细的实施计划，确定数据资料获取的来源和途径，预测任务实施过程中可能遇到的难题并制定突破策略。

3. 获取信息，合作探究，完成项目。项目教学法实施过程中，学生可以选择多种方式来开展实践活动。学生需要注意相关信息和知识点的记录整理，通过合作探究的方式完成项目。必要时，学生可以寻求教师的帮助，在教师指导下克服有关难题。

4. 成果展示，交流反思。各个小组对自主学习成果进行整理，讨论分析并选择最合适的方式来进行汇报。

(二) 授课过程

1. 课题导入。播放视频《壮阔东方潮，奋进新时代》(图 5-46)，通过“数说”改革开放 40 年来我国社会主义建设取得的辉煌成就，激发学生的民族自豪感。“温州是民营经济的发祥地，也是中国改革开放 40 年的缩影和前沿阵地，这节课就是一起来完成‘探寻温州乡镇企业发展之路’的项目

图 5-46 视频《壮阔东方潮，奋进新时代》

学习！”

2. 项目探究。项目探究的过程如下：

图 5－47　课堂探究

（1）项目一：提炼温州新工业区的特点

学生活动：A组同学课前针对该问题进行调查，通过发现身边温州商品、网络搜索、观看视频、电话访谈等途径，经讨论后得出相关结论，由小组选派一名组员代表进行发言（图 5－48、5－49）。

图 5－48　小组成员代表发言

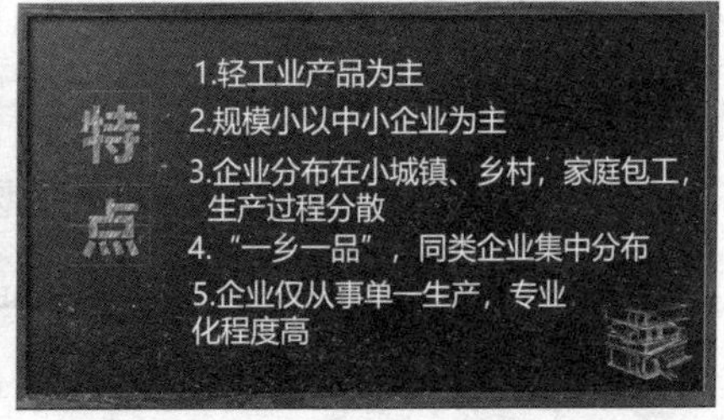

图 5－49　温州工业区的生产特点总结

教师借助“腾讯课堂”的答题卡功能，自动生成数据和结果，准确诊断问题所在，开展有针对性讲解，并能够实现对学生的过程性评价（图 5－50）。

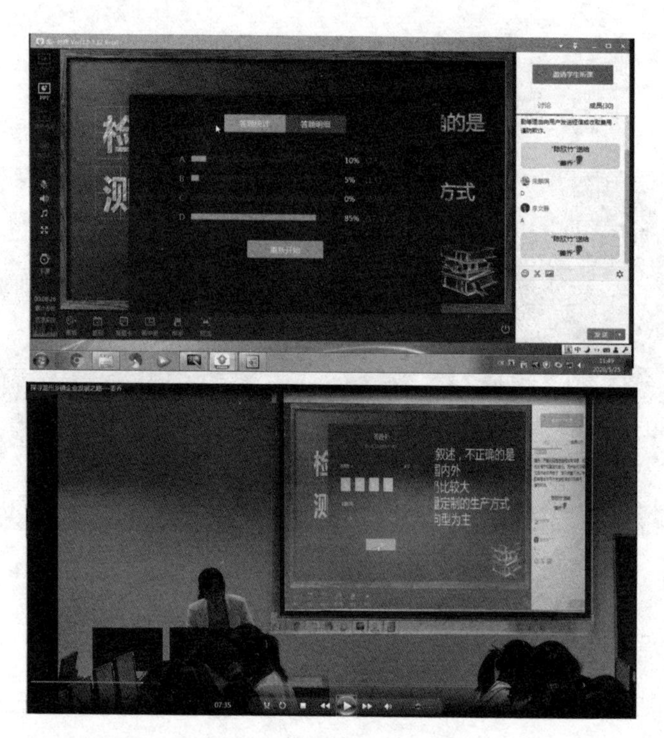

图 5－50　利用腾讯课堂进行过程性评价

教师活动：关注结论的生成过程，对学生予以肯定，并提供必要的指导。

设计意图：培养学生获取、分析、提炼、加工地理信息能力、分工合作能力、语言表达能力等。

（2）项目二：分析温州工业区的区位条件

学生活动：阅读学案材料，运用工业区位条件分析原理，在小组内开展讨论，并派代表发言，可在两组间进行比赛。

教师活动：提炼升华学生发言；板书讲解区位分析的角度（图 5－51）。

设计意图：运用工业区位分析原理，培养学生地理学科综合思维的核心素养。

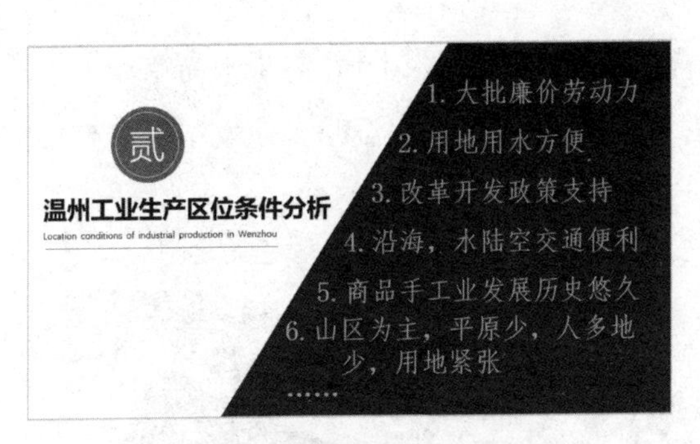

图 5－51　温州的区位条件

(3) 项目三:温州乡镇企业发展面临的困境与原因

学生活动:B 组同学通过网络等途径搜集素材,并进行组内讨论,提炼出温州发展困境的问题根源。

教师活动:教师关注结论的生成过程,对学生予以肯定,并提供必要的指导。

设计意图:培养学生获取、分析、提炼、加工地理信息能力、分工合作能力、语言表达能力等。

(4) 项目四:解决温州发展困境的途径有哪些

教师活动:提前录制意大利工业小区的微课视频(图 5－52)。

图 5－52　意大利工业区微课视频

学生活动：观看教师录制的线上微课，集中高效地了解意大利新工业区的发展模式，借鉴先进经验，为我国温州工业发展提出有价值的建议（图 5－53、5－54）。

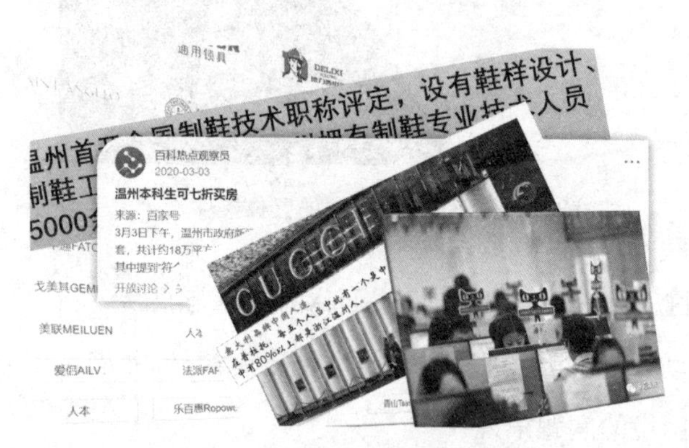

百科热点观察员
2020-03-03
温州本科生可七折买房

图 5－53　学生观看视频并思考

肆
温州乡镇企业发展出谋划策
Suggestions for the development of township enterprises in Wenzhou
（1）合并现有企业，扩大生产规模
（2）加强企业之间联系和协作，杜绝恶性竞争。
（3）完善社会化服务体系，
建立完整的生产——销售——服务——信息网络体系等。
（4）提高生产和管理人员的技术水平
（5）加大研发投入，产品更具有市场竞争力
（6）增强品牌意识
（7）完善银行信贷体系
（8）国际合作等

图 5－54　给温州乡镇企业的发展建议

设计意图：培养学生发现问题、解决问题的能力，使学生地理实践力、人地协调等核心素养得到培养。

3. 课堂结语。“温州常被作为我国改革开放四十年的形象缩影，发展的道路是曲折的。世界需要‘中国制造’，更需要‘中国智造’，因此，未来温州工业还会面对新的挑战和机遇。这节课我们学习的温州乡镇企业以及意

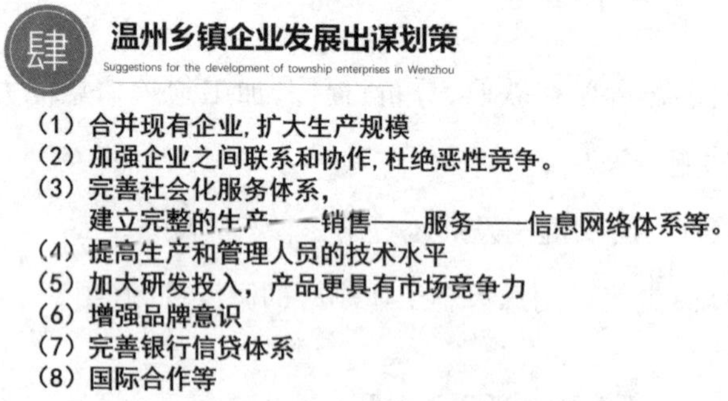

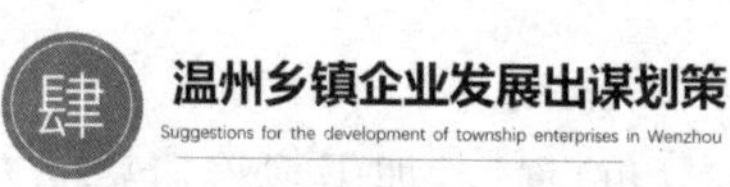

大利工业小区只是新工业区的一种类型，而以生产微电子、新材料、基因工程等高新技术产品为主的美国硅谷、北京的中关村等，也是新工业区的典范。工业已经进入4.0时代，未来也许还会诞生其他类型的新工业区，时代在发展，唯一不变的就是对人才的需求，作为当代学子，祖国未来的建设者，创新与开拓的精神需要我们传承。后浪，加油！”

可以看到，采用项目式教学的形式，融合线上线下多种授课手段，围绕“探寻温州乡镇企业发展之路”的专题，引导学生开展“自主、合作、探究”的项目式学习，能够使学生更加明确且自主地参与课堂学习，并且在真实情境中运用综合思维发现问题、解决问题，更好地落实核心素养的培育要求。

八、如何借助线上线下融合方式开展家校社合作的项目式教学（杨依于）

编者：运用线上线下融合的教学方式，更加有利于建立和谐的多元主体协同机制，从而形成家校社育人合力，共同促进学生的全面、个性化发展。

西安高新第二学校的杨依于老师以校本课程“大美陕西”系列中的“萌宝游秦岭”一课为例，对此开展了实践探索。整个实施过程中，课前准备阶段，建立线上线下家校社资源的有效联结机制，为学生的多元化发展做好铺垫；在课堂活动阶段，以学校为主阵地，建立第二课堂；在课后拓展阶段，则以家庭教育为主、社会教育为辅，以丰富多彩的实践活动开阔学生眼界。各环节具体举措如下：

（一）课前准备

课前准备阶段的主要任务在于建立线上线下家校社资源有效联结的机制，为学生的多元化发展做好铺垫。具体包括：

一是利用腾讯会议，召开“萌宝游秦岭”实践活动前期准备会议，利用线上平台建立家长与学校之间的联系，双方共同筹备，策划前期的实践活动。

二是发动社会资源，与秦岭部分景区进行前期沟通，在家长带领学生参观时，由景区安排专人进行导览与讲解。

三是为学生准备实践活动作业单（图 5－55），让学生参观游玩结束之后，完成作业单上的内容，为在校进行的第二课堂做准备。

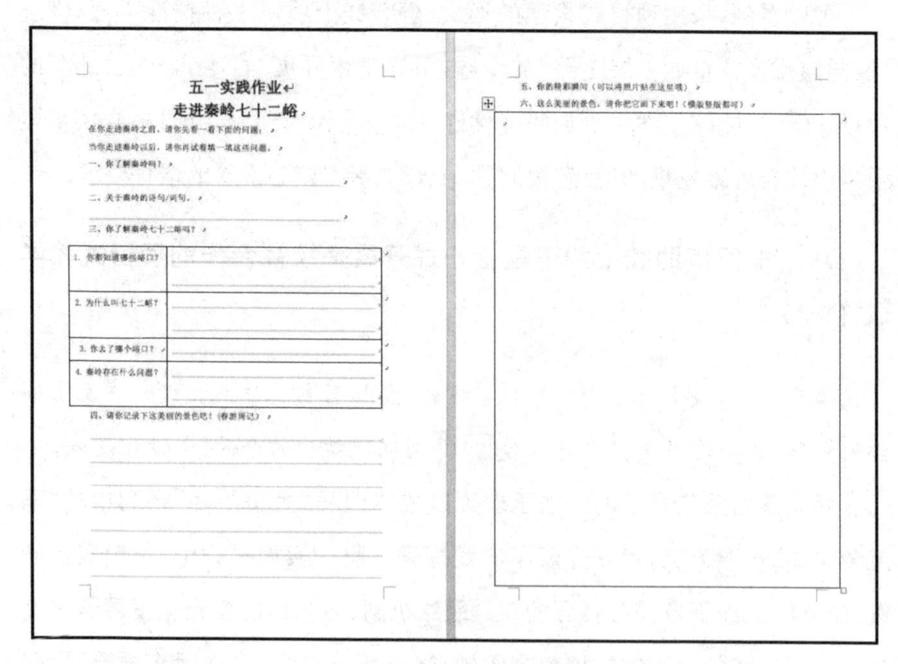

五一实践作业

走进秦岭七十二峪

在你走进秦岭之前，请你先看一看下面的问题：

当你走进秦岭以后，请你再试着填一填这些问题。

一、你了解秦岭吗？

二、关于秦岭的诗句/词句。

三、你了解秦岭七十二峪吗？

1. 你都知道哪些峪口？	
2. 为什么叫七十二峪？	
3. 你去了哪个峪口？	
4. 秦岭存在什么问题？	

四、请你记录下这美丽的景色吧！（春游周记）

五、你的精彩瞬间（可以将照片贴在这里哦）

六、这么美丽的景色，请你把它画下来吧！（横版竖版都可）

图 5－55　实践活动作业单

（二）课堂活动

1. 新课导入：观看秦岭视频

学生观看秦岭的视频，教师提问学生有关秦岭的知识，调动学生的已知信息，进而引出所要探究的课题。

师：在我们美丽的陕西，有一座绵延不绝的山脉，你知道是哪里吗？

生(预设):秦岭。

师:说一说:通过视频,你了解秦岭了吗?

生1(预设):我知道秦岭是东西走向。

生2(预设):秦岭的最高峰是太白山。

师:萌宝们,我们探索秦岭的旅程即将启程,让我们收拾行囊,带上地图,准备出发吧!(板贴:萌宝游秦岭)

2. 第一站:秦岭七十二峪

(1) 认识七十二峪

通过谈话引出秦岭七十二峪——讲解"峪"字——"峪"字书写指导——思考"七十二峪"的含义等一系列活动,在帮助学生了解秦岭七十二峪的同时,渗透语文知识的学习,帮助学生认知并学会写"峪"等汉字,培养学生在生活中随时随地认识汉字的习惯,促进学生语文素养的形成。

(2) 七十二峪风采大赛

采用比赛的方式,各小组以多种多样的形式介绍去过的七十二峪峪口,并请学生自主评比,选出最精彩的小组。主要形式包括:①小导游录视频介绍高冠峪(图5-56);②英语介绍七十二峪(图5-57);③小画家画画介绍涝峪(图5-58);④小作家写游记介绍高冠峪(图5-59);⑤点亮秦岭七十

图5-56 小导游录视频介绍高冠峪

图5-57 英文介绍七十二峪

图 5-58 小画家介绍涝峪

图 5-59 小作家写游记介绍高冠峪

二峪。在整个课堂学习过程中，学生的口头语言及书面语言表达能力、思维创新能力等多方面都得到了显著提升。

(3) 投票与小结

评选投票：你觉得哪种介绍方式最能给前来游玩的游客留下深刻印象？你最想为游客推荐哪里？（图 5-60）

图 5-60 七十二峪风采大赛评选投票

七十二峪风采大赛的活动，通过学生展示及同伴互评等方式，充分调动学生的积极性。学生通过口头介绍、写游记等方式运用语言，让语文知识不再拘泥于课本中。

3. 第二站：秦岭四宝

所谓秦岭四宝，是指羚牛、朱鹮、金丝猴和大熊猫这四种秦岭山脉中特有的国家珍稀保护动物，也被选为第十四届全国运动会吉祥物。在课堂上，学生佩戴头饰扮演“秦岭四宝”，上台做自我介绍，进行《秦岭四宝迎全运》的舞台剧表演，如图 5 - 61 所示。

图 5 - 61 《秦岭四宝迎全运》表演

4. 描绘秦岭，赞美家乡

以课堂所涉及的陕西秀丽风景、珍稀保护动物、即将举办的全国运动会作为引言，启发学生思考，作为陕西人，此刻对家乡有什么想说的。接着开展活动“家乡，我想对你说：”，让学生通过三句半表演，或中英双语展示，来赞美家乡，表达对家乡的爱(图 5 - 62)。

（三）课后拓展

一是推荐学生观看线上网络平台中的相关纪录片如《航拍中国》，引导学

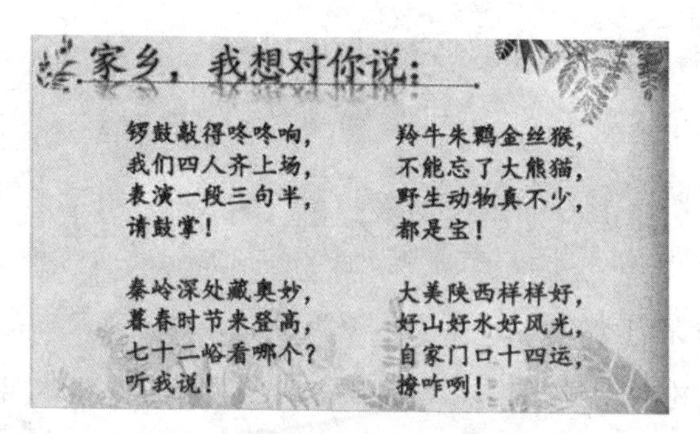

图 5－62　“家乡，我想对你说：”活动

生领略到我国的大美风光。二是收集学生优秀的画作、游记、照片，在微信公众号上制作本次实践活动的集锦，在线上平台留下宝贵资源，如图 5－63、5－64、5－65 所示。三是鼓励家长做好家庭拓展教育，以本次实践活动为兴趣点，以实践活动作业单为模板，继续引导学生领略祖国大好河山，开阔学生眼界。

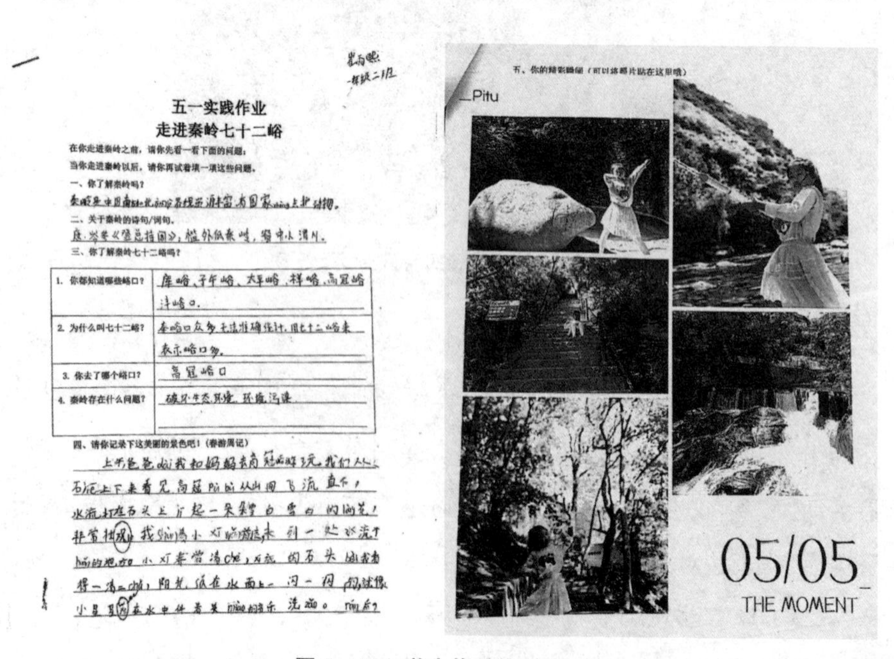

五一实践作业

走进秦岭七十二峪

在你走进秦岭之前，请你先看一看下面的问题；

当你走进秦岭以后，请你再试着填一填这些问题。

一、你了解秦岭吗？

二、关于秦岭的诗句/词句。

三、你了解秦岭七十二峪吗？

1. 你都知道哪些峪口？	库峪、子午峪、大平峪、祥峪、高冠峪 沣峪口。
2. 为什么叫七十二峪？	秦岭口众多无法准确统计，用七十二峪来表示峪口多。
3. 你去了哪个峪口？	高冠峪口
4. 秦岭存在什么问题？	破坏生态环境、环境污染

四、请你记录下这美丽的景色吧！（春游周记）

图 5－63　学生优秀作业之一

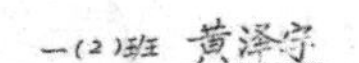
一（2）班 黄泽宇

五一实践作业

走进秦岭七十二峪

在你走进秦岭之前，请你先看一看下面的问题：

当你走进秦岭以后，请你再试着填一填这些问题。

一、你了解秦岭吗？秦岭是中国南北气候分界线。

二、关于秦岭的诗句/词句。白居易：蓝桥春雪君归日，秦岭秋风我去时。

三、你了解秦岭七十二峪吗？

1. 你都知道哪些峪口？	太平山谷、子午山谷、祥山谷、涝山谷、沣峪、库峪、大峪、小峪、浦峪
2. 为什么叫七十二峪？	因为秦岭山北坡有很多山谷，统称为秦岭七十二峪。
3. 你去了哪个峪口？	太平峪、子午峪、祥峪、库峪。
4. 秦岭存在什么问题？	需要人们保护植被、保护野生动物。

四、请你记录下这美丽的景色吧！（春游周记）

五一之前，我和家人去祥峪森林公园游玩，别提有多高兴了。一进山门我被眼前的景色迷住了，山青树绿，花草丛生，小河哗哗流淌，小鸟林间歌唱，大自然的景色真美啊！

我们沿着山道一路前行，看到了很多景观：雷公洞、祥峪三叠、雷公桥、拦云池、玉龙吐雨。景色真美啊！下次我们还要去玩。

图 5－64　学生优秀作业之二

图 5－65　学生优秀作业之三

可以看到，“萌宝游秦岭”这节课按照“大美陕西”课程的主旨，遵循了教学活动规律和学生认知发展规律，重视学生的综合实践能力培养。多元主体协同参与的学校教育模式改变了以往学校教育单一地由教师主导、在学校进行的模式。通过线上线下相融合、家校社资源相整合的新模式，每一个学生都经历了知识由输入到输出的过程，通过实际的体验，每个人都有话可说、有事可做，课堂氛围更加热烈，学生参与度更高，对家乡陕西有了更为切身的感受，自然而然地深化了爱家乡的情感，厚植了家国情怀。